일반교사와 특수교사를 위한 지침서

통합교육

이지연
한수진 공저

YANGSEOWON
양서원

머리말

1994년 개정 「특수교육진흥법」에 '통합교육'이 명시된 때로부터 현재까지 통합교육이 어느덧 학교안에서 조금씩 시도되고 정착되는 과정에 있다. 학생들이 사회에서 보게 될 다양한 장애학생들을 한 교실에서 자연스럽게 보게 되고, 함께 교실을 나눠 쓰고, 교육과정을 공유하면서 인간의 보편적인 배움과 학습, 관계를 익히고 있다. 일반학교의 물리적 · 사회적 통합은 어느 정도 성공한 셈이고, 교육과정적 통합도 다양하게 시도되면서 성장해가고 있다.

그러나 통합학급을 운영하는 교사들과 예비교사들의 부담과 걱정은 크다. 학급에 특수교육대상 학생이 있으면 장애에 대해 어떻게 이해하고, 조력하고, 가르치고, 학급을 운영할지 막막하다. 더불어 학부모와의 관계, 다른 학생들과의 관계 등에 부담과 두려움을 느끼기도 한다. 이를 위해 본 교재가 통합교육을 위해 고민하는 교사들에게 통합학급에 도전할 용기를 주고 방향을 안내해줄 수 있기를 기대한다. 아이들과 어떻게 관계를 맺고, 의사소통하고, 수업을 만들어갈지 통합교육이 장애학생, 일반 학생, 교사, 학부모, 조력자 등을 위한 모두를 위한 교육이 될 수 있도록 나아가야 할 것이다.

이 책의 내용을 살펴보면, 제1장에서는 통합교육에 대한 개념과 통합교육의 역사, 그리고 구성 요소와 법에 대해서, 제2장에서는 통합교육에서의 협력적 팀 접근의 개념과 구성, 구체적인 자문을 다루었다. 제3장에서는 특수교육대상 학생에 대한 이해를 시각, 청각, 지체, 의사소통, 건강, 지적, 자폐성, 정서행동, 학습 발달지체 및 영재의 영역까지 다뤘다. 제4장에서는 장애학생의 인권, 장애인식, 장애이해를, 제5장에서는 통합교육을 위한 구체적인 교수 전략을 다루고, 이에 따른 구체적인 개별화된 교육내용을 제6장에서 다루었다. 교실 상황에서 일어날 수 있는 도전적 · 긍정적 행동을 어떻게 지원할지는 7장의 내용으로 다루었고, 어려움을 겪는 가족들에게 어떤 지원을 해야 할지에 대한 내용을 8장에 제시하였다. 9장에는 장애를 고려한 통합교육의 실제 내용을 종합 · 분석을 통해 제시하였다.

통합교육은 장애학생뿐 아니라 비장애학생의 학습과 성장에도 자연스럽게 긍정적인 영향을 미친다. 우리 사회에 통합교육에 관한 노력과 논의가 활발해질 때, 장애인뿐 아니라 비장애인에게도 살기 좋은 세상이 될 것이다. 통합교육은 우리가 만나는 아이 하나하나의 개별성에 초점을 맞춤으로써 이상한 존재가 아닌 그저 '다른' 존재를 수용하는 태도를 길러 준다. 성인이 되어 다양한 사회 구성원과 관계 맺는 능력의 성장에도 영향을 줄 것이다.

끝으로 이 책이 나오는 동안 수고해주신 양서원 대표님, 정영훈 부장님, 편집부 선생님께도 감사의 인사를 드린다. 이 시간에도 통합교육교실현장에서 애쓰고 있는 누군가에 도움이 되길 간절히 바라면서.

2023년 1월

저자 일동

목차

Part 4 통합교육의 이해

Part 5 통합교육을 위한 교수전략

Part 6 개별화교육 프로그램

Part 7 행동지원

Part 8 가족지원

Part 9 장애를 고려한 통합교육과정의 실제

PART

1

통합교육

1. 통합교육의 개념
2. 통합교육의 역사
3. 통합교육의 유형
4. 통합교육의 구성 요소
5. 통합교육 관련 법

1. 통합교육의 개념

1) 통합교육의 개념

통합교육의 개념은 시대와 문화적 환경에 따라 변화하며, 통합교육 실행을 위한 교사들의 지속적인 노력에 따라 개념이 더 정교화되고 있다. 통합교육은 현재 우리나라의 장애학생 교육이 어떤 방향으로 나아가야 하는지를 알려 주는 것으로, 장애학생을 교육하는 목적은 장애학생이 바른 교육을 통하여 장차 성장하여 이 사회에서 자신의 역할을 감당하며 사회의 일원으로 살 수 있도록 하는 것이다(이대식 외, 2020).

1990년대 이후 문헌 정의에서 살펴보면 통합교육의 개념은 장애학생 대신 모든 학생, 일반교육 또는 학교 재구조화(Hopkins, West, & Aincscow, 1996: Lipsky & Gartner, 1997: Reuda, Gallego, & Moll, 2000), 모든 학생의 최대의 교육성과(Salend, 1994), 반응적인 학교 또는 교육과정(Sebba, 1996), 학교 및 학교 공동체(Uditsky, 1993) 등의 공통된 용어를 사용하고 있다. 즉, 장애학생 일반교육에 대한 통합교육은 장애학생에만 중점을 두기보다는 각각의 요구에 따른 개별성과 다양성을 가진 모든 학생의 개별적 요구를 충족시키기 위한 적합한 교육으로, 이를 위해서는 특수교육 분야만의 노력으로는 불가능하며 통합교육 전반의 재구조화가 요구된다는 것으로 보는 것이다.

2007년 제정, 공포된 「장애인 등에 대한 특수교육법」에서는 통합교육의 개념을 다음과 같이 규정하고 있다.

> 통합교육이란 특수교육대상자가 일반학교에서 장애 유형, 장애 정도에 따라 차별을 받지 아니하고 또래와 함께 개개인의 교육적 요구에 적합한 교육을 받는 것을 말한다(제2조 제6항).

「장애인 등에 대한 특수교육법」이 제정되기 이전에는 물리적인 통합환경 안에서 단순한 일반학교에서 교육을 받는다는 장소적 의미를 강조하였고, 학생들의 여러 발달 측면 중 적응능력의 사화적 발달 측면에만 관심을 가졌다. 하지만 「장애인 등에 대한 특수교육법」에서 통합교육은 학생의 사회적 측면의 발달뿐 아니라 학생의 개별적 요구에 적절한 교육을 제공하는 것을 강조하며 비장애학생과 동등한 참여 및 차별받지 않을 권리를 분명하게 명시하고 있다. 이제는 일반학교에서 장애에 대한 차별 없이 개별적 요구에 따른 적절한 교육을 받는 것을 강조하는 교수-활동적 통합과 사회적 통합까지 지향하는 것으로 그 의미가 바뀌고 있음을 보여주는 것을 의미한다.

통합교육을 실행하는 과정에서 다양한 개념적 정의들 중에서 공통적으로 강조되는 개념은 "모든 학생들이 가지고 있는 요구를 가장 적합하게 충족시켜야 한다."는 점과 장애학생이 비장학생과 동등하게 일반학급의 한 구성원으로 소속되는 "일반학급의 구성원 자격을 중요한 요소로 여긴다."는 점이다(박승희, 2003).

또한 「장애인 등에 대한 특수교육」에 의하면, 일반학교의 장은 특수교육대상자 또는 그의 보호자나 특수교육기관의 장이 통합교육을 요구하는 경우에 특별한 사유가 없는 한 이에 응해야 한다고 규정하고 있다. 그 규정에 따라 통합교육을 실시하는 경우에 일반 학교의 장은 대통령령이 정하는 기준에 따라 특수학급을 설치 · 운영한다. 예산의 범위 안에서 특수교육에 필요한 교재 교구를 갖추어야 하고, 교육과정의 수정, 보조 인력의 지원, 학습 보조기의 지원, 교원연수 등을 포함한 통합교육계획을 수립하고 시행하여야 한다.

2) 통합교육의 원칙

통합교육을 위한 형성은 원칙은 다섯가지의 원칙을 통해서 이루어질 수 있다(이대식 외, 2020). 첫째, 가장 핵심적인 원칙은 장애학생뿐 아니라 비장애학생이 함께 배워야 한다는 신념으로, 비장애학생과 장애학생이 학교에서 동등한 구성원 자격을 갖는 것이 통합교육의 출발점이라고 본다. 둘째, 일반학급에 배치된 장애학생과 교사를 위해 적합한 지원을 해야 한다. 셋째, 능력이 다른 학생들이 함께 공부할 때 의미 있는 활동에 참여할 수 있도록 특별히 고안된 실질적인 참 교수(authentic instruction), 다수준 포함 교수

(multi-level instruction)를 제공해야 한다. 이를 위해서는 교수 방법에 다양한 수정 및 적응이 포함될 수 있다. 넷째, 학생, 교직원, 부모 간에 공동체 의식이 형성되어 모두가 환영받고 소속되며, 정서적 기능과 사회성 기술을 배우고, 사회적 관계가 길러진다. 이러한 공동체 상황 속에서 학생들의 정서적 · 행동적 어려움에 효율적으로 대처할 수 있다. 통합교사라면 학생의 정서적 · 행동적 어려움을 '도전적 행동'으로 여기기 이전에 학생의 중대한 의사 표현으로 이해해야 한다. 다섯째, 학교와 학급의 물리적인 환경은 다양한 감각 · 신체적, 정서적 특성을 지닌 학생의 학습과 성장을 위해 계획해야 하며, 환경의 수정과 보조공학의 사용은 장애학생이 좀 더 효과적으로 학습하는 데 도움이 된다.

3) 통합교육의 세 가지 측면

통합을 시간적 · 교육과정적 사회통합으로 구분하여 설명한 Kauffman, Logan, Agard와 Kukic(1975)의 통합교육에 대한 정의가 많은 연구와 저서에서 인용되고 있다. 오늘날 지향하고 있는 진정한 통합교육에 대한 이해를 위해 그들이 말하는 시간적 통합 혹은 물리적 통합이란 장애학생을 비장애학생과 함께 같은 시간에 동일한 물리적 환경에 배치하는 것을 의미한다. 교육 과정적 통합이란 일반교육환경에서 진행되는 교수활동에 장애학생이 함께 참여하는 것을 뜻하며, 사회적 통합이란 장애학생이 속한 학급의 교사와 비장애학생이 장애학생을 구성원으로 인정하고 수용하며 의미 있는 상호작용을 하는 것을 뜻한다. 그런데 그들이 말하는 내용을 통합의 세 가지 종류로 이해해서는 안 된다. 이 세 가지가 모두 충족되고 상호 유기적으로 작용할 때에야 비로소 진정한 통합이 이루어질 수 있기 때문이다(양명희, 2021).

통합교육의 가장 기본적인 조건은 물리적 통합을 원칙으로 하지만 모든 학생이 통합교육을 통해 교육적 성과를 얻기 위해서는 사회적 통합과 교육-과정적 통합이 효과적으로 이루어져야 한다. 이렇게 통합교육의 세 가지 측면이 모든 학생의 사회적, 교육적 발달에 기여하기 위한 환경적 요소로서 상호 유기적인 관계를 형성하며 학교의 문화와 학급의 풍토가 중요한 역할을 한다.

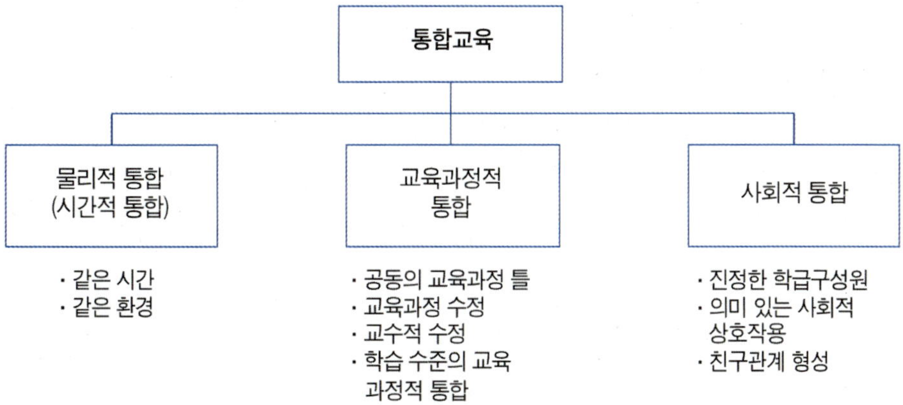

그림 1-1 통합교육의 세 가지 측면

진정한 통합교육은 장애학생이 비장애학생과 함께 능력에 맞는 활동에 참여하고 서로 인격체로서 존중하고 받아들이는 것으로부터 시작된다. 단순히 장애학생과 비장애학생들이 교실을 공유한다는 물리적 통합만으로 통합교육이 되는 것이 아닌, 이들이 자연스럽게 어우러져 함께 생활하는 가운데 개인차와 다양성을 경험할 뿐 아니라 서로를 이해하고 수용하는 데 도움을 줄 수 있는 프로그램들이 작동되어야 한다는 것이다.

통합교육의 기초적 의미를 형성하는 데 가장 기본이 되는 원리로 '정상화 원리(principle of normalization)'라는 용어가 있다. 정상화가 무엇인지 다양한 정의가 내려지고 구체적 실천 방안에 대한 논의들이 이루어지고 있는데, 그 정의들이 서로 어떤 차이가 있든지 간에 기본적인 전제는 장애인도 보통 사람이라는 것이다. 이런 전제는 장애를 지닌 사람과 그렇지 않은 사람 사이에 장애라는 차이점보다는 모두가 사람이라는 공통점이 있음을 강조하는 것이다.

정상화 원리란 장애가 있는 모든 사람에게 최대한으로 일반적인 삶의 방식과 정상적인 환경에 가까운 삶의 패턴과 일상생활 방식이 가능하게 하는 것을 의미한다(위키백과, 2021. 3. 25.).

다음으로는 '최소제한환경(Least Restrictive Environment)'이라는 용어가 있다. 이 용어는 1975년 미국의 「전 장애아교육법(EHA P.L. 94-142)」에서 "장애학생은 최소제한환경에서 무상의 공교육을 받을 권리가 있다."라고 명시하면서부터 사용되기 시작했으며, 그 후 개정된 「장애인교육개선법(IDEIA)」에서는 최소제한환경에 대해 다음과 같이 명시하고 있다(Baglieri, 2020: 14에서 재인용).

> 최대한 적절한 범위 안에서, 공립 또는 사립 기관, 다른 보호시설에 있는 아동을 포함하여 장애아동은 비장애 아동과 함께 교육받는다. 특수학급, 특수학교 또는 일반교육환경으로부터 장애아동을 분리하는 것은 장애의 특성과 정도로 인하여 보충적인 지원과 서비스를 사용할지라도 일반학급과 같은 교육을 제공하는 것이 어려울 때만 발생한다.

최소제한환경이란 장애학생의 특별한 교육적 요구나 환경에 따라 각기 달리 적용되는 상대적 개념이다. 그런데 일반학급이 모든 장애학생을 위한 최소제한환경이 될 수 있는지, 분리되어 특수교육을 받는 환경이 적절한 경우는 언제인지에 대한 명확한 판단 기준이 없어서, 최소제한환경이라는 개념을 실제 적용하는 데는 많은 의문이 따를 수밖에 없다. 그럼에도 불구하고 장애학생을 최소한으로 제한된 환경에서 교육해야 한다는 뜻을 담은 최소제한환경이라는 개념은 통합교육의 원칙처럼 사용되고 있는 중요한 개념이다.

통합은 장애학생과 비장애학생의 두 집단을 필요에 따라 합친다는 개념으로서의 통합(integration)보다는, 서로를 자신의 일부라고 인식하는 'inclusion'의 개념으로서 이해되어야 한다. Integration의 통합의 의미는 서로 다름을 전제로, 상이한 두 집단을 합쳐 하나로 만들어 간다는 이원론적 관점에 토대를 둔다. 이 개념은 한 장소에 합쳐졌어도 특수교육과 일반교육 체제가 그 가운데서 유지되고 있음을 의미한다. 하지만 inclusion은 사람은 누구나 온전하지 않고 어떤 형태이든 크고 작은 장애를 가지고 살아가기 때문에 장애는 우리 모두의 삶의 일부라는 일원적 관점에 토대를 둔다. 즉, 일반교육이 모든 학생의 교육을 담당하는 것으로 일반교사가 장애학생의 교육에 우선적 책임이 있음을 의미한다. 그러므로 통합은 바로 장애·비장애들을 하나로 만들어 가는 과정이 아닌 그들이 원래부터 하나임을 확인하고 수용하는 과정이라고 보아야 한다(송연선 외, 2017).

4) 성공적인 통합교육 조건

총신대학교 부속유치원(2011)은 성공적인 통합교육을 위한 조건에는 비장애유아의 태도, 통합교육 담당교사의 자질과 관련 전문가들과의 협력 기술, 통합교육환경, 교육과정 등이 있다고 하였다.

첫째, 비장애유아의 태도이다. 다수를 이루고 있는 비장애유아가 소수인 장애유아를 수용하려면 장애유아의 장애에 대한 편견과 오해가 없어야 장애유아와 비장애유아의 긍정적인 상호작용이 자연스럽게 발생하는 것이다. 이를 위해서는 비장애유아에게 장애유아는 그들과 무엇이 어떻게 다른지, 그들과 어떻게 상호작용할 수 있는지 등을 그림, 영상, 동화 등의 매체를 사용하여 가르치는 장애이해교육을 체계적으로 실시해야 한다. 그에 더해서, 언급한 바와 같이 비장애유아들이 장애유아에 대해서 갖는 질문이나 느낀 점을 자유롭게 말 할 수 있는 학급분위기가 만들어져야 한다. 그리고 비장애유아는 장애유아를 대하는 태도는 모델링이 되는 교사를 통해 볼 수 있다. 또한 장애유아에 대한 비장애유아들의 긍정적 태도 형성을 위해서는 장애유아와 비장애유아의 상호작용을 위한 구체적이고 체계적인 교육 프로그램이 있어야 할 뿐 아니라 서로 함께하는 시간도 절대적으로 필요하다. 장애유아와 비장애유아가 서로 진정한 친구로서 상호작용하기까지는 함께하는 시간이 축적되어야 하며 통합학급 시간에 따른 비장애유아들의 변화 3단계는 〈그림 1-2〉와 같다.

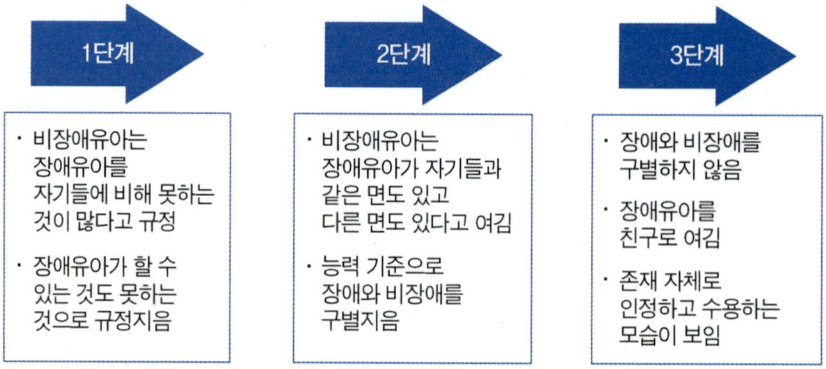

그림 1-2 통합학급 시간에 따른 비장애유아들의 변화 단계

둘째, 통합교육 담당교사의 자질과 관련 전문가들과의 협력이다. 통합교육을 담당하는 유아교사는 장애유아의 발달특성에 대한 지식을 가지고 있어야 한다. 이러한 지식이 바탕이 되어야 장애유아를 적절하게 지도할 수 있기 때문이다. 유아교사는 이러한 이론적 지식뿐 아니라 실제 통합교육 상황에 적용할 수 있는 교육기술과 교구나 자료를 활용할 수 있는 기술도 함께 가지고 있어야 한다. 교사에게 이러한 지식과 기술을 갖추도록 하기 위해서는 현행 교원 양성 제도에 대한 검토가 필요할 것이다. 그리고 통합교육 교사는 자신의 통합교육에 대한 태도를 자주 점검하며, 장애유아에 대해 희망을 잃지 않고 긍정적이며 수용적인 태도를 유지할 필요가 있다. 교사의 태도는 장애유아의 자아존중감과 비장애유아의 장애유아에 대한 태도에 지대한 영향을 미치기 때문이다. 또한 통합교육교사에게는 장애유아 통합교육을 위한 기본적 자질이 요구될 뿐 아니라 다른 장애 관련 전문인력들과 협력할 수 있는 기술도 있어야 한다. 그리고 각 전문가의 역할에 대한 분명한 지식도 있어야 한다. 이와 함께, 교사가 전문가들과 협력을 이룰 수 있도록 뒷받침해 주는 행정적·제도적 지원이 있어야 한다. 교사와 전문인력들의 협력이 원활하게 이루어질 때, 교사들은 전문가의 자문을 받아 장애유아를 위해 가장 좋은 교육활동을 계획하고 교육환경 내에서 이를 수행할 수 있다.

셋째, 통합교육환경이다. 통합교육을 위해서는 장애유아의 언어적이거나 비언어적인 표현에 적절하게 반응해 주는 사람이 교육환경 내에 존재하는 사회적 환경이 구축되어야 한다. 또한 다양한 감각적 특성과 신체적 특성을 지닌 장애유아의 독립성을 최대한 보장하고 격려할 수 있는 물리적 환경이 보장되어야 한다.

넷째, 교육과정이다. 교사는 자신이 가르치고 있는 교육과정이 통합교육에 적합한지 살펴보아야 한다. 즉, 교사는 현재의 교육과정을 통해 장애유아를 포함한 모든 유아의 개별적 요구가 충족되고 있는지 지속적으로 점검해야 한다. 그래서 필요하다면 교육과정을 수정해야 한다.

성공적인 통합교육의 조건을 Cole과 Chan(1990)은 장애학생 요인, 또래 요인, 교사와 교수적 요인, 행정적 요인 및 부모와 지역사회의 태도의 다섯 가지 요인으로 들고 있으며, 각 요인에 관련된 구체적인 내용을 살펴보면 〈표 1-1〉과 같다.

표 1-1 성공적인 통합교육을 위한 조건

요인	내용
장애학생 요인	• 적응 행동과 사회성 발달 수준 • 일반적인 인지 능력 수준 • 학습 준비도 및 교과 학습 기술 • 통합 프로그램 참여에 대한 자발성
또래 요인	• 장애학생에 대한 일반학급 학생의 태도 • 장애학생에게 적응하고자 하는 일반학급 학생들의 자발성
교사와 교수적 요인	• 일반학급 교육 프로그램의 질 • 장애학생의 발달적 요구에 대한 교사의 이해도 • 장애학생을 일반 학급 프로그램에 적응시키려는 통합학급 교사의 자발성과 의지 • 통합교육에 포함되어 있는 장애학생의 수 • 일반학급 교사들을 위한 연구교육의 질
행정적 요인	• 성공적인 통합을 위한 준거의 확립 • 제공되는 교육 자원의 질 • 전문 직원과 적절한 서비스의 제공
부모와 지역사회의 태도	• 통합 프로그램에 대한 장애학생 부모의 태도 • 장애학생과 통합에 대한 일반학급 학생들 부모의 태도 • 장애학생에 대한 지역사회의 태도

성공적인 통합교육은 장애학생과 비장애학생을 물리적으로 같은 공간에 배치한다고만 해서 이루어지는 것도 아니고, 장애학생에게 일반교육과정을 제공하고 거기에 참여시켜 준다고만 해서 이루어지는 것도 아니다. 질적으로 우수한 진정한 통합교육이 이루어지려면 앞에서 언급한 통합교육 세 가지 측면인 시간적 통합, 교수-활동적 통합과 사회적 통합을 위해 의도적이고 체계적이며 지속적인 다각도의 노력이 필요하다.

트라이앵글 연주를 하려고 하면 악기를 적절한 상태에서 잡아 들어 연주를 해야 맑고 좋은 음이 연주된다. 이처럼 장애학생을 중심으로 통합교사, 특수교사, 학부모(보호자)가 함께 고민하고 노력하는 것이 필요하다.

2. 통합교육의 역사

우리나라 통합교육 역사의 시초는 1971년 대구 칠성초등학교 내에 설치된 전일제 특수학급이었다. 초기 특수학은 통합교육을 위한 목적보다는 장애학생의 교육 기회 확대가 목적으로 설치되었다. 그러나 1980년대를 기점으로 특수학급의 수가 급격히 증가하였고 특수교육을 전공한 교사들이 특수학급을 담당하게 되면서 장애학생에게 적합한 교육의 제공과 함께 통합교육을 위한 다양한 지원 활동이 활발하게 이루어지게 되었다.

우리나라의 통합교육은 1980년대에 이르면서 일반학교 안에 특수학급이 양적으로 급성장하였다. 이와 같은 특수학급의 양적인 확대 과정을 거치면서 1990년대 이후에는 일반학급 안에서 특수학급 학생의 통합 시간의 확장과 같은 보다 적극적인 의미에서의 통합이 시도되었다. 특히 1990년대에는 일반 초등학교 내에 병설유치원의 설치와 병설유치원 내 특수학급의 설치 등과 같이 유아통합교육에서도 상당히 많은 진보를 가져온 시기라 할 수 있다. 물론 특수학급이 설치되고 장애학생이 특수학급에 입급된 것으로 통합교육이 실행되었다고 보기에는 한계가 있지만, 일반학교 내의 특수학급 설치가 통합교육의 확대에 상당히 많은 영향을 준 것은 사실이다.

이처럼 통합교육의 초기에는 일반학교에 특수학급을 설치하고, 특수교육대상자가 일반학급에 물리적으로 배치된 것으로 통합교육이 이루어진 것으로 보았다. 그러나 단순히 물리적으로 배치하는 것만으로는 진정한 통합이 이루어진 것으로 볼 수 없고, 교실 내의 교육활동에 의미 있게 참여할 수 있도록 교육적 지원이 이루어질 때, 보다 진정한 의미의 통합이 이루어진 것으로 볼 수 있다. 또한, 같은 교실의 친구들과 친구로서 의미 있게 상호작용하고 학급 구성원으로 인정받는 사회적 통합이 이루어져야 한다.

통합교육에 대한 연구가 활발히 이루어지던 1990년대부터 2000년대 초기까지 국내 통합교육 관련 연구 동향을 분석한 결과, 통합교육 관련 연구는 특수교육 영역뿐 아니라 일반교육 영역에서도 많이 이루어졌다. 통합교육 초기 연구는 통합교육에 대한 인식과 필요성에 관련한 연구가 많았으나 점차 구체적인 교육방법과 교육내용에 관련한 주제로 변화한 것으로 나타났다(박현옥, 김은주, 2004). 즉, 통합교육에 대한 일반인들의 인식이 구체화되지 않았던 시기에는 특수교육 영역과 일반교육 영역 모두에서 통합교육의 필요성을 알리고 통합교육에 대한 인식과 태도를 개선하여 사회적 기반을 마련하는 데 보다 많은 관심을 기울였으나 점차 통합교육을 잘하기 위해서 무엇을 어떻게 해야 하는가를 구체적으로 살펴보았으며 그와 동시에 통합교육의 성과를 밝히기 위한 연구 결과가 누적되었다.

통합교육을 받는 학생의 증가는 일반학교에게 장애학생을 위한 편의시설의 확충을 포함한 학교의 사회·문화적 변화 및 교육적 접근의 변화를 요구하게 되었다. 실질적으로 통합교육에 대한 다양한 연수 기회의 확대를 통해 통합교육의 가치에 대한 이해가 증진되고 장애학생에 대한 수용적 태도에 있어서도 많은 발전이 이루어졌다. 그러나 여전히 통합교육에 대한 제도적·인식적 측면에서 지속적인 지원이 요구되고 있으며, 통합교육의 질적인 측면에 대한 점검과 개선이 필요한 상태이다.

2021년 특수교육 통계를 살펴보면 1962년 특수학교 학생에서부터 2021년까지의 특수교육 대상자 전체 학생 수는 〈그림 1-3〉과 같다.

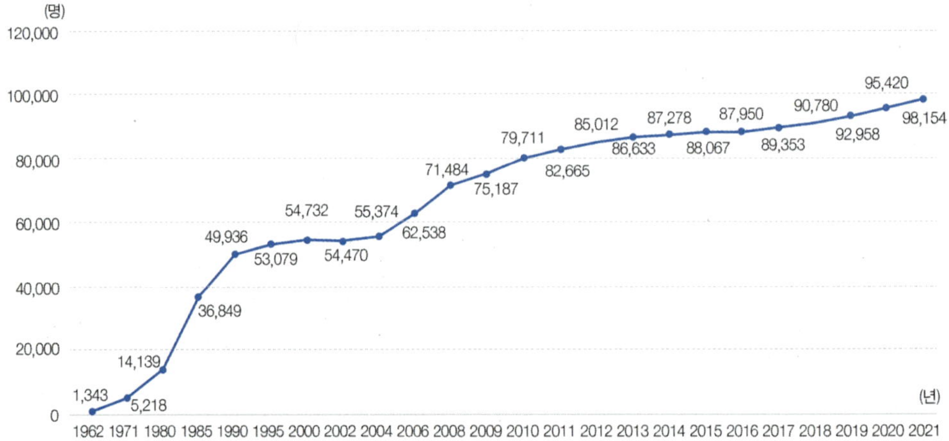

그림 1-3 특수교육대상 전체 학생 수(1962 ~ 2021년)

3. 통합교육의 유형

통합교육의 유형은 통합을 하는 시간과 활동의 내용 및 장소, 그리고 정도에 따라 완전통합과 부분통합, 역통합으로 구분할 수 있다(송연선 외, 2017).

완전통합이란 장애학생이 비장애학생 교육 프로그램에 동일한 주제로 동일한 공간에서 참여하는 것이다. 여기서는 비장애학생과 장애학생의 기능적 차이는 인정을 하되 본질적 차이는 없다고 가정한다. 따라서 비장애학생들의 필요에 따라 교육활동이 진행된다. 단, 기능적 측면에서 장애학생의 발달에 맞게 일반교육과정의 일부를 수용하고, 재구성하여 실행한다.

부분통합은 비장애학생과 장애학생의 차이점을 먼저 인식하는 것이다. 따라서 통합이 가능한 부분은 통합을 하고 장애학생에게 개별적인 지원이 필요한 교육은 별도의 공간에서 지원을 하다가 일반교육 프로그램에 참여하게 하는 시간별 통합이다. 교육기관의 장애학생이 특수교실에서 개별적 교육을 받다가 일반교실에서 부분적으로 함께 교육을 받거나 조기 특수교육기관이 그 주변의 교육기관과 연계하여 장애학생에게 통합의 기회를 주는 방법이다. 특정한 요일이나 시기에 장애학생이 일반교육기관의 프로그램에 참가하므로 융통성 있는 통합의 형태이다.

역통합이란 먼저 장애학생의 특수성을 인정하고 그들에게 맞는 장애학생 특별 프로그램을 운영하면서 비교적 소수의 비장애학생을 장애학생 프로그램에 참여시키는 것이다. 이는 장애학생을 위해 만든 프로그램을 비장애학생들을 위해 수정함을 의미하며 핵심 교육과정의 주체는 장애학생이 된다. 일반교육과 많은 공통점을 지니지만 장애학생 담당교사가 장애학생들의 특별한 요구를 지원하기 위한 교육과정을 운영하게 된다.

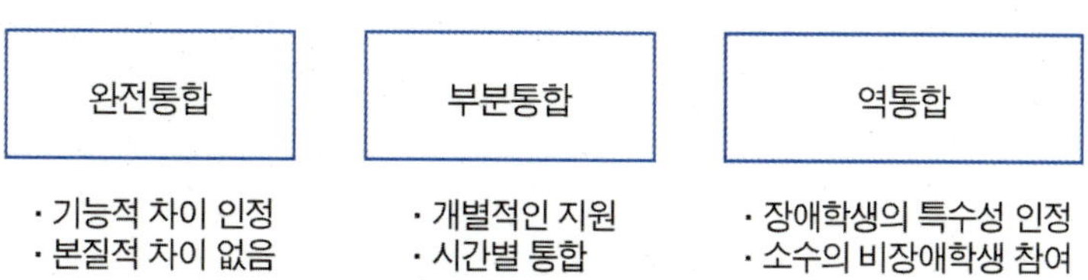

그림 1-4 통합교육의 유형

대부분의 연구에서 부분통합과 완전통합을 운영하는 반을 비교해 보았을 때 사회성을 비롯하여 다양성에 대한 인식 정도가 완전통합반에서 더 높은 경향을 보였다. 특히 사회성 발달, 인지발달, 언어발달은 장애학생의 연령이 어릴수록 효과적임을 보고하였다. 비장애학생의 경우 장애학생을 돕고 소통하는 과정에서 초인지, 조망수용 능력, 배려적 의사소통, 정서조절력 등이 향상됨이 밝혀졌다. 따라서 장애학생 교육은 인적·물적 여건을 준비하여 어린 시기에, 가능한 통합의 범위를 넓히는 방향으로 나아가는 것이 가장 바람직하다.

성인들의 장애에 대한 편견을 토대로 분리된 환경에서 교육하는 것은 비장애학생에게 장애에 대하여 왜곡된 시각을 전달하는 것이며, 평등한 교육을 받을 권리와 발달의 기회를 박탈하는 것일 수 있다. 장애학생의 통합교육은 모든 학생들의 교육받을 권리를 인정하고 차별 아닌 평등으로 교육을 제공하는 것이라 할 수 있다.

4. 통합교육의 구성 요소

통합교육은 다양한 구성 요소들이 상호 영향을 주면서 이루어지는 과정이기에 어느 한 사람의 노력이나 좋은 프로그램의 도입만으로는 불가능하다. 문제는 이러한 구성 요소들의 상호작용 속에서 장애학생들은 물론 비장애학생들에게 선하고 순환적인 통합교육과정을 어떻게 운영하느냐 하는 점이다.

장애 통합교육의 구성 요소는 일곱 가지로 나눌 수 있다. 먼저 장애학생들이다. 그들의 성격, 장애 정도, 장애 유형은 통합교육에 영향을 미친다. 다음은 같은 교실의 비장애학생들이다. 그들의 인지적 · 정서적 · 사회적 · 신체적 발달 특성 및 장애학생들과의 상호작용 양상은 통합교육의 방향과 적용 프로그램의 성공 여부에 큰 영향을 미친다. 특히 통합교육에 대한 원장과 교사들의 자세, 경험, 지식 등은 통합교육의 성공 여부를 가름하는 핵심 요인이다.

이 외에도 물리적 · 심리적 환경, 프로그램, 교직원, 가정, 전문기관과의 협력과 같은 요소들이 어우러져야 장애 통합교육이 효과적으로 실행될 수 있다. 일곱 가지 핵심 요인들을 구체적으로 살펴보면 다음과 같다(송연선 외, 2017).

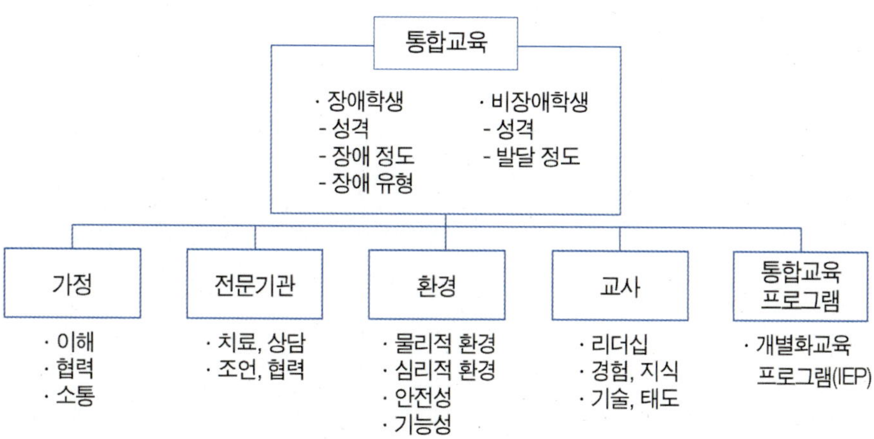

그림 1-5 통합교육의 구성 요소

1) 장애학생

통합교육에 들어가기 전에 장애학생의 성격이나 장애 유형 및 정도를 파악하는 것은 매우 중요하다. 장애학생은 장애아 통합교육기관에 입학하면서 부모와 분리되어 친구 및 교사들과 긍정적인 관계를 맺어야 한다. 또한 장애학생이 일과에 적응하여 놀이와 학습을 수행할 수 있는 사회성, 주의집중, 학습에 대한 흥미가 필요하므로 전반적인 발달 상태와 능력, 통합 가능성 여부에 대한 정확한 사정과 평가가 전문가에 의해서 이루어져야 한다. 그리고 통합교육의 효율성을 높이기 위해 관련 서비스가 뒷받침되어야 한다.

2) 비장애학생

통합교육을 성공적으로 실행하기 위해서는 비장애학생의 태도가 매우 중요하다. 통합교육에 앞서 비장애학생을 대상으로 장애에 대한 바른 인식, 장애학생을 대하는 태도와 상호작용 방법을 배우는 사전교육이 필요하다. 비장애학생들은 장애학생과 함께 하는 기회가 많지 않기 때문에 주변에 장애인이 없는 한 장애인과의 생활 경험이 전혀 없을 수도 있다. 이러한 제한된 경험이나 지식은 장애인에 대한 잘못된 인식이나 비수용적인 태도를 형성하게 하며 장애에 대한 편견이나 자신과 다른 사람에 대한 차별의식이 생길 수도 있다. 영유아들의 태도는 학습으로 변화가 가능하기 때문에, 영유아 시기부터 통합교육을 경험하면 또래의 개인차를 자연스럽게 받아들이고 적응할 수 있다. 따라서 장애학생에 대한 긍정적 태도와 사회적 수용성의 향상을 위해 장애학생을 일반학교에 합류시키기 전에 비장애학생들을 대상으로 장애학생에 대한 정보를 제공하고 장애학생을 도울 수 있는 방법 및 자세에 대해 함께 이야기를 나누어야 한다.

3) 가정

성공적인 통합을 위한 부모의 요소는 장애학생의 부모뿐만 아니라 비장애학생 부모들의 적극적인 협조와 이해가 있어야 한다. 따라서 통합교육은 장애학생들에게만 도움을 주는 것이 아니라 오히려 비장애학생의 사회성, 인지, 언어, 정서발달에도 유익함을 비장애학생 부모에게 인식시킬 필요가 있다.

4) 전문기관

성공적인 통합교육을 위해서는 전문가의 도움을 받을 수 있도록 지역사회 전문기관과 협력체계를 구축하는 것이 필요하다. 전문기관으로는 특수교육지원센터, 육아종합지원센터, 복지관, 발달재활지원센터, 재활병원 등이 있다. 장애에 관한 전문기관은 통합교육기관과의 다양한 협력방법(전문가 협력의뢰서)을 공조함으로써 교사와 학생, 가정, 장애학생 담당교사에게 장애학생에 대한 다양한 관리 방법과 행동 지도에 도움을 줄 수 있다. 아이톡톡 사이트(https://www.childportal.co.kr)에서는 근접한 곳의 발달재활 치료기관을 자세히 알아볼 수 있다.

그림 1-6 아이톡톡 사이트 안내

다음 내용은 전문기관에서 어린이집으로 보낸 자폐성 장애학생(만 5세)의 '전문가 협력의뢰서' 예시 자료이다. 협력의뢰서는 어린이집이나 유치원에서 요구하는 것이다.

전문가 협력의뢰서

안녕하세요?

우리 "000"을 위해 늘 수고하고 애쓰시는 선생님의 노고에 감사드립니다. 다음은 저희 어린이집에서 "000"을 지도하는 데 있어 좀 더 유용한 정보를 얻고 저희 어린이집과 협력 방안을 찾아 효과적인 교육 계획을 세우기 위해 파악하고자 하는 내용입니다. 바쁘시더라도 앞으로 "000"을 교육하는 데 있어 도움이 될 수 있도록 성의 있는 답변을 해주시면 "000"을 교육하는 데 귀중한 자료로 사용하겠습니다.

<table>
<tr><th>유 아 명</th><td>000</td><th>기관명</th><td>0000발달지원센터</td></tr>
<tr><th>프로그램명</th><td>인지학습재활</td><th>담당
선생님</th><td>한수진</td></tr>
<tr><th>교육 수혜기간</th><td colspan="3">2022년 03월 ~ 2022년 09월</td></tr>
<tr><th>작성일</th><td>2022년 3월 9일</td><th>작성자</th><td>한수진</td></tr>
<tr><th colspan="4">의뢰 내용</th></tr>
<tr><td colspan="4">1. 선생님이 평가하신 "ooo"의 현행 수준에 대해 말씀해주시겠습니까?</td></tr>
<tr><td colspan="4">• 강화제 사용을 하여 동기를 주면 스스로 활동을 하는 경우가 증가하고 있음
• 일상사물, 동물, 교통기관 이름을 알고 말할 수 있음
• 구음으로 수를 읽기(순차적)는 하지만 수 대응은 하질 못함
• 기본 색 이름(빨, 파, 노, 초)을 말하지 못하고 빨강을 먼저 이야기함
• 자신의 이름을 보고 구별을 하여 사물함에서 파일박스를 찾을 수 있음
• 연필 잡는 것에 대한 거부감이 있으며 필압이 약한 편임
• 시작점에서 선을 시작하여 도착점을 보고 멈출 수 있으나 주의집중력이 부족함
• 입을 벌리고 있는 경우가 많은 편이며 침이 고여 있어 언어적인 지시가 필요함
• 발음이 부족한 편이지만 스스로 노력하는 모습에 긍정적인 변화를 보이고 있음
• 음률을 통한 학습에 빠르게 반응을 보임</td></tr>
<tr><td colspan="4">2. 현재 어떠한 교육 목표를 가지고 지도하고 계십니까?</td></tr>
<tr><td colspan="4">Ⅰ. 사물의 이름을 알 수 있다.
Ⅱ. 이름을 쓸 수 있다.
Ⅲ. 모양을 그릴 수 있다.
Ⅳ. 10까지 수를 알 수 있다.
Ⅴ. 색 이름을 알 수 있다.</td></tr>
</table>

3. 현재 지도하고 계신 교육 내용은 무엇입니까?

Ⅰ-1. 주변의 사물 그림(일상생활)을 보고 이름을 말할 수 있다.
Ⅱ-1. 기본 음절을 이용한 이름 쓰기를 할 수 있다.
Ⅱ-2. 부분적으로 이름 쓰기를 할 수 있다.
Ⅱ-3. 이름 쓰기를 할 수 있다.
Ⅲ-1. 세모, 네모를 스스로 그릴 수 있다.
Ⅳ-1. 10까지 숫자를 보고 같은 숫자와 대응할 수 있다.
Ⅴ-1. 기본 4색(빨, 파, 노, 초)을 구별하여 말할 수 있다.
Ⅴ-2. 일상생활 주변에서 볼 수 있는 색을 찾아 말할 수 있다.
Ⅴ-3. 기본 색을 이용한 공간과 사물을 연결하여 색을 칠할 수 있다.

4. 저희 어린이집에서 "ooo" 지도 시 유념해야 할 "ooo"의 특성(행동, 언어, 현재 아동이 가진 문제 등)에는 어떠한 것들이 있습니까?

- 마스크 착용으로 관찰이 어려우실 수 있지만 입을 벌리고 있는 경우가 많은 편이며 침이 고여 있어 입을 닫고 코로 숨을 쉴 수 있도록 언어적인 지시가 필요함
- 지시 따르기와 주도 학습이 될 수 있도록 간단한 과제를 스스로 할 수 있는 기회를 과제분석을 통한 교수 수정이 필요함

5. 저희 어린이집에서 연계하여 지도했으면 하는 내용이 있으면 적어주십시오.

21년도와 비슷한 모습을 보이지만 좀 더 힘이 생겨 고집을 부리는 것처럼 보일 경우가 있습니다. 이것은 자기 주장이 생기고 의사소통이 원활하지 않아 보이는 행동이라 지금 언어적으로 자신의 상황이나 감정을 표현하는 연습을 치료 상황에서 하고 있습니다. oo이의 행동이 전체적으로 충동적이고 급한 편이지만 치료사가 함께 마주보고 천천히 상황을 설명해 주고 웃으면 긍정적인 반응을 나타냅니다. 의외로 큰 소리로 이야기를 하거나 제지를 하면 고개를 숙이거나 상대방의 손이나 손가락을 잡거나 속상한 듯이 울거나 소리를 냅니다. 이럴 때는 마음 읽기를 해 주고 상황을 좀 더 자세히 설명을 해 주고 이해를 시키려고 노력을 하고 있습니다. 야단치거나 화를 낸 것이 아니라 다시 해 보라고 하는 말이나 행동이라는 것을 알려 줍니다. 하지만 아직은 oo이에게는 어려운 사회적 의사소통이라 좀 더 반복하고 노력해야 할 것 같습니다.

oo이의 중얼거리는 행동이 많아 몰입과 같은 학습 상황에서 어려움이 많은 편입니다. 지속적으로 상황에 몰입할 수 있는 음률이나 의태어나 의성어를 통해 생각멈추기(사고중지)로 몰입할 수 있도록 지도하고 있습니다.

치료 상황에서 규칙 따르기, 발달적 측면에서의 학습 준비를 꾸준히 지도하고 있습니다. 어린이집에서는 지금처럼 좀 더 사회적 기술과 또래 상호작용을 잘 할 수 있도록 도움을 주시기 바랍니다.

감사합니다.
아동과 관련하여 저희와 상의할 내용 또는 도움드릴 내용이 있으시면
000어린이집(☎032-000-0000) 담당교사 "ooo"에게 연락 주시기 바랍니다.

5) 환경

통합교육의 환경은 크게 심리적 환경과 물리적 환경으로 나눌 수 있다. 심리적 환경은 비장애학생들이 가정, 교육기관, 지역사회에서 만나는 사람들과의 관계에 의해서 결정된다. 물리적 환경으로는 장애학생과 비장애학생을 위한 실내환경, 실외환경, 그 외의 시설을 들 수 있으며, 장애학생들은 그들이 생활하는 환경의 구조와 특징을 이해해야 안정감을 느낄 수 있다. 그러므로 공간 구성과 자료 배치의 규칙성, 일관성, 예측 가능성이 요구된다. 이 외에도 장애 유형과 정도에 따라 사용되는 보조공학을 활용한 보조기기를 마련하여 활동 수행을 도와야 한다.

6) 교사

교사의 통합에 대한 인식과 태도 및 리더십은 기관 전체의 변화와 통합교육의 성공을 이끄는 역할을 한다. 또한 통합교육을 실행하고 직접 학생을 지도하는 교사들의 장애학생에 대한 인식과 태도는 성공적 통합교육을 위해 매우 중요하다. 그러므로 통합교육을 실시하기 전에 교사는 장애학생 교육이나 사전경험, 통합교육에 대한 태도, 장애학생 개인에 대한 수용적인 태도, 특수교육과 통합교육에 대한 지식과 기술 등을 숙지해야 한다. 그 밖에 통합교육을 위한 교사들의 전문성 개발을 위하여 특수교육기관에서 참관과 실습 및 교사연수를 통하여 관련 지식을 습득해야 한다.

7) 통합교육 프로그램

통합교육 프로그램을 적용할 때에는 장애학생을 포함한 모든 학생을 고려해야 하며, 학습 장소, 교구 등의 물리적 환경을 적절하게 배치하여 통합교육 프로그램 효과를 극대화할 수 있어야 한다. 특히 장애학생 프로그램은 교육과 치료를 병행하는 것이 중요하다. 개별화교육 프로그램(IEP: Individualized Education Program)은 장애학생의 발달적 상태를 면밀히 검토하고 진단하여 그 목표와 방법을 적용해야 하며, 행동수정, 놀이치료 언어재활 및 인지학습 등을 필요에 따라 적절하게 포함시켜야 한다. 이는 특수교육, 재활교육 전문가들의 자문을 받아서 실시하는 것이 바람직하다.

통합교육 프로그램 운영은 활동시간 구성을 어떻게 하느냐에 따라 그 성패가 좌우된다. 활동시간은 자율성을 충분히 보장하고 즐겁고 다양한 교육적 기회를 누리고 경험하도록 구성해야 한다. 적합한 통합교육 프로그램은 장애학생들에게 또래 친구를 만나고 어울리며 잠재능력을 개발하고 비장애학생들과의 상호작용에서 많은 것을 경험할 수 있는 기회를 준다. 그리고 비장애학생들은 사람의 개인차를 자연스럽게 배움으로써 타인을 이해하고 수용하게 되며 친구를 적절하게 도와주고 돌봐주는 경험을 하게 된다. 이처럼 통합교육 프로그램은 장애학생과 비장애학생 상호 간의 사회적 상호작용을 증진시키며, 사회성 발달과 함께 타인을 수용하고 이해하는 태도를 갖도록 도움을 준다.

현장에서 통합교육 프로그램을 운영해 보면 비장애학생들이 장애학생을 기다려 주는 모습을 자주 보게 되고, 특히 발표회 때 장애학생의 손을 잡고 함께 연주와 율동을 하는 것도 보게 된다. 그러므로 통합교육 프로그램은 장애학생과 비장애학생들의 자연스런 상호작용이 이루어지도록 지원하는 것이 중요하다. 또한 프로그램 운영자들은 통합교육 프로그램에 참여하는 장애학생과 비장애학생들을 면밀히 관찰하고 지속적으로 프로그램을 수정·보완해 가야 한다.

5. 통합교육 관련 법

「장애인 등에 대한 특수교육법」 제2조 제6호에서 "통합교육"이란 특수교육대상자가 일반학교에서 장애 유형 · 장애 정도에 따라 차별을 받지 아니하고 또래와 함께 개개인의 교육적 요구에 적합한 교육을 받는 것을 말한다.

(1) 「장애인 등에 대한 특수교육법」 제21조(통합교육)

① 각급학교의 장은 교육에 관한 각종 시책을 시행함에 있어서 통합교육의 이념을 실현하기 위하여 노력하여야 한다.

② 제17조에 따라 특수교육대상자를 배치받은 일반학교의 장은 교육과정의 조정, 보조인력의 지원, 학습보조기기의 지원, 교원연수 등을 포함한 통합교육계획을 수립 · 시행하여야 한다.

(2) 「장애인 등에 대한 특수교육법」 시행령 제16조(통합교육을 위한 시설 · 설비 등)

① 일반학교의 장은 제21조 제2항에 따라 통합교육을 실시하는 경우에는 특수교육대상자의 교내 이동이 쉽고, 세면장 · 화장실 등과 가까운 곳에 위치한 66제곱미터 이상의 교실에 특수학급을 설치하여야 한다. 다만, 배치된 특수교육대상자의 수 및 그 학교의 여건 등을 고려하여 시도 조례로 정하는 바에 따라 44제곱미터 이상의 교실에 학급을 설치할 수 있다.

② 일반학교의 장은 법 제21조 제2항에 따라 통합교육을 실시하는 경우에는 배치된 특수교육대상자의 성별, 연령, 장애의 유형 · 정도 및 교육활동 등에 맞도록 정보 접근을 위한 기기, 의사소통을 위한 보완 · 대체기구 등의 교재 · 교구를 갖추어야 한다.

참고문헌

교육부(2021). 특수교육통계

박승희(2003). **한국장애학생 통합교육: 특수교육과 일반교육의 관계 재정립**. 서울: 교육과학사.

박현옥, 김은주(2004). 통합교육에 관한 국내 연구 동향 분석. **특수교육학연구**, 38(4), 285-309.

송연선, 류미희, 배성현, 조경서(2017). **현장중심의 장애통합 길라잡이**. 경기: 공동체.

아이톡톡 https://www.childportal.co.kr

양명희(2021). **장애유아 통합교육**. 서울: 학지사.

위키백과[웹사이트](2021.3.21.) http://ko.wikipedia.org/wiki/작업치료

이대식, 김수연, 이은주, 허승준(2020). **통합교육의 이해와 실제(통합학급에서의 효과적 교육방법)**. 서울: 학지사.

총신대학교 부속유치원 편(2011). **장애유아 통합과적**. 서울: 학지사.

Baglieri, S.(2020). **장애학생과 통합교육**(*Disability studies and the inclusive classroom*).(강종구, 엄수정, 홍애령 공역). 서울: 학지사.(원서는 2017년에 출판)

Cole, P, G., & Chan, L. K. S.(1990). *Methods and strategies for special education*. New York: Prentice Hall.

Hopkins, D., West, M., & Ainscow, M.(1996). *Improving the quality of education for all: Progress and challenge*. London: David Fulton.

Kauffman, J., Logan, J., Agard, J., & Kukic, M.(1975). Mainstreaming: Toward an explication of the consturct. In E. K. Meyen, G. A. Vergason, & R. J. Whelan(Eds.), *Alternatives for teaching exceptional children*(pp.35-54). Denver, CO: Love.

Lipsky, D. K., & Gartner, A.(1997). *Inclusion and school reform: Transforming America's classroom*. Baltimore, MD: Paul H. Brookes.

Reuda, R., Gallego, M. A., & Moll, L. C.(2000). The least restrictive environment: A place or a concept? *Remedial and Special Education, 21*(2), 70-78.

Salend, S. J.(1994). *Effective mainstreaming: Creating inclusive classroom*(2nd ed.). Old Tappan, NJ: Prentice Hall.

Sebba, J., & Ainscow, M.(1996, Spring/Summer). International developments in inclusive schooling: Mapping the issues. *Cambridge Journal of Education, 26*(1), 5-8.

Uditsky, B.(1993). From integration to inclusion: The Canadian experience. In R. Slee(Ed.), *Is there a desk with my name on it?: The politics of integration*(pp.79-92). London: Falmer Press.

PART 2

협력적 팀 접근

1. 협력적 팀 접근의 개념
2. 협력적 팀 접근의 중요성
3. 협력적 팀 구성
4. 협력적 자문

1. 협력적 팀 접근의 개념

장애학생의 통합교육은 학생의 특성이나 학교 환경에 따라서 매우 다양한 형태로 나타나고 있는 반면에 대부분의 장애학생은 일반학급과 특수학급에 동시에 소속되어 있다. 따라서 장애학생의 학습 효과를 높이기 위해서는 교육과정, 나아가 학교생활에서 발생할 수 있는 어려움 등을 두고 일반교사와 특수교사의 긴밀한 교류와 공동 협력이 필수적이다.

장애학생과 함께 성공적인 적응을 위해서는 효과적인 팀 구성이 필요하다. 이를 협력적 팀 접근(collaborative team approach)이라고 하며, 2명 혹은 그 이상의 구성원이 공동 목표를 달성하기 위해 함께 일하는 것을 말한다. 여기서 핵심은 '공동의 목표', '함께 일한다'라는 것이다. '공동의 목표'는 장애학생의 교육 및 적응과 관련된 구성원들의 공유된 의사결정 과정 속 합의된 목표를 의미하고, '함께 일한다'는 구성원들이 가진 지식, 기술, 자원, 정보 등을 공유해 장애학생을 위한 문제를 파악하고, 그에 따른 목표 설정과 교육내용, 교육법 등을 계획하고 평가하는 일련의 협력적인 과정을 의미한다. 즉, 공유된 가치나 신념을 기반으로 공동의 목표를 설정하고, 이를 위해서 함께 할 때 다양한 전문영역 간의 협력인 관계망을 형성하고 장애학생의 학습과 적응을 최대화하기 위한 긴밀한 협력을 의미한다. 협력적 팀 접근과 관련된 특성은 다음과 같다.

- 구성원들의 참여는 자발적이어야 한다.
- 구성원들 간의 책임은 공유된다.
- 구성원들은 공동의 목표를 가진다.
- 구성원들 간의 동등성을 인정한다.
- 구성원들은 각자의 지식, 정보, 자원, 자료, 기술 등을 공유한다.

이때 이상적인 팀 구성을 위해 일반교사, 특수교사, 보조원, 다양한 장애 전문가, 부모 등이 중요한 역할을 담당하는 한 팀의 구성원으로 포함되어 있다. 성공적으로 팀이 기능하려면 각 구성원이 장애학생의 전문가가 되어 서로를 존중하고 신뢰하며, 적절한 의사소통을 위한 분위기가 형성되어야 한다. 또 함께하려는 의지를 가지고, 정해진 목표에 초점을 두며, 팀 안에서 구성원들 각자의 역할 · 책임을 알고, 구성원이 심리적으로 안전한 분위기에서 자신의 의견과 생각 등을 표현할 기회를 부여받아야 한다(M. Diane Klein, Ruth E & Cook, Anne Marie Richardson-Gibbs, 2015).

2. 협력적 팀 접근의 중요성

통합교육이 바람직한 방향으로 진행되기 위해서는 특별한 요구를 가진 장애학생을 위한 인적 환경, 물리적 환경, 교육적 과정에서의 모든 측면에 환경이 조성되어야 한다. 장애학생의 통합교육 속에서 장애학생을 위한 목표 성취에는 한 명의 전문가로는 장애학생의 교육적 및 적응적인 요구에 적절한 교육 등을 제공하는 데 한계가 있다. 예를 들어서 일반교사는 스스로 장애학생의 통합교육에 대한 전문적인 자질이 부족하다고 생각하고, 이를 특수교사가 지원해 주길 막연하게 기대하고 있다(최선실, 2000). 반면 특수교사는 장애학생의 통합학급 적응과 교육에 대해 적극적으로 지원하지 못하고 있는 실정이다(장보원, 2000). 따라서 장애학생의 학습과 적응 등을 촉진시키기 위해서는 다양한 전문가로 구성된 협력적 접근이 적절하며, 긴밀한 교류와 공동협력이 필수적이다. 다양한 전문 영역 간의 협력적 관계망을 형성하고 이를 통해서 장애학생의 학습 및 적응 등을 극대화하기 위해서는 가족의 협력도 유도한다. 협력적 팀을 구성하고 함께 일하는 활동은 다음과 같다(한국통합교육학회, 2012).

- 장애학생의 다양한 필요와 요구 확인하기
- 교수 상황에 대한 구성원의 관심사 경청하기
- 장애학생의 교육적 문제를 확인하고 정의하기
- 통합환경에서 문제해결법을 도출하고 수행을 촉진하기
- 장애학생의 필요에 따른 다양한 서비스를 연결하기

• 중재법이나 교수법을 시연하고 다른 전문가 가르치기
• 직접 장애학생을 가르치는 교사나 전문가들에게 직접적인 지원 제공하기
• 구성원의 전문성 개발 활동을 주도하거나 그에 참여하기
• 문제행동 지원 프로그램을 계획하고 수행하는 데 교사 지원하기
• 자원, 자료, 아이디어를 다른 구성원과 공유하기
• 협력교수 활동이나 시연교수 활동에 참여하기
• 평가와 사정활동에 참여하기
• 교재편찬위원회, 학교옹호위원회 등에서 활동하기
• 다른 전문가나 기관과 네트워크 형성하기

3. 협력적 팀 구성

1) 일반교사

통합교육에서 일반교사는 학급에서 많은 시간을 함께 공유하고 전반적인 수업을 운영하게 되므로 가장 중요한 역할을 수행해야 한다. 장애학생의 일반교사는 교육적 책무성을 가짐과 동시에 장애학생에게 적절한 교수적 접근을 다양하게 적용할 필요가 있다. 협력적 팀 구성원으로서 장애학생의 일반교사의 역할은 다음과 같다.

(1) 장애학생에 대한 긍정적 인식 및 태도

이는 통합교육과 관련된 기본 태도로 장애학생에 대한 일반교사의 이해와 태도는 장애학생을 받아들이고, 그들을 학급의 활동에 참여하도록 격려하는 데 직접적인 역할을 한다. 또 장애학생의 일반교사가 가지고 있는 태도에 따라서 비장애학생들이 장애학생에 대한 생각과 행동에 영향을 주기 때문에 장애에 대한 긍정적인 태도와 수용적 자세로 장애학생과 함께하는 수업을 운영할 필요가 있다.

(2) 학급 구성원에 대한 책무성

일반교사는 학급에 장애학생뿐만 아니라 비장애학생, 즉 모든 학생의 교육과 활동 등에 대한 전반적인 책임을 지고 있다. 따라서 학급에서 장애학생이 비장애학생과 어울리

며 수업 및 활동에 참여할 수 있도록 지원하고, 장애학생의 특성과 요구에 맞는 수업을 조정하며 수행할 필요가 있다.

(3) 학급 구성원에 대한 정보 공유

일반교사는 협력적 팀 구성원들에게 장애학생에 대한 다양한 정보를 제공할 수 있는데, 이는 학급의 운영과 관리를 함으로써 장애학생의 강점과 한계, 발달, 학급 내 참여도, 수행능력, 사회적 능력, 도전적 행동 등과 같은 중요한 정보를 전달함을 의미한다. 이를 통해서 다른 협력적 팀 구성원들이 장애학생을 진단하고 평가하는 데 도움을 줄 수 있다.

(4) 수업 프로그램 계획

일반교사는 학급에 포함된 장애학생을 위해 다양한 수업 활동 및 프로그램을 계획할 수 있다. 일반교사는 특수교사와 함께 장애학생에게 필요한 요구와 수정된 계획안 등을 작성해 물리적이고 교수적인 환경을 구조화하여 장애학생에게 적절한 교수법을 채택해 수업을 구성할 수 있다.

(5) 개별화교육 프로그램 회의에 참여

개별화교육 프로그램 팀의 역할을 수행할 책임이 있는 일반교사는 장애학생의 진단평가 결과를 팀 회의 시 공유할 수 있고, 팀 협의할 때 참여해 장애학생별 특성에 대한 정보와 수행 정도를 나눌 수 있다.

(6) 관련 전문가와 협력

일반교사는 장애학생의 발달을 지원할 수 있는 관련 전문가, 서비스 등과 협력할 수 있는 방법 등을 알고 있을 필요가 있다. 장애학생의 특성 및 유형에 따라서 다양한 전문가들의 도움이 요구된다. 따라서 일반교사는 장애학생의 효과적인 통합교육을 위해 관련 전문가들과 연계하고 협력해 교실 내에서, 나아가 지역사회에서 어떤 전문가와 어떻게, 언제 협력해야 하는지 알고 적절하게 도움을 받을 수 있어야 한다.

2) 특수교사

장애학생의 통합교육에서 특수교사는 일반교사를 보조하는 역할이 아니라 장애학생의 교육적 서비스를 위한 다양한 역할을 수행해야 한다. 특수교사는 장애학생이 비장애학생과 마찬가지로 비슷한 환경에서 비슷한 교육과정과 교육내용으로 수업을 받을 수 있도록 일반교사와 협력해야 한다. 장애학생에게 맞는 물리적·사회적 환경 조성과 교수법 수정 등으로 장애학생이 수업에 참여할 수 있도록 돕거나 학급 내에 핵심 구성원이 될 수 있도록 지원해야 한다.

특수교사의 역할은 다음과 같다.

(1) 통합교육에 대한 적절한 능력

특수교사는 일반교육과 특수교육 분야의 전문적인 지식과 기술을 갖춰야 한다. 전문적인 지식과 기술을 갖출 뿐 아니라 관련된 내용, 수행능력과 함께 장애에 대한 지식 등이 필요하다.

(2) 장애학생에게 적절한 특수교육 서비스 제공

장애학생의 교육적 수행에 필요한 능력을 갖춘 특수교사는 장애학생의 인지, 언어, 사회성, 운동, 자조기술 등의 발달 촉진을 위한 개별화교육 프로그램을 수립해야 한다. 이 프로그램을 계획하고 실행하고 평가해야 하며, 일반교사와 함께 개별화교 육프로그램 팀의 핵심 구성원으로서 참여해 장애학생의 현행 수준과 요구를 명확히 파악하고 관련된 내용을 전문가와 공유해야 한다. 또 학급 내 장애학생의 도전적인 행동의 원인을 분석해 이에 대한 적절한 대처법 등을 지원하고 적용할 필요가 있다.

(3) 장애학생뿐만 아니라 비장애학생에 대한 책무성

특수교사는 통합학급에서 장애학생뿐 아니라 비장애학생에 대한 책무도 맡고 있다. 이는 비장애학생으로 하여금 장애학생이 한 학급을 이루는 구성원으로 인식하도록 돕고, 지원할 필요가 있음을 의미한다.

(4) 일반교사를 위한 자문의 역할

일반교사가 학급 내에서 비장애학생과 장애학생을 함께 가르치기란 쉬운 일은 아니다. 이때 특수교사는 일반교사가 장애학생을 가르치면서 느끼는 어려움 등에 대한 상담을 통해서 장애학생의 도전적 행동, 발달, 교수법 등에 대한 자문을 제공할 수 있다.

(5) 특수교육 관련 서비스 제공

특수교육 관련 서비스 중 치료 지원은 장애학생에게는 매우 중요한 것으로, 특수교사는 장애학생에게 요구되는 치료 지원을 적절하게 제공할 필요가 있다. 장애학생에게 필요한 서비스를 시기적절하게 지원받을 수 있도록 지역사회와 연계하고 정보 제공 등을 통해 장애학생에게 균형적인 교육 및 치료를 제시해 줄 수 있다.

또 특수교육 보조원을 관리하거나 가족을 지원하고, 학습에 도움이 되는 보조공학기구 등을 활용할 수 있도록 소개할 수 있다.

3) 가족구성원

장애학생의 가족은 협력적 팀 접근에서 무엇보다 중요한 역할을 한다. 가족은 장애학생의 발달 특성이나 장애 등에 대한 기초정보를 제공한다. 따라서 장애학생을 위한 협력적 팀 활동에서 가족의 참여는 매우 중요하며, 가족의 참여도에 따라서 얻어지는 장애학생의 교육적인 효과성도 상이하다.

(1) 장애학생과 관련된 정보 제공

가족구성원은 장애학생의 학교 외 가정, 학원, 지역사회 등에서 일어나는 여러 가지 일에 대한 정보를 제공할 수 있다. 또 가족구성원이 제공한 장애학생에 대한 정보는 장애학생의 교육 프로그램 수립에 도움이 된다. 또 가정에서 제공하는 교육 정보나 자료를 공유함으로써 가정과 학교, 가정과 기관이 연계되고, 장애학생의 학습과 발달에 영향을 미치게 된다.

(2) 개별화교육 프로그램 과정에 참여

가족구성원은 장애학생의 개별화교육 프로그램 과정에 적극적으로 참여할 수 있으며, 개별화교육 프로그램에서 가족구성원의 요구와 필요, 우선순위에 대한 의견을 제시할 수 있다. 이는 장애학생의 교육적 효과를 극대화시키는 데 중요한 역할을 한다.

4) 치료전문가

2007년에 시행된 「장애인 등에 대한 특수교육법」에서는 "장애 영역과 정도, 특성 등 개인의 필요와 개별 욕구에 맞는 의료적, 심리적, 사회적 지원 활동으로, 상담·가족·치료·보조인력·보조공학기기·학습보조기기·통학 및 정보접근 지원 등을 포함"하는 특수교육 관련 서비스의 제공을 명시하였다. 이는 특수교육과 더불어 장애학생의 교육을 효율적으로 실시하는 데 어려움을 보이는 장애 유형이나 특성에 따라 교육적이고 치료적 서비스를 적절하게 제공하는 것이 중요하다고 설명하는 것이다. 이러한 측면에서 특수교육 관련 서비스 중 언어치료, 물리치료, 작업치료 등 전문가의 역할뿐 아니라 놀이치료, 인지치료, 미술치료 등 다양한 영역의 치료적 협조가 필요하다.

치료전문가	역 할
언어치료사	• 장애학생의 언어적 문제 진단·평가·치료 • 언어의 한계를 보이는 장애학생에 대한 책임감 공유 • 장애학생의 유형별 언어 지원 방법 및 중재전략에 대한 자문 및 상담
작업치료사	• 소근육, 섭식, 감각통합 등의 문제를 파악하고 기능적 기술을 도움 • 운동기능 검사를 통해 감각통합의 문제에 대한 정보 제공
물리치료사	• 대근육운동을 촉진 • 장애 유형에 적절한 보조공학기기 등을 제안하고 교수매체활용법 제시

5) 특수교육 실무원

통합교육에 배치된 특수교육 실무원은 교사의 역할을 수행하지는 않지만, 장애학생의 학습 및 적응을 돕는 역할을 한다. 예를 들어 장애학생의 학급 내의 참여를 돕고, 비장애학생과 장애학생이 상호작용할 수 있도록 기회를 제공하는 일을 한다. 또 장애학생이 지역사회 서비스 관련 정보나 장애학생과 관련된 다양한 의견을 제시하는 데 중요한 역할을 한다.

실무원의 역할과 책임	실무원이 해서는 안 되는 역할과 책임
• 장애학생의 기본생활습관 및 신체적 요구를 돕는다. • 외부 활동 시 장애학생을 감독한다. • 장애학생의 행동을 돕고, 이를 기록한다. • 장애학생에게 적절한 개별화교육 자료를 준비한다. • 개별화된 교육을 제공하고 장애학생이 이전에 배운 개념이나 기술을 떠올릴 수 있도록 돕는다. • 운동 근육이나 이동이 어려운 장애학생을 돕고, 정서적으로 지원한다. • 비장애학생과의 사회적 상호작용을 촉진한다. • 적절한 기술을 시범 보인다. • 장애학생의 안전을 책임진다. • 장애학생의 활동을 촉진한다.	• 특정 대상에 대한 교육을 단독으로 계획하고, 실행하고, 감독해서는 안 된다. • 실무원이 검사 도구 실시와 관련하여 교육을 받지 않았거나 전문가가 감독하지 않는 상황에서 검사 도구를 사용하거나 그 결과를 해석해서는 안 된다. • 개별화교육 프로그램 등과 같은 공식적인 문서에 서명할 수 없다. • 장애학생 신상에 대한 비밀 정보를 공개해서는 안 된다. • 회의에서 교사를 대신하거나 대리 교사로 일할 수 없다.

출처: 신진숙(2014). 통합교육. 양서원, pp.41-42.

4. 협력적 자문

자문(consultation)은 "어떤 일을 효율적으로 바르게 처리하기 위해서 그 분야의 전문적 지식을 가진 사람 · 기관에게 의견을 물어보는 행위"를 말한다. 통합교육에서의 협력적 자문(collaborative consultation)은 "문제를 가진 교사가 다른 사람들로부터 조언과 실제적 자원을 구하는 절차"를 말한다(이소현, 박은혜, 2011). 예를 들어 통합학급에서 일어나는 일에 대해서 일반교사가 특수교사나 관련 서비스 전문가들에게 전문적인 정보를 제공받는 것을 말한다. 예를 들어 언어적 상호작용에 어려움을 보이는 장애학생이 학급 내 발표 시간에 어려움을 보이는 경우, 일반교사는 특수교사와 언어치료사 등 전문가에게 현재 장애학생이 보이는 어려움 등에 대한 행동적 · 언어적 지원을 요청할 수 있다. 이에 전문가들은 교실 상황과 대상 장애학생에 대한 구체적인 정보, 필요하다면 직접 관찰을 통해 정보를 수집하고 이에 따른 교육적 지원을 제공한다. 자문관계와 협력적 자문관계의 구조적 특성을 살펴보면 다음과 같다.

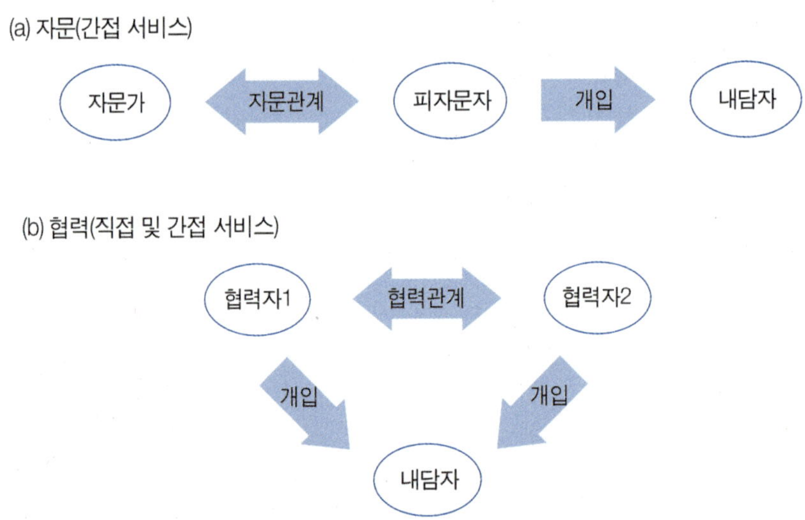

그림 2-1 자문관계와 협력관계의 구조적 특성

혼자서 해결하기 복잡한 어려움을 다른 전문가와 공유하고 지원을 요청하는 협력적 자문은 여러 이점을 가진다. 먼저, 어려운 문제를 가진 협력자가 교실에서 일어나는 문제 상황에 대한 효과적이고 창의적인 해결책 등에 대한 자문을 통해서 현재 어려움을 보이는 장애학생을 지원할 수 있다. 이 속에서 해당 협력자는 자문과정을 통해서 자신의 교수과정에 대해서 성찰할 수 있으며, 새로운 평가전략이나 다양한 중재전략을 배워 상황을 조망하는 관점을 확장시키고, 다른 전문가가 제시하는 새로운 정보와 기술을 습득할 수 있다. 이러한 과정을 통해서 스스로 해결하지 못한 어려움으로 인한 좌절감, 무력감, 회의감 등을 줄여갈 수 있다.

참고문헌

신진숙(2014). **통합교육**. 경기: 양서원.

최선실(2000). 통합교육 실행을 위한 원적학급 교사의 지원요구조사. 이화여자대학교 대학원 석사학위논문.

장보원(2000). 특수학급 아동의 통합교육에 대한 초등학교 일반교사와 특수교사의 인식수준. 대구대학교 대학원 석사학위논문.

핑크복어(2020). 수화 배우는 만화. 경기: 돌베개.

한국통합교육학회(2012). **통합교육**. 서울: 학지사.

M. Diane Klein, Ruth E., & Cook, Anne Marie Richardson-Gibbs(2015). **장애유아 통합교육 전략: 영유아 교육현장**. 경기: 창지사.

Klein, M. D, Cook, R. E. & Richardson-Gibbs A. M.(2015).장애유아통합교육전략: 영유아교육현장. (유수옥, 문연심, 김호연, 송미선, 김혜경, 심성경, 박주희 공역) 경기: 창지사.(원서는 2006년에 출판)

PART

3

장애학생의 이해

1. 시각장애
2. 청각장애
3. 의사소통장애
4. 지체장애
5. 건강장애
6. 지적장애
7. 자폐성장애
8. 정서행동장애
9. 학습장애
10. 발달지체
11. 영재아

장애의 유형을 나누는 방법은 다양하며, 장애 등록을 하기 위해서는 「장애인복지법」(2018년 개정)에 따른 장애 유형을 알아두어야 한다. 「장애인복지법」에서는 장애를 지체장애, 시각장애, 청각장애, 언어장애 등의 '신체적 장애'와 지적장애와 자폐성장애를 포함하는 '정신적 장애'로 구분하고 장애 정도에 따라 중증과 경증으로 장애 등급을 나누고 있다.

표 3-1 「장애인복지법」에 따른 장애 분류

<table>
<tr><th>대분류</th><th>중분류</th><th>소분류</th><th>세분류</th></tr>
<tr><td rowspan="12">신체적 장애</td><td rowspan="6">외부 신체 기능의 장애</td><td>지체장애</td><td>절단장애, 관절장애, 지체기능장애, 변형 등의 장애</td></tr>
<tr><td>뇌병변장애</td><td>뇌의 손상으로 인한 복합적인 장애</td></tr>
<tr><td>시각장애</td><td>시력장애, 시야결손장애</td></tr>
<tr><td>청각장애</td><td>청력장애, 평형기능장애</td></tr>
<tr><td>언어장애</td><td>언어장애, 음성장애, 구어장애</td></tr>
<tr><td>안면장애</td><td>안면부의 추상, 함몰, 비후 등 변형으로 인한 장애</td></tr>
<tr><td rowspan="6">내부 기관의 장애</td><td>신장장애</td><td>투석치료 중이거나 신장을 이식받은 경우</td></tr>
<tr><td>심장장애</td><td>일상생활이 현저히 제한되는 심장기능 이상</td></tr>
<tr><td>간장애</td><td>일상생활이 현저히 제한되는 만성・중증의 간기능 이상</td></tr>
<tr><td>호흡기장애</td><td>일상생활이 현저히 제한되는 만성・중증의 호흡기기능 이상</td></tr>
<tr><td>장루·요루장애</td><td>일상생활이 현저히 제한되는 장루・요루</td></tr>
<tr><td>뇌전증장애</td><td>일상생활이 현저히 제한되는 만성・중증의 뇌전증</td></tr>
<tr><td rowspan="3">정신적 장애</td><td rowspan="2">발달장애</td><td>지적장애</td><td>지능지수가 70 이하인 경우</td></tr>
<tr><td>자폐성장애</td><td>소아청소년 자폐 등 자폐성장애</td></tr>
<tr><td>정신장애</td><td>정신장애</td><td>조현병, 조현정동장애, 양극성정동장애, 재발성우울장애</td></tr>
</table>

출처: 보건복지부(2019). 장애등록심사 규정집.

통합교육을 위한 특수교육이 필요하다면 「장애인 등에 대한 특수교육법」(2008)에 따라 지원을 받아야 한다. 이 법에서는 장애인 등록 여부와 상관없이 특수교육이 필요한 학생들을 지원할 수 있도록 하고 있다. 특정 장애로 진단하기 어려운 학생의 경우 '발달 지체'라는 유형으로 특수교육대상자로 분류, 지원을 제공할 수도 있다.

> **제15조(특수교육대상자의 선정)** ① 교육장 또는 교육감은 다음 각 호의 어느 하나에 해당하는 사람 중 특수교육이 필요한 사람으로 진단・평가된 사람을 특수교육대상자로 선정한다. 〈개정 2016.2.3, 2021.3.23〉
> ② 교육장 또는 교육감이 제1항에 따라 특수교육대상자를 선정할 때에는 제16조제1항에 따른 진단・평가결과를 기초로 하여 고등학교 과정은 교육감이 시・도특수교육운영위원회의 심사를 거쳐, 중학교 과정 이하의 각급학교는 교육장이 시・군・구특수교육운영위원회의 심사를 거쳐 이를 결정한다.

「장애인 등에 대한 특수교육법」에 따른 장애 유형의 정의는 다음과 같다.

표 3-2 「장애인에 대한 특수교육법」에 따른 특수교육대상자 분류

특수교육대상	정의
지체장애	기능・형태상 장애를 가지고 몸통을 지탱하거나 팔다리의 움직임 등에 어려움을 겪는 신체적 조건이나 상태로 인해 교육적 성취에 어려움이 있는 사람
시각장애	시각계의 손상이 심하여 시각기능을 전혀 이용하지 못하거나 보조공학기기의 지원을 받아야만 시각적 과제를 수행할 수 있는 사람으로서 시각에 의한 학습이 곤란하여 특정의 광학기구・학습매체 등을 통하여 학습하거나 촉각 또는 청각을 학습의 주요 수단으로 사용하는 사람
청각장애	청력 손실이 심하여 보청기를 착용해도 청각을 통한 의사소통이 불가능 또는 곤란한 상태이거나, 청력이 남아 있어도 보청기를 착용해야 청각을 통한 의사소통이 가능하여 청각에 의한 교육적 성취가 어려운 사람
의사소통장애	• 언어의 수용 및 표현능력이 인지능력에 비하여 현저하게 부족한 사람 • 조음능력이 현저하게 부족하여 의사소통이 어려운 사람 • 말 유창성이 현저하게 부족하여 의사소통이 어려운 사람 • 기능적 음성장애가 있어 의사소통이 어려운 사람
건강장애	만성질환으로 인하여 3개월 이상의 장기 입원 또는 통원치료 등 계속적인 의료적 지원이

특수교육대상	정의
	필요하여 학교생활 및 학업 수행에 어려움이 있는 사람
지적장애	지적 기능과 적응행동상의 어려움이 함께 존재하여 교육적 성취에 어려움이 있는 사람
자폐성장애	타인과 의사소통이나 사회적 상호작용이 어렵고 일과 변화를 지나치게 싫어하며 특정 행동(가령 손이나 머리 흔들기, 꼬집기, 머리박기 등)을 계속해서 반복하거나 사물의 특정 부위에 지나치게 관심을 갖고 집착하는 행동을 하는 학생
정서행동장애	장기간에 걸쳐 다음 각 목의 어느 하나에 해당하여 특별한 교육적 조치가 필요한 사람 가. 지적·감각적·건강상의 이유로 설명할 수 없는 학습상의 어려움을 지닌 사람 나. 또래나 교사와의 대인관계에 어려움이 있어 학습에 어려움을 겪는 사람 다. 일반적인 상황에서 부적절한 행동이나 감정을 나타내어 학습에 어려움이 있는 사람 라. 전반적인 불행감이나 우울증을 나타내어 학습에 어려움이 있는 사람 마. 학교나 개인 문제에 관련된 신체적인 통증이나 공포를 나타내어 학습에 어려움이 있는 사람
학습장애	개인의 내적 요인으로 인하여 듣기, 말하기, 주의집중, 지각, 기억, 문제해결 등의 학습 기능이나 읽기, 쓰기, 수학 등 학업성취 영역에서 현저하게 어려움이 있는 사람
발달지체	신체, 인지, 의사소통, 사회정서, 적응행동 중 하나 이상의 발달이 또래에 비하여 현저하게 지체되어 특별한 교육적 조치가 필요한 영아 및 만 9세의 미만의 아동
영재아	재능이 뛰어난 사람으로 타고난 잠재력을 계발하기 위하여 특별한 교육을 필요로 하는 자

1. 시각장애

1) 시각장애의 정의

시각장애는 주로 시력과 시야를 기준으로 진단, 분류하게 되며, 시각장애에 대한 정의는 「장애인 등에 대한 특수교육법」, 「장애인복지법」에서 다소 다르게 다루어지고 있다.

표 3-3 시각장애의 정의

구분	장애인 등에 대한 특수교육법(2013)	장애인복지법(2019년 개정판)
시각장애	시각계의 손상이 심하여 시각기능을 전혀 이용하지 못하거나 보조공학기기의 지원을 받아야만 시각적 과제를 수행할 수 있는 사람으로서 시각에 의한 학습이 곤란하여 특정의 광학기구·학습매체 등을 통하여 학습하거나 촉각 또는 청각을 학습의 주요 수단으로 사용하는 사람	• 장애의 정도가 심한 장애인 1. 좋은 눈의 시력이 0.02 이하인 사람 2. 좋은 눈의 시력이 0.04 이하인 사람 3. 좋은 눈의 시력이 0.06 이하인 사람 4. 두 눈의 시야가 각각 모든 방향에서 5℃이하로 남은 사람 • 장애 정도가 심하지 않은 장애인 1. 좋은 눈의 시력이 0.1 이하인 사람 2. 두 눈의 시야가 각각 모든 방향에서 10℃이하로 남은 사람 3. 좋은 눈의 시력이 0.2 이하인 사람 4. 두 눈의 시야가 각각 정상 시야의 50% 이상 감소한 사람 5. 나쁜 눈의 시력이 0.02 이하인 사람

2) 시각장애의 원인

시각장애 학생의 원인은 환경이나 인종에 따라 그 비율이 다르게 나타나고 있지만, 백색증, 무안구증, 백내장, 소안구증과 같은 선천적 원인과 백내장, 녹내장, 고혈압성 망막증, 당뇨병성 망막증, 눈의 굴절과 근육이상 등의 후천적 원인으로 분류할 수 있다. 시각장애는 어떤 원인으로 망막에 시각 영상이 제대로 형성되지 못하거나 망막에 형성된 시각 영상이 뇌에 전달되는 과정에 장애가 발생함으로써 야기된다. 시각장애를 발생 원인에 따라 분류하면 굴절이상, 안구운동이상, 눈 질환, 기타 결함 등으로 분류할 수 있다.

표 3-4 시각장애의 원인별 시력 특성

눈의 상태		신체적 특성, 의학적 처치와 원인	예측되는 결과 및 시력
굴절이상	근시	• 망막 앞에 초점이 맺힘	• 가까운 곳이 잘 보이고 먼 곳이 잘 안 보이는 것
	원시	• 망막 뒤에 초점이 맺힘	• 먼 곳이 잘 보이고 가까운 곳이 잘 안 보이는 것
	난시	• 두 점 혹은 그 사상의 초점을 갖는 것	• 각막을 통과한 모든 방향의 빛의 굴절력이 균일하지 않고, 눈의 경선에 따라 굴절력에 차이가 있음
안구이상	사시	• 한쪽 눈을 사용하는 학생들의 경우 사용하지 않는 한쪽 눈의 시력이 기능적으로 감퇴함 • 질병, 사시, 비균 등 굴절 이상, 각막이나 수정체의 혼탁으로부터 발생	• 단안, 심한 시지각 결함 • 한쪽 눈의 실명으로 발전될 수도 있음
	무홍채	• 전체적이거나 부분적인 홍채의 결함 • 유전 : 일반적으로 보통염색체 우성 질환이나 보통염색체 열성 질환으로 나타날 수 있음	• 시력의 감소, 눈부심, 홍채가 부재한 부분의 시야 손실 • 백내장과 녹내장이 수반되는 경우가 많음 • 조명의 상태와 눈부심이 시력에 영향
	무안구증	• 한쪽 또는 양쪽 안구의 손상 • 유전, 염색체 변이에 해당	• 두 눈 모두 영향을 받았다면 전맹
눈질환	백내장	• 수정체의 불투명이나 혼탁 • 손상이나 외상의 원인인 약물, 영양실조 또는 임신 중의 풍진, 노화, 눈질환	• 시력의 감소 • 시야의 흐려짐 • 색각의 어려움, 눈부심, 때때로 녹내장
	녹내장	• 시신경에 이상이 생겨 시야 결손이 나타나는 질환 • 안압이 높아서 발생하는 경우 또는 시신경으로 가는 혈액 순환이 잘 안 되거나 유전자 이상 등	• 시야가 좁아짐 • 방치하면 실명에 이르게 됨
	황반	• 진행되거나 악화한 망막 추체의 중심 부분에 손상 미침	• 중심시야의 영향 • 광선 공포

눈의 상태		신체적 특성, 의학적 처치와 원인	예측되는 결과 및 시력
	변성		• 낮은 색각 능력 • 일반적인 말초 시각
	망막박리	• 망막의 일부분이 위축되어 떨어짐 • 떨어진 망막은 짧은 시간 내에 재부착 가능 • 당뇨병, 머리의 충격, 외상, 퇴행성 근시 때문에 발생	• 시야의 손상, 흐려지는 시각, 맹점, 황반 중심시력의 손상 가능성, 잔손 시력이 있을 때 종종 발생되는 근시와 사시 • 망막박리가 중앙 부분에서 일어났을 때에는 황색변성증 발생 가능 • 박리가 주변 부위에서 일어났을 때는 광선공포를 고려하여야 함
	당뇨망막병증	• 당뇨 환자가 특유한 망막의 순환장애가 생김 • 혈관이 약해지고, 약해진 혈관에 의해 점상출혈을 야기하거나 혈액 속에 지방 성분이 혈관을 빠져나가 망막에 쌓일 수 있음	• 시력 저하, 심하면 실명에 이르게 됨
	시신경위축	• 시신경 위축의 기능장애는 시력의 상실로 야기되는 두뇌에 대한 전기 충격의 결과로 시신경의 역기능 • 시각 신경 유두는 희미해지고 동공의 반응 손상이 있음 • 시신경에 대한 압력, 녹내장, 독성이나 유전(열성 유전)	• 시각 수행 능력의 기복, 흐려진 시각, 색각이나 시각 수용 능력의 손상
기타결함	백색증	• 전체 또는 부분적인 색소의 결핍 • 피부색으로 나타나지 않는 경우도 있음 • 태양 빛에 노출되는 것에 대해 민감할 수 있음	• 시력의 감퇴, 광선공포, 높은 굴절이상, 난시, 눈부심, 중심에 황반과 사시
	색약이나 색맹	• 추체 기형, 황반 결핍, 부분적 혹은 전체적인 추체의 부재 • 유전 : X염색체와 관련 또는 망막질환이나 중독에서 기인	• 색 변별에 어려움을 겪음 • 광선공포, 안구진탕, 황반결핍, 중심 부분의 맹점

출처: Sacks, S. Z. & Silderman, R. K.(2005). Education students who have visual impairments with other disabilities. Boston: Paul H. Brookes, 김동일, 손승현, 전병운, 한경근(2010)에서 재인용, 국가건강정보포털에서 수정 및 보완.

3) 시각장애의 특성

시각장애 학생은 경험의 범위와 다양성의 제한성, 보행 능력의 제한성, 환경과의 상호작용의 제한성을 가지고 있다. 시각장애 학생의 경우 올바른 개념 형성을 위하여 다양한 경험의 기회를 마련해 주는 것이 필요하며, 잔존시력은 물론 촉각, 청각, 후각, 미각 등의 다감각 기능을 길러 주어야 한다. 문자 지도에서도 촉각을 이용한 점자와 청각을 이용한 녹음 자료와 음성파일 자료 등을 활용하여야 한다. 문자 지도에서도 촉각을 이용한 점자와 청각을 이용한 녹음 자료와 음성파일 자료 등을 활용하여야 한다. 보행 능력의 제한성을 보상하기 위하여 보행훈련이 필요하며, 환경과의 상호작용의 제한성을 줄이기 위하여 일상생활 훈련과 사회성 강화 교육이 보다 필요하다. 시각장애가 곧 무능력을 의미하는 것은 아니지만 이러한 제한성을 극복하기 위하여 정안인보다 더 많은 노력이 필요한 것은 분명하다. 시각장애 학생의 특성을 신체적 측면과 지적 측면, 사회적 측면, 심리적 측면에서 살펴보면 다음과 같다.

(1) 신체적 측면

시각장애 학생은 몸을 흔들고 머리를 내저으며 눈을 비비는 것과 같은 사회적으로 부적절한 행동을 하는데, 이러한 행동을 상동화 행동(stereotyped behavior)이라고 한다. 시각장애 학생의 상동화 행동은 다른 사람에게 부정적인 영향을 줄 수 있다. 예를 들면, 시각장애 학생은 계속 눈을 비벼 눈 주위가 벌겋게 되는데, 이러한 모양은 다른 사람에게 좋지 않은 인상을 주게 된다. 시각장애 학생은 상동화 행동을 함으로써 다른 학생에게 놀림을 받고, 사회적으로 고립되며, 점차 환경에서 일탈하게 되고, 신체적 자해행위를 하게 된다. 또한 부모는 시각장애 학생의 상동화 행동을 보고 발달지체, 자폐증 또는 정서장애가 있는 것이 아닌가 하는 불안감을 갖게 되기도 한다. 이러한 상동화 행동을 제거하기 위하여 교사는 그 행동의 빈도와 강도를 평가하고, 그 행동이 발생하는 시기, 원인, 결과 등을 고려하여야 한다(임안수, 2006).

신체적 특징에는 체형이나 몸매, 몸과 입 냄새, 신장, 체중, 머리, 피부색 등이 포함된다. 우리 사회는 외모, 건강, 위생 등에 큰 관심을 갖고 있고, 정안학생은 다른 사람을 외모로 평가하는 경향이 있다. 시각장애 학생은 시력의 결여로 인해 그와 같은 평가를 할 수는 없으나, 시각장애 학생도 사람들이 외모로 자신을 평가한다는 것을 알고 가능한 한 다른 사람에게 혐오감을 주지 않도록 외모에 관심을 가질 수 있도록 해야 한다.

(2) 지적 측면

지능은 지능검사에 의해 측정되기 때문에 시각장애 학생 중에는 지능검사의 실시가 불가능한 학생이 정안학생보다 몇 배 더 존재한다는 사실을 인식해야 한다. 현재 우리나라에서 시각장애 학생에게 적용할 수 있도록 개발된 지능검사 도구는 거의 없으며, 적용 가능한 표준화 검사도구는 KEDI-WISC와 K-WAIS의 언어성 하위 검사 등이 있으며, 동작성 지능은 측정이 어렵다. 시각장애 학생과 정안학생 간의 지능 비교에서는 사용되는 지능검사, 샘플링의 방법 등에서 다소 차이가 있지만, 시각장애 학생의 평균 지능은 정안학생과 크게 차이가 없는 것으로 결론내릴 수 있다.

선천적인 시각장애 학생은 시각적 모방이 제한되어 있어 언어발달이 지연되며, 의미를 모르고 사용하는 낱말이 많다. 또한 언어 사용에서 빈도는 다양하지만 추상적인 표현이 많아 언어주의(verbalism)에 빠지기 쉽다. 대화의 특징은 음성의 다양성이 부족하고, 말을 크게 하는 경향이 있으며, 말의 속도가 느리고, 몸짓이나 입술의 움직임이 적은 편이다. 따라서 언어발달에서 시각적 모방이 불가능하므로 언어발달에 지체를 가져올 경우 시각적 경험과 관련된 언어 지도에 특별히 유의하여 지도해야 한다.

학습과 기억은 시각장애 학생의 대뇌에 지적 기능을 담당하는 부위에 장애 영향을 미치는 원인이 없는 한 정안학생과의 비교에 질적인 차이는 없다. 또한 촉각이나 청각적 자극을 이용한 학습이나 기억의 연구에 관해서도 시각장애 학생과 정안학생 사이에 뚜렷한 차이가 나타나지 않았다. 시각장애 학교에서 동작 모방이나 촉각 지도 등을 중시하는 것은 시각 경험의 부족을 보상하기 위해 행위적 표상을 통한 학습을 경험적으로 적용하기 위한 것이다(국립특수교육원, 2009).

(3) 사회적 측면

시각장애 학생의 행동 발달은 청각적인 자극에 의해 능동적인 성향을 유발하거나 유지시키는 효과가 크지 않기 때문에 시각장애 학생의 성격은 조용하고 수동적인 성향을 가지게 된다. 나아가 시각장애 학생의 대인관계는 소극적일 뿐만 아니라 사회나 환경에 대해서도 능동적으로 대처하는 경향이 적다. 따라서 학생기의 모자관계나 그 후의 대인관계의 원만한 성립을 위해서라도 단순히 장애에 따른 어려움에만 주목하기보다는 시각장애 학생과 주위 사람과의 관계에 대해서도 배려하는 것이 중요하다.

시각장애 학교에 재학하고 있는 시각장애 학생은 작업 능력 등의 신체적 능력이 정안학생에 비해 뚜렷이 떨어졌으나 사회화, 커뮤니케이션, 책임 수행 능력, 신변 자립 등은 차이가 크지 않은 것으로 나타났다(김일명 외, 2013). 사회적인 관계에서 시각적인 모델링이 어려운 문제는 부모나 교사의 직접적인 지시에 의한 것이 아니라 다른 사람의 관찰에 의한 것이어서 그 영향력이 약할 뿐만 아니라 행동 형성을 위한 자율성을 획득해 가는 과정에서 이루어지는 것이다. 따라서 시각장애 학생은 부모나 교사에 의해 관리되는 사회적 통제나 타인에 의한 통제를 통해 자신을 관리하는 능력을 습득해 간다는 점에서 사회화의 의미는 대단히 크다.

사회화 기술은 때때로 시각장애 학생의 교육에서 지나쳐 버리는 경향이 있다. 그러나 이 기술은 학생의 학교생활과 전반적인 삶의 질에 있어 매우 중요하다. 더욱이 많은 사회화 기술은 관찰과 우발학습을 통하여 습득되기 때문에 시각장애 학생은 이러한 기술을 발달시키는 큰 어려움을 겪게 된다. 이러한 기술에는 차례 기다리기, 다른 사람에게 주목하기, 대화를 시작하고 계속하기, 같은 연령의 정안학생이 흔히 사용하는 표현이나 행동을 이해하고 사용하기 등이 포함된다.

(4) 심리적 측면

시각장애 학생의 부모는 시각적 접촉으로 학생의 반응을 알 수 없어 양육에 어려움을 겪는다(이해균, 2007). 청각 자극은 능동적인 반응을 유발하는 데 효과가 크지 않으므로 시각장애 학생은 수동적인 성향이 생긴다(Bower, 1977). 따라서 시각장애 학생은 대인관계에서 소극적이며, 사회 참여에 있어서도 능동적으로 대처하지 못하는 경향을 보인다. 특히 저시력 학생은 자신이 시각장애인인지 정안인인지에 관한 정체성과 자신의 가치 등에서 혼란을 가지게 된다(neither-fish-nor-fowl 현상). 또한 자신이 장애인인 것을 주변 사람들이 알게 되면 부당한 대우 또는 불필요한 주목을 받게 될 것을 염려한다. 따라서 저시력기구의 사용을 꺼리거나 실제로 눈으로 보고 인지한 것이 아니어도 정안인과 유사하게 본 척하고 넘어가는 경향을 보인다(passing 현상).

시각장애 학생은 다른 사람들의 행동이나 외모를 관찰하기 어려워 자신의 행동이나 모습이 다른 사람에게 어떻게 보일지에 관한 걱정을 많이 한다. 이로 인하여 필요한 보조공학기기를 사용하지 않으려는 경향을 나타낼 수도 있다. 다른 사람을 관찰하지 못하므로 주어진 상황에서 어떻게 대처하는 것이 사회적으로 받아들여질 수 있는 것인지를 잘 모르게 되고, 이로 인하여 소극적인 태도가 형성될 수 있다.

특히 학생들 중에서 통합 상황에 다음과 관련된 눈에 대한 문제가 보일 경우 교사는 주의를 할 필요가 있다(이소현, 2020).

표 3-5 시각장애를 예측하게 해주는 눈과 관련된 문제

구분	내용
외모	• 한쪽 눈이 안이나 바깥으로 쏠림 • 유아의 두 눈이나 눈꺼풀이 붉어짐 • 눈물이 지나치게 많음 • 유아의 눈꺼풀이 덮여 있음 • 눈꺼풀에 다래끼가 자주 생김
행동	• 눈을 지나치게 문지름 • 곁눈질을 하거나 한쪽 눈을 감고 봄 • 물건을 자주 떨어뜨리거나 부딪힘 • 물건을 눈에서 너무 가깝거나 멀리 둠 • 이상한 눈 움직임을 나타냄 • 원근 물체를 볼 때 눈을 문지르고, 곁눈질을 하고, 머리를 흔듦 • 머리를 숙이거나 눈을 감음 • 계단을 내려가거나 마음대로 달리는 것을 겁냄
불평	• 눈앞이 흐리거나 자주 불평 • 눈을 가까이 쓰는 작업 후에 '어지러워요', '머리가 아파요', '메스꺼워요'라고 말함 • 이중으로 보인다 말함

학급행동	• 읽을 때 짧은 단어를 자주 빠뜨림 • 읽기를 할 때 머리를 들림 • 읽을 때 여러 행을 반복하거나 생략 • 공책에 글이 잘 정돈 안됨 • 숫자의 수평이나 수직 배열을 잘못함 • 읽기를 잘못하거나 속도 느림 • 읽기 수업 시간에 무관심 • 읽는 위치를 자주 놓침 • 잠깐 읽고 자주 멈춤 • 교실에서 과잉행동/무기력함

출처: 이소현(2020). 유아특수교육. 서울: 학지사

영화제명: 제12회 서울배리어프리영화제
Seoul Barrier Free Film Festival 2022(BAFF 2022)
날짜 및 장소: 2022년 11월 9일(수)~13일(일) 한국영상자료원
시네마테크KOFA 2022년 11월 11일(금)~13일(일)
충무아트센터 소극장블루
관람료: 무료
주최 및 주관: (사)배리어프리영화위원회
공동주관: 한국영상자료원
후원: 서울특별시, 영화진흥위원회, 중구문화재단
홈페이지: www.baff.or.kr

출처: 배리어프리 영화위원회(https://barrierfreefilms.or.kr)

① 배리어 프리

배리어 프리(barrier-free)는 장애인 및 노인 등 사회적 약자들이 편하게 살아갈 수 있도록 물리적인 장애물, 심리적인 벽 등을 제거하자는 운동 및 정책을 말한다. 영문을 직역하자면 장벽(barrier)으로부터 자유롭게 하자는 의미이다.

② 배리어 프리 영화

기존의 영화에 화면을 설명해 주는 음성 해설과 화자 및 대사, 음악, 소리 정보를 알려주는 배리어 프리 자막을 넣어 모든 사람이 함께 즐길 수 있도록 만든 영화이다.

2. 청각장애

1) 청각장애의 정의

청각장애는 농(deaf)과 난청(hard of hearing)으로 구분된다. 농은 두 귀의 청력 손실이 90dB 이상이며, 보청기를 착용하여도 청각을 통한 음성적 정보를 처리하는 데 한계가 있는 경우다. 난청은 두 귀의 청력 손실이 90dB 미만으로, 보청기를 하여 음성적 정보 처리가 부분적으로 가능한 경우로 정의된다. 그러나 최근의 특수교육 관련법에서는 청각장애에 대한 정의를 농과 난청으로 구분하지 않고 농과 난청의 두 정의를 합쳐서 제시하고 있다.

청각장애의 정의는 「장애인 등에 대한 특수교육법」(2013)과 「장애인복지법」에서 명시하고 있다.

표 3-6 청각장애의 정의

구분	장애인 등에 대한 특수교육법(2013)	장애인복지법(2019년 개정판)
청각장애	청력 손실이 심하여 보청기를 착용해도 청각을 통한 의사소통이 불가능 또는 곤란한 상태이거나, 청력이 남아 있어도 보청기를 착용해야 청각을 통한 의사소통이 가능하여 청각에 의한 교육적 성취가 어려운 사람	• 장애의 정도가 심한 장애인 1. 두 귀의 청력 손실이 각각 90데시벨(dB) 이상인 사람 2. 두 귀의 청력 손실이 각각 80데시벨(dB) 이상인 사람 • 장애 정도가 심하지 않은 장애인 1. 두 귀의 청력 손실이 각각 70데시벨(dB) 이상인 사람 2. 두 귀에 들리는 보통 말소리의 최대의 명료도가 50% 이하인 사람 3. 두 귀의 청력 손실이 각각 60데시벨(dB) 이상인 사람 4. 한 귀의 청력손 실이 80데시벨(dB) 이상, 다른 귀의 청력 손실이 40데시벨(dB) 이상인 사람

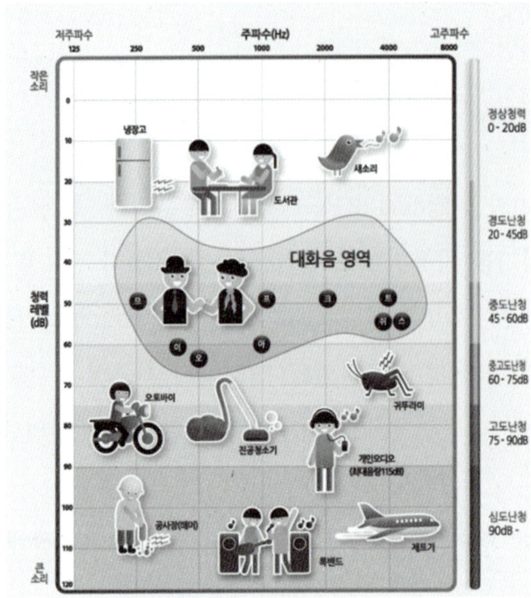

그림 3-1 청각장애의 정의

출처: 스타키 공식 보청기(http://www.starkey.co.kr

표 3-7 청력 손실 정도와 듣기 특성

청력수준	듣기 특성
16~25dB	• 조용한 환경에서는 말을 알아듣는 데 어려움이 없으나 시끄러운 곳에서는 작은 말소리를 잘 알아듣지 못한다. • 교실이 시끄러우면 회화의 10% 정도를 놓쳐버린다.
26~40dB 경도	• 조용한 환경에서 알고 있는 주제에 대해 일반적인 어휘 수준을 이야기할 때 의사소통의 어려움을 느끼지 않는다. 조용한 곳이라도 희미하거나 먼 소리는 듣기 어렵다. • 말하는 사람의 입모양이 보이지 않는 경우에는 듣는 것이 힘들다. • 고주파수에 청력 손실이 있는 경우 자음을 놓쳐버린다. • 교실에서의 토론을 따라가기 위해서는 노력이 필요하다.
41~55dB 중등도	• 일상대화하는 말은 듣기 어려우나 아주 가까운 거리에서만 들을 수 있다. • 학급 토론과 같은 집단활동에서는 의사소통의 어려움을 겪는다.
56~70dB 중등고도	• 대화할 때 분명한 말소리만 들을 수 있고, 여러 명이 있을 때는 훨씬 어려움이 크다. • 보청기가 없으면 이해하기 어렵다. • 일대일 대화나 그룹 대화를 할 때 음성언어에 대한 의사전달이 곤란하다.

71~90dB 고도	• 큰 소리로 말하지 않으면 대화하는 말을 알아듣지 못하고 알아들을 때도 잘못 알아듣는 단어가 많다. • 환경음은 감지하지만 항상 그런 것은 아니다.
91dB~농	• 일부 환경음을 들을 수 있다.

출처: 한국청각언어장애교육학회(2012). 청각장애학생교육. 경기: 양서원.

2) 청각장애의 원인

청각장애의 원인은 외이에서 중이, 내이를 거쳐 내이의 감각세포에 이르는 음의 전도기관이 장애 여부로 전음성과 감음성으로 나눌 수 있다. 더불어 이것이 복합되어 있는 혼합성도 있다.

전음성 난청은 이개, 외이도, 고막, 중이 등 음을 전달하는 부분에 대한 장애다. 즉, 외이도의 협착이나 폐쇄, 급성 및 만성 중이염 시에 주로 고실 내의 분비물의 압박에 의해서 발생하는 고막의 천공, 만성 화농성 중이염 때 골염에 의한 이소골 자체의 파괴에 의해서 발생하는 이소골 연쇄이단(連鎖離斷), 중이염 때 삼출액이나 농즙이 고실 및 상고실 등에 나타나 이소골 운동을 저하시키는 경우 등으로, 중이염이 그 대표적인 질병이라고 할 수 있다.

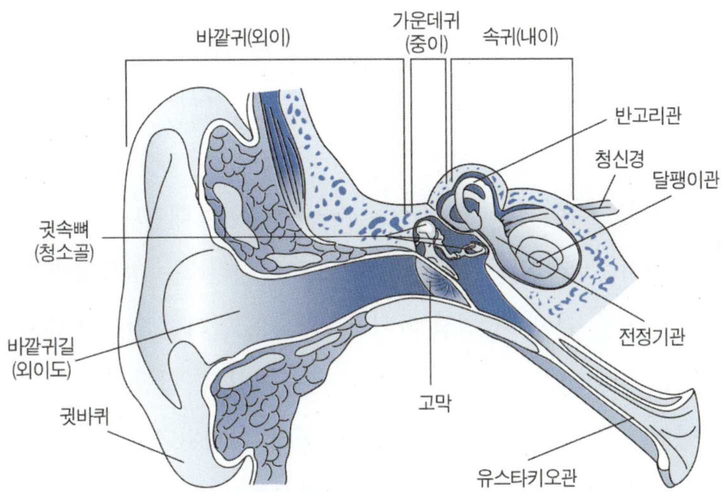

그림 3-2 귀의 구조

감음성 난청은 음성을 들을 때 분해 · 합성 기능을 하는 내이의 와우, 후미로의 청신경 및 청중추 등의 장애로, 전음성 난청과 같이 장애 부위를 직접 확인할 수 있는 경우는 드물다. 원인에는 고열을 수반한 인플루엔자, 뇌막염, 핵황달, 산소 결핍, 폐렴, 성홍열, 마진(痲疹), 유행성 이하선염, 내이염, 매독, 청신경 중상 등의 감염이나 출산 시 외상, 두부 외상, 약물중독, 혈족 결혼 등에 의한 내이 질병 및 유전성인 것과 태아가 장애 인자를 받게 되는 태생기성(모체 풍진 등) 원인이 있다. 흔히 귀를 강하게 맞거나 귀 가까운 곳에서 폭발음이 있거나 내이의 신경에 방해를 받아 발생하는 음향 외상으로 급성 난청이 나타나는 경우가 많다. 핸드폰이나 이어폰을 끼고 너무 집중해서 크게 듣는 경우, 콘서트장, 축제, 사격장 등 갑자기 큰 소리에 노출이 된다면 이명과 함께 감음성난청이 발생할 수 있어 고음부가 잘 안 들리고, 때로는 귀에 통증이 발생하기도 한다.

청각장애의 원인을 언어 습득기 전후별로 살펴볼 때 언어 습득 전 난청의 원인은 다음과 같다.

- 모체의 풍진 : 풍진은 감염이 되어도 비교적 가벼운 증상이지만 임산부가 임신 초기에 감염되는 경우에는 다양하고도 심한 장애를 나타내게 된다.
- 유전 : 출생할 당시에는 청력에 이상이 없다가 생후 몇 년이 지나면서 난청이 되어 진행하는 유전질환도 있고, 유전자 이상으로 태어날 때부터 이미 내이의 형성에 이상이 있어 고도의 난청으로 태어나는 경우도 있다.
- 조산과 임신기간의 합병증
- 선천성 거대세포 바이러스(CMV: cytomegalovirus) 감염 : 태어나는 아기의 1~2% 정도에 영향을 미치는 바이러스 감염인 거대세포 바이러스는 청각장애를 포함하는 여러 장애를 야기할 수 있다. 침샘 바이러스라고도 알려진 인간 거대세포 바이러스가 원인이다. 바이러스는 수년간의 잠복기를 거친 후 활동을 시작하며, 침, 소변, 정액, 자궁경부 및 질 분비물, 모유, 눈물, 혈액, 이식된 장기 등에서 검출된다. 바이러스와 접촉하면 감염되지만, 단순한 접촉으로는 전염되지 않고 반복적이고 지

속적인 밀접한 접촉을 통해서 전파된다. 임신한 여성이 바이러스에 감염되면 바이러스가 탯줄을 통해 태아에게 전달될 수 있다.

언어 습득 후 난청의 원인은 다음과 같다.

- 뇌막염 : 뇌막염은 언어발달 후 청력손실을 일으키는 가장 큰 원인이다. 뇌막염은 중추신경계의 박테리아나 바이러스 감염에 의한 것으로, 내이의 정밀한 청각기관을 파괴할 수 있다.
- 중이염 : 일반적으로 중이염은 항생제로 쉽게 치료될 수 있지만, 완치되지 못하면 염증의 축적과 고막의 파열에 의해 영구적인 전음성 난청이 발생할 수 있다.
- 소음 : 큰 소음(시끄러운 음악 소리, 비행기 소리, 공장 소음 등)에 반복적으로 노출되는 것은 청력 손실의 치명적인 원인이 된다.

3) 청각장애의 특성

청각장애 학생은 청력 손실 정도에 따라 난청부터 농에 이르기까지 매우 다양한 정도를 나타낸다. 뿐만 아니라, 청력 손실의 유형, 청력 손실의 시기, 지능, 가정과 지역사회의 특성, 교육적 경험 등에 따라 그 특성이 다르게 나타난다(이규식 외, 2004). 이것은 청각장애 자체의 문제가 아니라 청각장애가 언어 능력, 인지 능력, 사회 · 정서적 적응 능력 등 개인의 발달에 광범위한 영향을 미치기 때문이다(김일명 외, 2013).

(1) 언어와 말의 발달

농이나 난청으로 태어난 학생은 정상 청력을 가지고 태어난 학생과 마찬가지로 울고 옹알이를 하게 된다. 그러나 청각장애로 인한 청각적 피드백의 형성 곤란 때문에 청각장애 학생의 옹알이는 사라지게 된다. 이처럼 청각장애 학생은 사회에서 일반적으로 사용하는 언어를 획득하는 데 상당한 어려움을 겪게 되며, 언어에 의한 의사소통이 곤란해져서 결국 언어발달에 문제가 생기게 된다. 특히, 언어 습득기 이전의 청력 손실의 경우에는 구어 기술을 습득하는 데 어려움이 따른다. 이것은 다음과 같은 이유 때문이다.

- 자신이 내는 소리를 듣지 못해서 적절한 청각적 피드백을 받지 못한다.
- 성인에게서 적절한 언어적 강화를 받지 못한다.
- 성인의 언어 모델을 들을 수 없다.

따라서 청각장애 학생은 언어발달을 위해 다양한 훈련이 필요하다. 비록 집중적인 훈련으로 언어 및 말의 발달이 이루어져도 발음이나 억양의 이상 등이 나타나기도 한다. 그리고 어휘나 문장구조의 습득에도 어려움을 보인다. 결국 청각적 피드백의 결여가 청각장애 학생의 말 산출에까지 영향을 미치는 것이다.

언어를 습득한 후 청력 손실을 갖게 된 경우는 언어를 습득하기 전에 청력 손실이 발병한 경우보다 언어와 말의 기술 그리고 추후 학업 성취에 미치는 영향이 적다. 반면에 언어 습득 전 농아동의 경우 최고 수준의 보청기를 착용할지라도 가장 큰 말소리조차 듣지 못할 수 있다. 이들은 독화를 배우지 않는 한 말소리만으로는 충분한 정보를 얻기 힘들다. 게다가 이들이 말하는 소리는 거의 이해하기 어려울 정도로 명료도가 떨어진다. 말소리 명료도는 청력 손실 정도 및 시기와 밀접한 연관이 있다. 집중적인 언어치료를 받더라도 언어 습득 전 고도 청각장애 학생이 명료한 말소리를 습득하는 것은 드문 일이라고 한다(Marschark, 2002). 그러나 Yoshinaga-Itano 등(1998)에 따르면, 생후 6개월 이전에 청력 손실을 발견하고 보청기와 중재를 즉시에 제공받은 학생들의 언어는 3세쯤에는 정상범위까지 발달될 수 있다.

표 3-8 한국어 음소 발달 단계

연령	완전습득단계 (95~100%)	숙달단계 (75~94%)	관습적 단계 (50~74%)	출현단계 (25~49%)
2:0~2:11	ㅍ, ㅁ, ㅇ	ㅂ, ㅃ, ㄴ, ㄷ, ㄸ, ㅌ, ㄱ, ㄲ, ㅋ, ㅎ	ㅈ, ㅉ, ㅊ, ㄹ	ㅅ, ㅆ
3:0~3:11	+ㅂ, ㅃ, ㄸ, ㅌ	+ㅈ, ㅉ, ㅊ, ㅆ	+ㅅ	
4:0~4.11	+ㄴ, ㄲ, ㄷ	+ㅅ		
5:0~5.11	+ㄱ, ㅋ, ㅈ, ㅉ	+ㄹ		
6:0~6:11	+ㅅ			

출처: 김영태(1996). 그림자음검사를 이용한 취학 전 아동의 자음정확도 연구.

(2) 인지능력

청각장애 학생의 인지 기능에 대한 연구 결과를 종합해 보면, 크게 다음의 세 가지 입장에서 생각해 볼 수 있다.

- 청각장애 학생은 건청학생에 비해 지적으로 열악하다는 입장이다. 이것은 20세기 전반까지 이루어진 연구 결과에 의한 것으로, 건청학생에 비해 청각장애 학생의 지능지수가 10 정도 낮게 나타난다고 하였다. 그러나 이러한 결과는 청각장애 학생에게는 불리한 조건이 되는 검사환경에서 기인한 것으로 보아야 한다.
- 청각장애 학생은 양적인 면에서는 건청학생과 크게 차이가 없지만 질적인 면에서는 차이가 난다는 입장이다. 이것은 청각장애 학생의 지각적 · 개념적 · 추리적 기능의 질적인 측면은 건청학생과 다르게 나타나므로, 청각장애 학생은 건청학생에 비해 지적 기능의 폭이나 정교성, 추상성 등에서 어려움을 나타낸다는 것이다.
- 청각장애 학생은 지적으로 정상이라는 입장이다. 청각장애 학생의 지능검사 결과는 건청학생의 지능검사 결과와 마찬가지로 정상분포곡선을 나타낸다는 것이 기본적인 가정이다. 그럼에도 청각장애 학생이 건청학생에 비해 지적인 능력이 낮은 것으로 나타나는 이유는 지능검사가 실시되는 환경이 피검사자인 청각장애 학생과 의사소통이 원활하지 못한 검사자에 의해 실시되거나, 검사 문항이 청각장애 학생의 특성을 잘 반영하지 못하는 도구가 활용되기 때문이다. 또한 청각장애 학생이 가지는 사회환경적 불리함이 지적인 발달을 위한 충분한 경험을 보장해 주지 못하였기 때문에, 특히 언어 경험의 결핍은 큰 영향을 주는 요소가 될 수 있다.

(3) 학업성취

청각장애 학생은 정상적인 지적 능력을 가지고 있음에도 불구하고, 그들의 학업성취에는 그 능력이 제대로 반영되지 못하고 있다. 대부분의 교육 현장에서는 학습의 도구로 구어와 문자를 주로 사용하고 있으며, 읽기능력은 언어 기능에 가장 많이 의존하고 학업성취의 가장 중요한 부분으로 청각장애의 영향을 크게 받는다. 따라서 청각장애 학생, 특히 농 학생의 학업성취에 대한 대부분의 연구에서 그들의 성취 수준이 기대 수준에 미치지 못하는 것으로 나타나는 것이다. 이와 같이 청각장애 학생의 학업성취 수준이 낮다고 하더라도 그들이 중복장애를 가지고 있지 않다면, 그리고 그들의 인지능력이 건청학생의 인지능력과 차이가 없다면, 학업성취가 낮은 원인은 청력 손실 자체에 있는 것이 아니라 학생이 가지는 청각장애의 정도, 청력 손실의 시기, 지능검사 점수, 가족의 사회경제적 측면 및 부모의 청력이 영향을 주고 있음을 기억해야 한다. 언어발달을 촉진하기 위해서는 구어든 수어든 모국어를 조기에 습득하는 것이 중요하며 배경지식과 정서적 안정을 도모할 필요가 있다. 또한, 가정의 분위기를 지원적인 가정환경(supportive home environment)으로 조성할 필요가 있다.

(4) 사회 · 정서적 발달

청각장애 학생의 성격 특성에 관한 최근의 연구에서는 청각장애 학생의 사회 · 정서적 문제를 청각장애 자체에서 야기되는 것이 아니라 환경 내의 상호작용 결과로 본다. 결국 정상 청력을 가진 학생의 사회적 · 인성적 적응은 의사소통 기술과 가족 구성원 및 학생의 환경 내의 다른 사람과의 상호작용에 달려 있다는 의미다. 청력 손실은 자주 의사소통 문제를 가져오며, 의사소통 문제는 사회적 문제와 행동 문제를 일으킬 수 있다. 연령이 높아질수록 언어를 이용한 의사소통이 힘들어지면서 서로 간의 상호작용과 친밀한 관계 유지가 어려워지며, 이러한 점에서 청각장애 학생은 같은 또래의 건청학생보다 순진하거나 덜 사회적인 것처럼 보이게 된다. 따라서 건청학생이 청각장애 학생과 더 쉽게 의사소통할 수 있고, 서로에 대한 이해를 넓힐 수 있는 다양한 노력이 필요하다.

(5) 청각장애인의 사회와 문화

청각장애인들은 자기들 안의 유대가 매우 깊으며, 그들만의 독특한 문화, 즉 농문화(deaf culture)라고 하는 고유의 사회문화를 형성한다. 그들은 자기들끼리는 수화라는 공통된 의사소통 수단을 가지며, 그들만의 공동체 의식을 발달시킴으로써 농아인에 대한 자긍심과 긍정적인 자아개념을 발달시켜 나간다. 그러나 최근에는 일반학교에 통합되어 교육받는 청각장애 학생이 늘어감에 따라 그들이 농아인 사회 속에서 자신의 위치와 농아인 고유의 문화를 잃어간다는 지적도 있다. 따라서 언어적인 면에서는 청각장애 학생에게 이중언어적 교육을 통한 그들만의 정체성을 확립해야 한다는 주장도 있다.

농문화를 농인으로서의 농정체성과 가치관을 기반으로 하는 생활양식의 총칭이라고 정의하고 있으며, 농정체성은 농으로서 가지는 자기동일성이라고 법에서 정의하고 있는데 이 농정체성이 발달할수록 자아개념이 긍정적이 되고 자아존중감이 높아진다는 연구결과가 있다. 농문화란 농사회의 구성원인 농인들이 수어라는 언어를 통해 문화가치를 창출하는 것이라고 할 수 있다. 즉, 농문화는 수어를 공유하는 문화라고도 할 수 있다. 이와 같이 농인은 수어를 제1언어로 사용하며 농사회를 구성하는 구성원으로서 강한 응집력을 보이고 그 속에서 개인의 자아개념, 정체성 등을 확립하며 성장하고 있다.

농인사회에서 생활하는 농학생은 대부분 청인 부모에게서 태어나 청인 문화를 먼저 습득하게 되지만, 성장하면서 농문화를 알게 되면 농 세계의 다른 사람들과 강한 연대감을 갖기도 한다. 우리나라 농문화는 농인들이 모여서 이루고 있는 집단으로 농학교, 농인교회, 농인단체를 들 수 있다. 우리나라에는 농학교가 전국에 분포되어 있고 여기에는 농문화가 활성화되고 전승되며, 농인들만이 가질 수 있는 문화를 학교라는 집단을 통해서 자연스럽게 습득하게 된다.

농문화의 가장 뚜렷한 특징은 '수어'이다. 수어는 농문화의 존재를 가능하게 하고 농문화와 밀접한 연관성이 있으며 농사회가 구성되게 한다. 농인이면서 수어를 모르는 농인은 농사회에서 동화되지 못하고 청인사회와 농사회 두 개의 영역에서 이방인의 처지에 놓일 가능성이 있다. 어릴 때부터 농문화를 자연스럽게 습득하고 농정체성을 인식하게 되는 곳이 농학교 기숙사인데 농인들은 대체로 여기에서 같은 처지에 있는 학생들과 생활하면서 농정체성과 문화를 함께 경험하게 된다. 이러한 농정체성의 습득과 경험으로 학교를 졸업한 후에는 출신 학교를 중심으로 강한 유대감을 가지게 되며, 농정체성과 자아존중감을 형성하게 된다.

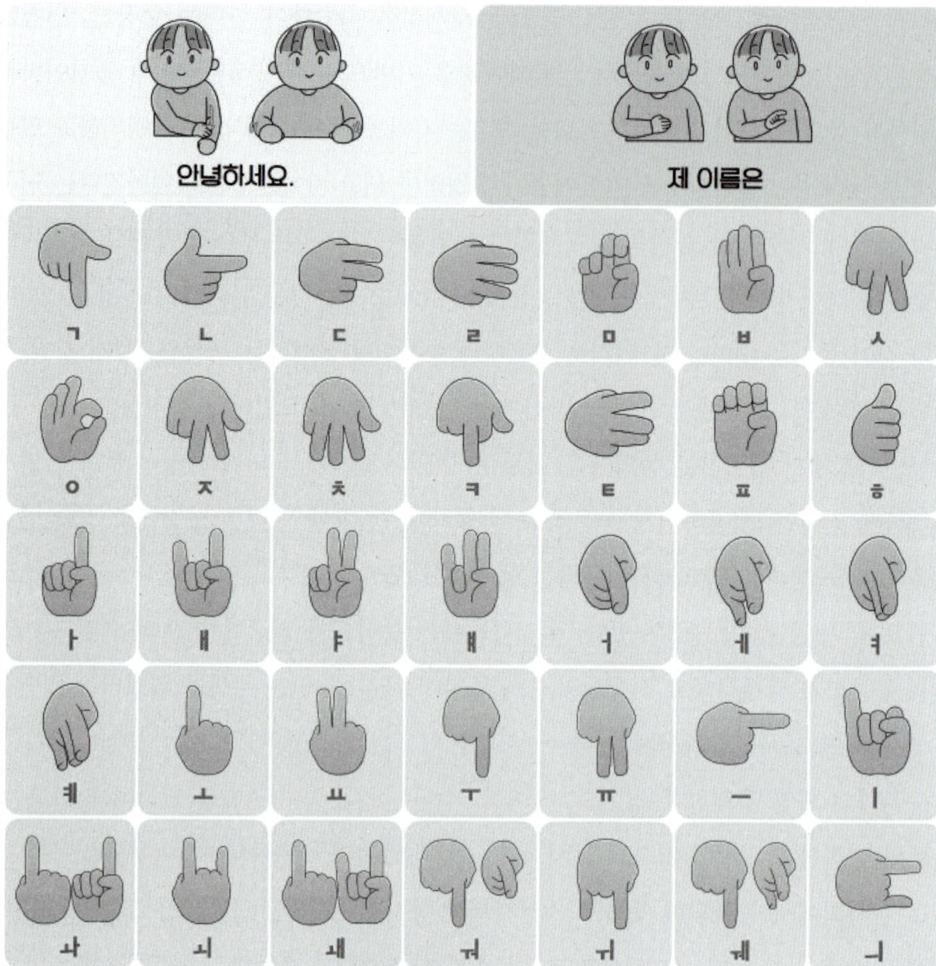

그림 3-3 지문자 익히기

출처: 핑크복어(2020). 수화 배우는 만화. 경기: 돌베개

❖ 코다의 뜻과 코다 관련 영화

가족 중 유일하게 듣고 말할 수 있는 폴라는 파리 전학생 가브리엘에게 첫눈에 반하고, 그가 있는 합창부에 가입한다. 그런데 한 번도 소리내어 노래한 적 없었던 폴라의 천재적 재능을 엿본 선생님은 파리에 있는 합창학교 오디션을 제안하고 가브리엘과의 듀엣 공연의 기회까지 찾아온다. 하지만 들을 수 없는 가족과 세상을 이어주는 역할로 바쁜 폴라는 자신이 갑작스럽게 떠나면 가족들에게 찾아올 혼란을 걱정한다. 게다가 늘 사랑을 줬던 엄마의 속내를 알게 되면서 폴라는 급기야 오디션을 포기하게 된다.

하루 7시간을 함께 시간 보내며 소리를 들을 수 없는 가족을 세상과 연결하는 코다 '루비'는 짝사랑하는 '마일스'를 따라간 합창단에서 노래하는 기쁨과 숨겨진 재능을 알게 된다. 합창단 선생님의 도움으로 마일스와의 듀엣 콘서트와 버클리 음대 오디션의 기회까지 얻지만 자신 없이는 어려움을 겪게 될 가족과 노래를 향한 꿈 사이에서 루비는 망설이게 된다.

출처: 네이버 영화

코다(CODA)는 Children of Deaf Adults의 줄임말로 농인(청각장애인) 부모 아래서 태어난 아이를 일컫는 말이다. 한국에는 아직 코다에 대한 정확한 통계 자료가 없지만, 외국의 자료에 따르면 농인 부모 아래서 태어난 아이 중 90%가 소리를 들을 수 있는 청인이라고 한다. 10%에 해당하는 농인 코다는 부모로부터 자연스럽게 수어(수화 언어)를 습득하고, 농인의 정체성을 갖고 살아간다. 청인 코다 역시 부모로부터 수어를 배우고 세상으로부터는 음성 언어를 습득한다. 자연스럽게 이중 언어 사용자가 되고, 농문화와 청문화를 동시에 접한다.

3. 의사소통장애

1) 의사소통장애의 정의

의사소통은 주요 발달 영역 중 하나로 두 명 이상의 사람 간에 서로 정보를 주고받는 것을 의미하며, 의사소통장애에는 자신의 언어, 지역, 문화 내에서 상대방에게 정보를 전달하거나 상대방으로부터 정보를 수용하고 이해하는 과정에 심각한 어려움을 보이는 것으로 정의된다(Justice, 2014).

「장애인복지법」에서는 음성 기능 또는 언어 기능에 영속적으로 상당한 장애가 있는 사람을 '언어장애'로 사용하지만 「장애인 등에 대한 특수교육법」에서는 '의사소통장애'에 대해 다음과 같이 네 가지 기준을 제시하며, 그중 하나 이상에 해당하는 경우를 의사소통장애라고 명명한다.

- 언어의 수용 및 표현능력이 인지능력에 비하여 현저하게 부족한 사람
- 조음능력이 현저하게 부족하여 의사소통이 어려운 사람
- 말 유창성이 현저하게 부족하여 의사소통이 어려운 사람
- 기능적 음성장애가 있어 의사소통이 어려운 사람

조음장애는 말소리의 산출 시 어려움이 있는 것으로 첨가, 생략, 왜곡, 대치 등의 현상을 나타낸다. 첨가는 필요 없는 음소를 첨가하는 형태로, 예를 들면 '아버지'를 '아바버지'로 발음하는 경우다. 생략은 음소를 빠트리고 발음하지 않는 형태로, 예를 들면 '아버지'를 '아지'로 발음하는 경우다. 왜곡은 조음기관의 잘못된 사용으로 잘못된 발음을 하는 형태로, 예를 들면 '아버지'를 '아봐지'로 발음하는 경우다. 마지막으로 대치는 다른 음소로 바꾸어 발음하는 것으로, 예를 들면 '아버지'를 '아머지'로 발음하는 경우다.

조음장애는 6~7세 아동의 약 2~3%가 나타내는 것으로 알려져 있으며, 17세경이 되면 그 비율이 0.5%로 떨어진다. 남성에게 더 흔하며, 조음장애가 심한 경우에는 가족도 아동의 말을 이해하지 못할 수 있다.

표 3-9 조음, 음운장애

조음장애	음운장애
• 몇 개의 소리에서만 어려움을 보임 • 특정 소리에 대해 일관적인 오류를 보임 • 소리를 내는 데 실수하는 것은 운동근육적인 문제 때문임 • 의사소통장애가 공존할 수도 있지만, 음운장애와는 같이 나타나지 않음	• 복합적인 조음오류를 보임 • 소리를 비일관적으로 오조음함 • 운동근육적으로 소리를 낼 수 있지만, 적절한 위치에서 소리를 내지 못함('공', '주' 한 음절씩은 정확하게 내지만 '공주'를 단어로 발음할 때는 "곤주"로 오조음이 남) • 음운과정에서 일관적인 오류를 나타냄(중성 생략, 특정 위치에서의 음소에 실수를 보임. (예: '시소'에서 '시' 발음은 정확한데 '소 '발음에 오류를 보임)
첨가	음소나 단어에 필요없는 음소를 첨가하는 오류형태 (예: 아버지-아버버지 / 색종이-색종기 / 학교-핵끄)
생략	음소를 빠트리고 발음하지 않는 오류형태 (예: 아버지-아지 / 색종이-새쪼니 / 형님-형님 / 아가씨-아씨 / 책액)
왜곡	음소에 소음이 첨가되거나 조음기관을 잘못 사용하는 것으로 우리 말로는 표현할 수 없는 잘 알아들을 수 없는 발음을 하는 오류 형태 (예: 두껑-떠꺼리)
대치	다른 음소로 바꾸어 발음하는 오류 형태 (예: 개나리-개다리 / 도둑-조둑 / 장거장-덩거장 / 색종이-택똥이)

유창성장애는 말의 속도와 흐름에 대한 것으로 말더듬과 속화가 포함된다. 말더듬은 유창성장애의 가장 대표적인 형태로, 음절이나 단어를 반복하거나 머뭇거리는 등 말을 더듬는 행동으로 인해 유창성에 문제를 보이는 것이다. 물론 발달기에 있는 학생의 경우 말더듬 증상을 보이기도 하지만, 이것은 언어발달 과정에서 자연스럽게 회복된다. 유창성장애는 말더듬 이외에 속화가 포함되는데, 속화란 말의 속도가 너무 빨라 음을 추가하거나 잘못 발음함으로써 이해하기 어려운 경우를 의미한다.

말더듬기의 유병률은 아동기에서는 1% 정도이고 청소년기에는 0.8%로 감소한다. 남자에게 3배 정도 더 흔하다. 말더듬기는 전형적으로 2~7세에 점진적으로 발생하는데, 눈에 띄지 않는 가벼운 말더듬기가 보통 몇 개월에 걸쳐 현저한 말더듬기로 발전하게 된다. 말더듬기는 악화와 호전을 반복하면서 더듬는 단어가 점점 확대된다. 말을 더듬는 아동의 약 60% 정도는 자연적으로 회복되는데 대부분 16세 이전에 회복된다.

음성장애는 화자의 음조, 강도, 음질, 공명과 관련한 기본 음성적 특성이 정상인의 목소리와 편차를 보이는 말장애의 한 유형으로(국립특수교육원, 2009), 발성장애와 공명장애를 포함한다. 발성장애는 성대 결함으로 인해 목소리의 변형이 나타나는 것으로, 이것은 성대의 종양이나 염증으로 인한 기질적인 경우와 소리 지르기와 같은 성대의 남용 및 오용과도 관련되어 있다(강대옥 외, 2012). 공명장애는 비강의 공명이 지나치게 많거나 충분하지 못한 경우로, 발성 시 코와 입 사이를 폐쇄하지 못해 나타난다.

사회적 의사소통장애는 DSM-5에서 처음으로 추가된 장애로서 언어적·비언어적 의사소통 기술의 사회적 사용에 지속적인 어려움을 나타내는 경우를 말한다. 의사소통 기술의 사회적 활용은 다음과 같이 네 가지 기능 모두에서 어려움을 나타내어 사회적 적응에 현저한 지장이 초래되는 경우에 사회적 의사소통장애로 진단된다. 사회적 의사소통장애는 초기 학생기에 시작된다(권석만, 2016).

① 인사하기나 정보 교환과 같은 사회적 목적을 위해서 맥락에 적절하게 의사소통하는 능력

② 맥락이나 듣는 사람의 필요에 맞추어 의사소통을 적절하게 변화시키는 능력 (예: 놀이할 때와 교실에서 달리 말하기, 아이와 어른에게 달리 말하기)

③ 대화와 이야기하기에서 규칙을 따르는 능력(예: 대화에서 번갈아 말하는 것, 잘 이해하지 못했을 때 되묻기)

④ 명시적으로 표현되지 않은 것이나 언어의 함축적이거나 이중적 의미를 이해하는 능력

과거에는 사회적 의사소통에서 심각한 결함을 나타내지만 자폐 스펙트럼 장애의 진단에 필요한 반복적인 상동행동 패턴을 보이지 않는 경우 '기타의 전반적 발달장애'로 분류되었다. 사회적 의사소통의 문제는 자폐증의 대표적인 증상 중 하나로 간주하였으

나, 2015년에 발간된 미국 정신질환의 진단 및 통계편람 제5판(DSM-5)에서는 자폐 학생에게 보이는 독특한 행동 없이 의사소통을 맥락에 맞게 사용하는 데 어려움을 느끼는 사람들을 '사회적(실용적) 의사소통장애(social(pragmatic) communication disorder)'로 진단하는 새로운 기준이 생겼다.

이러한 진단명으로는 장애의 특징적인 문제점을 식별할 수 없기 때문에 효율적인 치료적 개입을 하기가 어려웠다. DSM−5에서는 사회적 의사소통장애라는 새로운 진단범주를 사용함으로써 적합한 치료를 효율적으로 제공할 수 있고 반복적 상동행동 패턴이 나타나지 않는데도 불구하고 자폐 스펙트럼 장애(혹은 전반적 발달장애)의 진단이 내려지는 것을 방지할 수 있게 되었다(이지연, 한수진, 2017).

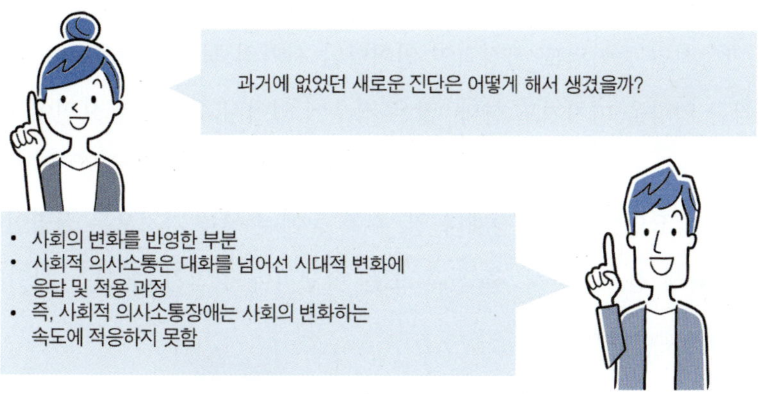

그림 3-4 새로운 진단이 생기는 이유

2) 의사소통장애의 원인

(1) 생물학적 요인

생물학적 요인이란 신경조직이나 기관 구조의 이상으로 나타나는 것이며, 뇌의 신경조직의 결함 외에 기관 구조의 이상으로 구개파열이 있다. 구개파열과 같이 구강구조에 이상이 있을 경우에도 말소리를 알아듣기 곤란하고, 정상적인 음성을 사용하지 못한다. 이러한 구개파열의 정확한 원인은 밝혀지지 않았지만 유전, 유전인자의 돌연변이, 염색체 이상, 모체 영양 상태, 약물 중독, 방사선 노출, 태아의 산소 결핍 등에 기인한다고 볼 수 있거나, 두뇌 및 신경손상, 혀, 치아, 입술, 구개파열 등의 구강기관 이상과 신경장애, 청각장애 등이 생물학적 요인에 포함된다. 뇌 손상 및 신경에 손상이 있을 경우에는 말소리를 내는 데 어려움을 느끼게 된다. 이는 실어증 같은 언어장애는 뇌의 손상으로 나타내며, 만성적인 중이염도 결정적인 언어발달 시기의 청각 손상을 일으키면서 언어발달에 심각한 영향을 미치기도 한다. 많은 경우에 있어서 유전적인 요인이 언어장애를 일으키기도 한다(Love & Webb, 1986: Shames, Wing & Second, 1994). 따라서 말, 언어장애를 일으키는 신체적인 요인은 중추신경계나 입, 후두 등에 손상을 가져오는 질병이나 사고에 의한 것으로, 출생 전, 출생 시, 출생 후 또는 학생기나 성인기 등 모든 시기에 걸쳐서 발생할 수 있다(Lahey, 1988).

(2) 환경적 요인

발달 초기에 제공되는 언어의 질과 양은 학생의 어휘 및 언어발달에 분명한 영향을 미치고 있다(Harwood, Warren & Yoder, 2002). 말 · 언어발달이 제대로 되지 않고 지연되는 원인으로 환경적인 요인을 들 수 있다. 가령 부모가 영아기 때 옹알이를 받아주지 않았다거나, 언어의 자극 없이 방치되거나, 너무 많은 말을 듣거나, 의사소통 시작 시 벌을 받았거나 무시되었거나, 아이가 큰 소리를 지르거나 울 때에만 반응을 보일 경우에 언어능력의 발달에 지체를 가져올 수 있다. 환경적 요소들은 학생기 전반에 걸쳐 말과 언어 기술을 통한 언어능력의 발달을 촉진하기도 하고 저해하기도 한다.

Bernstein와 Tiegerman(1985)은 학생이 새로운 소리를 습득하여 산출하기 시작할 때 성인의 미소나 모방 등에 의해서 강화되지 않으면 그 새로운 소리는 사라질 수 있다고 밝히고 있다. 또한 부모로부터 소리와 목소리를 통한 어휘놀이를 제공받지 못할 경우에도 구강기관을 움직이는 기술이나 언어 습득의 속도가 지체된다.

말더듬의 증상을 보이는 학생들 역시 환경적 영향을 받는다. 예컨대, 가족이나 이웃 중에서 말더듬이가 있으면 이를 모방하는 경우가 있다. 또한 Johnson(1961)은 학생이 정상적인 발달과정에서 말을 더듬는 것을, 부모가 자녀를 말더듬이로 진단하였기 때문에 고질적 말더듬이가 된다고 보고하였다. 즉, 부모가 말더듬이로 인정하고 지나치게 관심을 갖거나 비판을 하면 학생은 말을 하는 데 불안감을 갖게 되며, 더욱 심하게 더듬는다는 것이다. 또한 말을 더듬는 학생은 처음에 별 문제를 느끼지 않았다가 대화가 단절되면 극도의 두려움과 좌절감을 느끼고 점차 어떤 상황, 어휘, 소리에 대해 말을 더 더듬고, 많이 더듬을수록 두려운 상태가 된다고 본다.

3) 의사소통장애의 특성

의사소통장애 학생은 언어적인 측면뿐만 아니라 학업적 · 사회적 · 정서적인 측면에서도 어려움을 경험할 수 있다. 의사소통장애를 가진 학생은 다른 사람이 표현하는 언어를 이해하기 어렵고, 자신의 생각을 언어로 표현하는 것에 제한을 가진다(김용욱 외, 2016).

말장애의 경우 일반적인 감각과 운동의 특성을 나타내는 경우가 대부분이다. 경우에 따라서 조음장애, 마비말장애, 말 실어증 등의 경우에는 감각과 운동의 기능 저하를 나타내기도 한다. 언어장애의 경우 다양한 원인에 기인하는 만큼 감각과 운동기능의 문제도 다양한 특성을 나타내게 된다. 기질적인 원인에 기인한 언어장애 유형의 경우에는 선천적으로 감각과 운동기능에 지체를 나타내는 경우가 많은 편이다. 반대로, 기능적인 원인에 기인한 언어장애 유형의 경우에는 감각과 운동기능에 전혀 문제를 나타내지 않는 경우가 대부분이지만 간혹 가벼운 문제를 수반할 수도 있다.

말장애를 보이는 학생들은 흔히 또래 아동들로부터 거절당하거나, 창피함을 당하거나, 열등감을 경험하게 되며, 심하게는 말을 제대로 하지 못한다는 이유로 부정적인 벌을 받는 경험을 하게 된다. 이런 많은 경험으로 아동들은 낮은 자존감을 지니게 되며, 이러한 부정적인 경험들은 학생들로 하여금 분노와 좌절감을 경험하게 하고 때로는 적대감이나 위축까지도 보이게 된다(Van Riper, 1978). 말장애 중에서도 특히 말더듬을 지닌 학생들은 사회적 활동에 어려움을 더욱 심각하게 경험할 수 있다(Rauming & Shames, 2002).

말장애의 경우 인지 능력에는 큰 영향을 받지 않았기 때문에 말장애의 경험 기간이 길어질수록 타인과의 의사소통에 어려움을 겪게 되고, 의사소통에 대한 실패의 경험들이 증가할수록 사회성 결여와 심리적 위축 및 자아정체성 등에 부정적인 영향을 끼칠 가능성이 높게 된다.

언어장애의 경우 인지능력과 관련이 있어서 인지능력이 지체된 경우, 사회성의 결여는 뚜렷하게 나타날 수 있지만 부정적인 정서에 대해서는 큰 영향을 받지 않는 경우도 있다. 반면에 인지능력이 양호한 경우, 사회성 결여를 나타냄과 동시에 부정적인 정서도 함께 가지는 경우가 더 많다고 할 수 있다.

의사소통장애 학생들은 자신감과 자존감에 부정적인 영향을 받아 타인과 대화를 나눌 때 거절당하지 않을까 불안과 긴장을 나타내며, 언어지체로 자아존중감이 낮다. 또한 단어놀이나 수수께끼를 할 때, 농담을 하면서 웃을 때, 그 외 사회적 관계를 형성하고 유지하는 데에도 결정적인 역할을 한다. 그러므로 언어장애 아동은 또래 관계에 있어서 장애가 없는 아동에 비해 더 큰 위험 요인을 지나게 된다(Asher & Gazelle, 1999). 다른 사람이 하는 말을 이해하고 상대방과 의사소통하는 능력은 또래와의 상호작용에 있어서 매우 중요한 요소이다. 특히 학교, 가정, 지역사회의 일상생활을 통하여 많은 갈등이 발생하게 되며, 이러한 갈등은 문제를 해결하고, 다른 사람의 입장을 이해하고, 자신의 생각이나 감정을 분격하게 표현하는 등의 다양한 기술을 통하여 해결해 나가야 한다. 언어장애 중에서도 화용론적 사용에 어려움을 지닌 아동들은 이러한 성공적인 갈등 해결을 위한 기술발달에 부정적인 영향을 받게 된다(Fujiki, Brinton, Hart & Fitzgerald, 1999). 의사소통장애는 장애아동에게 정서적 측면에서도 좋지 못한 영향을 끼칠 수 있다. 말더듬 기간이 길수록 정서장애가 나타날 가능성이 높고(Sharnes & Plorance, 1982), 부정적 경험으로 인한 좌절감, 분노, 때로는 적대감이나 위축행동까지 보인다(Van Riper, 1978). 그러므로 성공적인 의사소통 기술을 지니지 못한 아동들의 불편함을 도와주기 위해 교사들은 아동들이 긍정적인 상호작용과 대인관계에 적응을 잘할 수 있도록 전문가의 도움을 받는 것이 좋다.

일반적으로 말이나 언어문제를 보이는 의사소통장애를 지닌 아동들은 지적 능력이나 성취도 평가에서 평균보다 낮은 점수를 보이곤 한다(Shames & Wiig, 1994). 대부분 의사소통장애를 지닌 아동들은 복합적인 장애를 가지고 있기 때문에 이러한 결과로 의사소통장애가 지능이나 학업성취에 어려움을 가진다고 단정지을 수는 없다. 하지만 대부분의 의사소통장애 아동들은 학습 영역들의 성취에 어려움을 겪는다. 이는 그들이 사용하는 어휘 수가 적고 단어 인지력이나 독해력, 기존 개념의 미발달 등으로 학교 교과목을 학습하는 데 장애가 된다는 것이다. 또한 읽기 학습에서 추상적이고 상징적인 내용이 새롭게 도입될 경우 학습에 어려움이 따른다(Wiig, 1982). 언어는 인지발달의 기초가 되기 때문에 언어장애는 말장애와는 달리 아동의 인지발달 및 학업성취에 영향을 미치게 된다. 학생이기에 언어장애로 진단된 아동들은 초등학교에 입학한 후 읽기를 학습하거나 나중에 학식을 갖추는 데 어려움을 보이곤 한다(Folk-Ross, 2002: Snow, Scarborough & Burns, 1999).

언어장애는 읽기 학습과 관련되어 있을 뿐만 아니라 학습장애와도 분명한 연관이 있는 것으로 알려져 있다(Bakken & Whedon, 2002). 학습장애 아동의 약 80%가 학업성취 문제의 근거가 되는 언어장애를 동시에 가지고 있으며(Wiig & Secord, 1998), 학생기에 언어장애로 진단된 아동들은 학령기가 되었을 때 학습장애로 진단될 수도 있는 것으로 주장되고 있다(Smith, 2004). 그러므로 읽기 학습은 학교생활에서의 거의 모든 교과 학습의 기초가 되기 때문에 언어장애는 성공적인 학업성취를 저해하게 되고 인지발달에도 영향을 준다. 말장애가 언어발달의 결정적인 시기에 발생한 경우에는 일반적으로 언어발달지체를 수반하는 경우가 있다. 언어발달지체가 학령기까지 지속된다면 학업성취에도 부정적인 영향을 줄 수 있다. 언어장애의 경우 다양한 원인에 기인하여 인지 및 학업에 다양한 문제를 나타내게 된다. 기질적으로 인지 기능의 저하나 상호작용의 어려움 등을 나타내는 경우에는 학업성취에도 부정적인 영향을 줄 가능성이 높다.

표 3-10 의사소통 장애의 수용언어와 표현언어에서 관찰되는 문제들

수용언어	표현언어
• 질문에 적절하게 반응하지 못한다. • 추상적으로 생각하지 못하거나 관용구에 포함된 추상적인 개념을 이해하지 못한다. • 들은 정보를 기억하지 못한다. • 구두 지시 따르기를 어려워한다. • 의사소통이 중단되는 것을 인식하지 못한다. • 말로 설명해 준 내용 중 관사와 같이 덜 구체적인 단어나 조동사 및 시제를 나타내는 단어들을 놓친다. • 말로 설명한 이야기의 순서를 기억하지 못한다. • 비슷한 소리의 글자들을 혼동하거나 단어의 소리나 음절의 순서를 바꿔서 이해한다. • 유머나 은유적인 표현을 이해하기 어려워한다. • 양, 기능, 크기 비교, 시공간적 관계를 나타내는 개념을 이해하기 어려워한다. • 2개 이상의 문장이 연결된 중문이나 하나 이상의 종속절을 지닌 복합문을 이해하기 어려워한다.	• 부정확한 문법을 사용한다. • 정확하게 설명하지 못한다. • 말을 할 때 자주 멈칫거린다("있잖아, 저기, 음" 등의 주저하는 말을 자주 사용함). • 주제를 이것저것 바꾸면서 말한다. • 제한된 어휘를 사용한다. • 정확한 의미를 전달하기 위한 적절한 단어를 찾기 어려워한다. • 사회적 언어 사용이 빈약하다(특정 상황에 맞도록 의사소통 스타일을 변화시키지 못하며, 대화가 끊어질 때 회복시키지 못하고, 대화의 주제를 유지하지 못함). • 질문하기를 두려워하며, 무슨 질문을 해야 하는지를 잘 모르고, 어떻게 질문해야 하는지도 모른다. • 대화 중에 동일한 정보를 반복해서 말한다. • 추상적이거나 시공간적 개념에 대하여 말하기 어려워한다. • 상대방에게 충분한 정보를 제공하지 못한다.

출처: Bos, C. & Vanghn, S.(2002). Strategies, for teaching students with learning and behavioral problems(5th ed.). Needleham Heights, MA: Allyn and Bacan.

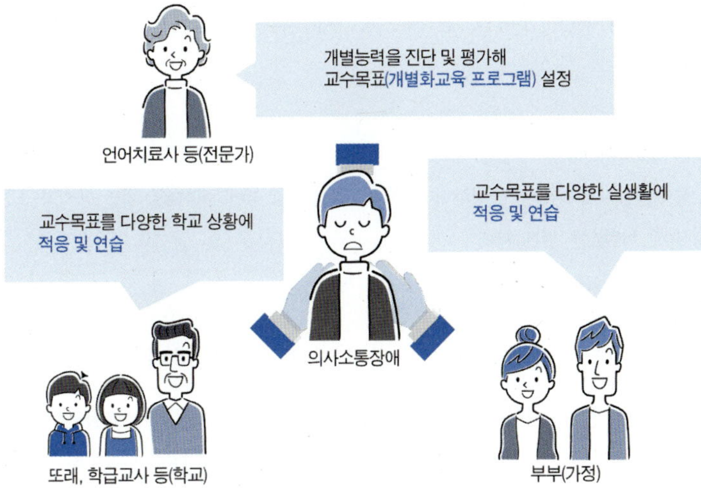

그림 3-5 협력적 관계의 예시

4. 지체장애

1) 지체장애의 정의

지체장애 학생들은 장애 정도와 유형이 매우 다양하며, 신체적인 장애뿐만 아니라 인지능력의 장애와 기타 감각적인 장애도 수반한 중복장애를 가지고 있는 경우도 많다. 따라서 지체장애는 신체에 이상이 있다는 공통점만으로 다양한 학생들이 함께 그룹지어져 있다고 할 수 있다(Bigge, 1991). 또한 지체장애 학생은 그 종류나 원인, 질환 등의 범위가 광범위하며 장애의 부위나 정도도 다양하여 그 원인과 현상의 구별이 매우 복잡한 개념이다.

우리나라의 경우 특수교육을 목적을 하는 「특수교육진흥법」 제10조 제1항에서 '지체부자유'라는 용어를 사용하여 지체장애를 정의했으나, 2007년 4월 30일 「장애인 등에 대한 특수교육법」 제15조에 의하여 지체부자유라는 용어가 지체장애라는 용어로 변경되었다. 그리고 「장애인 등에 대한 특수교육법 시행령」 제10조 특수교육대상자의 선정 기준에 따르면 보다 구체적인 정의를 알 수 있는데, 그 내용은 다음과 같다.

지체장애를 지닌 특수교육대상자
기능 · 형태상 장애를 가지고 몸통을 지탱하거나 팔다리의 움직임 등에 어려움을 겪는 신체적 조건이나 상태로 인해 교육적 성취에 어려움이 있는 사람

「장애인복지법」에서는 지체장애를 '신체적 장애'라고 칭하며, 신체적 장애란 주요 외부 신체 기능의 장애, 내부기관의 장애 등을 말한다. 이 법의 시행령에서는 신체장애를 지체장애와 뇌병변장애로 나누어 정의하고 있다. 지체장애와 뇌병변장애에 대한 자세한 사항은 〈표 3-11〉과 같다.

표 3-11 「장애인복지법」에 따른 장애인의 종류 및 기준

장애인의 종류	장애기준
지체장애인	• 절단장애(절단에는 외상에 의한 결손뿐만 아니라 선천적인 결손도 포함) - 상지절단장애 - 하지절단장애 • 관절장애(관절장애라 함은 강직 또는 관절의 불안정이 있는 경우) - 상지관절장애 - 하지관절장애 • 지체기능장애(팔, 다리의 기능장애는 팔 또는 다리의 마비로 팔 또는 다리의 전체 기능에 장애가 있는 경우) - 상지기능장애 - 하지기능장애 - 척추장애 • 변형 등의 장애
뇌병변장애인	• 뇌의 손상으로 인한 복합적인 장애 - 소아청소년은 만 1세 이상의 연령부터 장애진단이 가능하며 진단 시기는 해당 의사의 판단에 따라 진단

2) 지체장애의 원인

지체장애의 원인은 그 분류만큼이나 매우 다양한데, 발생 시기에 따라 출생 전 원인, 출생 시 원인, 출생 후 원인으로 나눌 수 있다.

(1) 출생 전 원인

출생 전 원인은 크게 유전적 요인과 임신 중 약물중독으로 구분할 수 있다. 유전적인 원인은 부모가 태어날 아이에게 장애를 물려줄 수 있는 인자를 가지고 있는 경우를 말한다. 뇌성마비의 경우는 유전적 요인으로 가족성 무정위운동증, 가족성 진전증 등이 있으며, 진행성근이영양증과 혈우병도 어머니의 유전적인 결함이 자녀에게 전달되는 반성유전이다.

근이영양증(muscular dystrophy)은 골격근의 진행적인 퇴행성 변화와 약화를 특징으로 하는 유전성 질환으로 말초신경계나 중추신경계의 이상은 없다. 근이영양증은 성염색체성 근이영양증과 상염색체 열성 근이영양증과 상염색체 우성 근이영양증 등이 있다(전헌선 외, 2006).

외부적 요인으로는 임신 중 흡연, 알코올중독, 마약과 같은 약물중독이 태아에게 잠재적으로 해를 끼치며, 신체적인 결함을 일으킨다. 산모가 추락한 경우 태아에게 손상의 위험이 있고, 출생 전 손상의 원인이 된다(Crain, 1984).

(2) 출생 시 원인

출생 시(진통의 시작에서 첫 호흡까지) 원인은 가사 출산에 의한 산소 결핍이나 출산 시의 외상 등이 원인이 된다. 아이가 부적합한 위치에 있는 상태에서 분만을 위해 위치 변화를 시도하는 것은 신체 손상을 일으킬 수 있다. 뇌성마비는 출생 과정에서 태아에게 공급되는 산소의 양이 심하게 감소될 경우에 생길 수 있다(Batshaw & Perrett, 1992).

(3) 출생 후 원인

출생 후 원인은 교통사고 및 감염 등이 주된 원인이 된다. 교통사고는 주로 척추와 뇌손상에 의해 지체장애의 원인이 된다. 한편 감염은 출생 후 지체장애의 원인이 될 수 있는데, 바이러스 등에 의해 중추신경이 감염되었을 경우에 영구적인 손상을 일으킬 수 있다.

뇌성마비는 선천성 원인(조산, 산모의 산전 상태, 산모의 감염, 신생아 질식, 분만 기간 중 감염, 빌리루빈 과다 생성, 신생아 황달, 중추신경의 기형 등)이 85%이며, 후천적 원인(중추신경성 감염, 뇌출혈, 뇌수종, 외상, 뇌종양 등)이 15%를 차지한다(전세일, 1998).

뇌손상은 일반적으로 학생들에게 보편적이다. 통계에 따르면, 매년 500명의 취학아동 중 1명이 두부의 외상으로 병원에 입원하며 30명 중 1명이 15세까지 심각한 뇌 손상을 가지며 10,000명 중 1명이 뇌손상으로 인해 사망한다. 외상에 의한 뇌손상은 아동의 가장 주요한 사망 원인이며, 두 번째 사망의 원인인 백혈병보다 5배나 더 많이 발생한다. 뇌손상은 자동차, 오토바이, 자전거 사고, 추락, 폭행, 총상, 아동학대 등의 원인에 의해 발생한다(김종현, 2016).

심한 외상성 뇌손상은 종종 혼수 상태, 즉 장기간의 외부적인 자극으로도 깨울 수 없는 비정상적인 혼수 상태를 나타낸다. 일시적이거나 지속적인 증상으로는 인지와 언어장애, 기억상실, 뇌졸중, 그리고 감각마비가 있다. 뇌손상을 입을 사람들은 과도한 공격성에서부터 무감각에 이르기까지 부적절하거나 과장된 행동을 보일 수 있다. 또한 아동들은 새로운 정보에 집중하거나 그 정보를 기억하는 데 어려움을 겪을 수도 있다.

선천적인 원인 : 출생 이전의 유전적 결함이나 출생 전후의 바이러스 감염 등으로 태아발달에 지장이 나타나는 것

*유전, 염색채 이상, 대사장애, 임신 중 흡연 및 음주, 약물복용, 방사선 조사, 매독, 풍진과 같은 감염, 난산, 조산, 혈액형부조화, 고령임신 등

후천적인 원인 : 출생 이후 예기치 않은 사고로 신체적 결함

*신경계 손상, 교통사고로 인한 재해, 산업재해 등 외상에 의한 경우 또는 당뇨병, 관절염, 혈액순환장애 등 만성질환

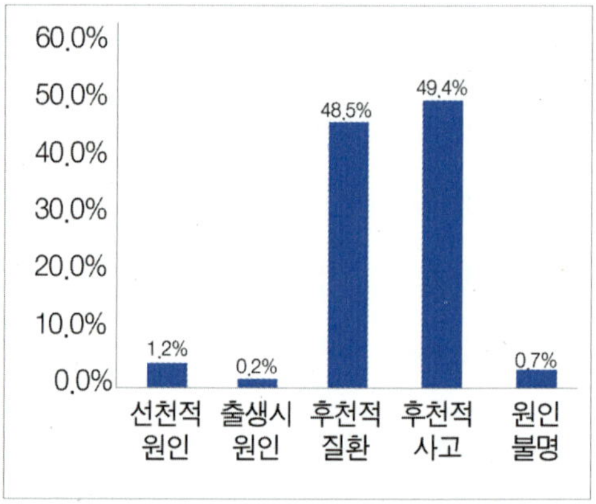

그림 3-6 지체장애의 발생 원인

3) 지체장애의 특성

지체장애 학생은 자신의 신체적 손상으로 인해 신체·운동적, 인지적, 사회·정서적으로 어려움을 경험한다(강종구, 오세철, 2010). 이와 관련된 구체적인 내용은 다음과 같다.

(1) 신체·운동적 특성

- 상체의 기능장애로 필기가 불가능
- 하체의 기능장애로 보행이 불가능, 어려운 정도뿐만 아니라 사지 및 체간 기능의 장애로 몸을 지탱할 수 없거나 곤란한 상태
- 정상적인 수준까지의 운동발달이 어려운 경우
- 특정 근육이 위축되거나 마비되고 신체 일부를 상실
- 신체적인 결함으로 이동에 어려움
- 뇌성마비: 자세나 평형을 유지하거나 이동하는 능력, 근육 간의 협응하는 능력 등이 부족하거나 손상을 보이는 운동장애

(2) 인지적 특성

- 지체장애 학생은 단순한 장애가 아니라 중복장애를 가지고 있는 경우 정보를 받아들이는 데 어려움
- 지체 장애의 정도와 유형이 매우 다양하여 이들의 학섭성취도를 일반화하기 어려움
- 지체장애의 경우 장애 정도가 가볍거나 일시적일 경우 학업성취상의 문제는 거의 없지만 장애가 심하거나 수반장애를 갖고 있을 때에는 교수방식에도 변화가 필요하고 학업성취도가 낮아짐

(3) 사회·정서적 특성

- 신체적으로 타인에게 많은 의존하게 되므로 학습된 무기력 현상을 보이기도 하며 우울, 공격성, 위축 등의 행동을 보임
- 자신의 신체상에 대한 부정적인 이미지와 열등감, 과보호 반응, 경험 부족 등을 보임(Asbjornslett & Hemmingsson, 2008)

- 사고로 후천적인 기능장애를 가지게 된 지체장애 아동들은 과거에 가졌던 신체적 능력과 생활방식에 대한 상실감이 매우 크기 때문에 슬픔을 극복하고 장애뿐만 아니라 이로 변해 버린 생활에 적응하는 것에 스트레스를 경험
- 인간이 신체적 · 정신적 장애를 가지고 있을 때 그 증상을 제거하거나 감소시키지 않으면, 이러한 1차 증상이 원인이 되어 신경증적 정서불안이라는 새로운 2차 장애가 나타나기 쉽다. 2차 증상은 1차 증상에 더해져 더욱 심화되고, 3차 증상인 열등감과 4차 증상인 반응 행동과 5차 증상인 반사회적 행동이 나타나는데, 이른바 장애의 중적 · 심화 현상이 나타남

(4) 언어적 특성

- 뇌성마비학생에게서는 입술, 혀, 턱 등의 조음기관의 운동기능장애를 수반하고 미묘한 혀 운동이 요구되는 /사/, /자/, /라/ 등에서 오류를 나타낼 수 있음
- 비장애 학생의 조음 학습에서 가장 빨리 습득되는 /파/, /바/, /마/, /빠/ 등 양순음의 오류가 많이 나타나는 것이 특징적임(윤병완, 1992)

출입문과 엘리베이터에서

① 장애인의 **팔이나 지팡이, 휠체어보다 문을 잡아주세요.**
② 사람이 완전히 통과할 때까지 문을 잡아주고, 문을 닫을 때는 손가락이나 보조기기가 문틈에 끼이지 않도록 주의합니다.

휠체어를 밀어줄 때

① 예고없이 휠체어를 밀어주면 두 사람이 조종해 휠체어가 다른 곳으로 갈 수 있기 때문에 **도움이 필요한지를 먼저 묻습니다.**
② 턱이 있는지 없는지 지형에 유의하세요.

계단과 턱에서

① 계단 이용을 도와줄 때는 장애인 옆으로 걸으면서 팔을 뻗어 **장애인이 팔을 잡아 의지하고 균형을 잡을 수 있도록 합니다.** 더 큰 도움이 필요할 경우 팔로 장애인의 허리를 부축합니다.
② 휠체어 장애인의 경우 휠체어를 뒤로 뉘어 앞바퀴가 들리도록 하여 밀고, 계단을 내려올 때는 휠체어 사용자에게 앞, 뒤 중 어느 방향으로 내려오는 것이 좋은지 물어봅니다. **어느 쪽이건 휠체어 앞바퀴가 들리도록 한 상태에서 내려오면 됩니다.** 휠체어 사용자의 상체는 등받이에 붙도록 합니다.

만날 장소를 선택할 때

① 공공장소의 경우 **건물에 편의시설이 설치**되었는지 사전에 알아봅니다.
② 편의시설을 알아보기 애매한 경우에는 장애인에게 어디에서 만나는 것이 좋을지 물어보고 **장애인이 편한 장소를 배려**하는 것이 좋습니다.
③ 이동을 도울 때는 편의시설과 이동 동선 등을 확인합니다.

대중음식점이나 카페에서

① 대중음식점의 경우 다른 사람들이 장애인의 휠체어나 목발을 건드릴 수 없는 **벽 쪽으로 좌석 배치를 하는 것**이 좋습니다.
② 앉고 일어서는데 어려움이 있는 것을 감안하여 **팔걸이가 있는 의자를 선택합니다.**
③ 팔이 불편하다면 가까운 곳에 물건들을 놓아 음식을 편하게 먹을 수 있도록 하고 음료를 섭취를 위해 빨대를 준비합니다.

대화할 때

① **서로 마주 보도록 하는 것이 좋고,** 휠체어 장애인 경우엔 가능하면 앉아서 눈높이를 맞추고 대화하는 것이 좋습니다.
② 장애인이 사용하는 휠체어, 목발 기타 보장구 등은 **사용자의 허락 없이 만지거나 옮기지 않도록 합니다.**
③ 도움이 필요해 보일 때는 무엇을 어떻게 도와주는 것이 좋은지 먼저 물어보세요.

5. 건강장애

1) 건강장애의 정의

2008년 5월 26일에 제정된 「장애인 등에 대한 특수교육법 시행령」 제10조 관련 별표에서는 건강장애를 "만성질환으로 인하여 3개월 이상의 장기 입원 또는 통원치료 등 계속적인 의료적 지원이 필요하여 학교생활 및 학업 수행에 어려움이 있는 사람"으로 규정하고 있다.

교육부 자료에 따르면, 우리나라의 경우 매년 질병 등으로 인해 약 8천여 명의 학생이 중퇴 또는 휴학을 하고 있다(김은주, 2006). 그중 다수가 소아암, 신장장애, 소아당뇨 등과 같은 만성질환으로 인해 장기간 입원 및 통원치료를 받는 경우다. 학교를 여러 날 결석하게 됨에 따라 유급이 되기도 하고, 학년이 올라가더라도 학업의 지체로 인해 학교생활에 어려움을 겪어 결국 검정고시를 택하는 경우도 많다고 한다.

우리나라 「장애인 등에 대한 특수교육법」에서의 건강장애아 정의에서는 건강장애의 범주가 명확하지 않으며, 국립특수교육원(노선옥 외, 2009)은 특수교육실태조사를 위한 특수교육대상 아동 선별검사에서 건강장애를 다음과 같이 분류하고 있다.

1. 전문의로부터 만성질환으로 진단을 받은 적은 없지만 일상생활이나 학습 장면에서 건강상의 문제로 인하여 6개월 이상 동안 어려움을 겪거나 연 30일 이상의 학업 결손이 있는 경우
   ① 악성빈혈, 허약, 특이체질 등 건강상의 문제로 인하여 결석이 매우 잦아 학습 결손이 심함
   ② 건강상의 문제로 인하여 체육 활동이나 야외학습 활동 등의 참여에 어려움이 많음
   ③ 잦은 질병으로 인하여 장기간에 걸쳐 약물을 복용하고 있음
   ④ 전문의로부터 특정 운동 및 활동 등에 대한 제약 소견을 받고 있음
   ⑤ 배변이나 배뇨 기능의 문제로 장루나 요루에 시술을 받아 일상생활이나 학습 장면에서 상당한 어려움을 겪어 학교에서 지속적인 특별 건강관리 절차나 전문적인 의료적 도움이 필요함
   ⑥ 생명력과 활동에 필요한 전문적인 의료적 처치에 지속적으로 의존함
2. 전문의로부터 만성질환으로 진단받은 경우
   ① 심장병으로 3개월 이상의 장기입원 또는 통원치료 등 지속적인 전문 의료적 지원 필요
   ② 신장병(염)으로 3개월 이상의 장기입원 또는 통원치료 등 지속적인 전문 의료적 지원 필요
   ③ 간질환으로 3개월 이상의 장기입원 또는 통원치료 등 지속적인 전문 의료적 지원 필요

④ 뇌전증이나 천식으로 진단받아 3개월 이상의 장기입원 또는 통원치료 등 지속적인 전문 의료적 지원 필요
⑤ 소아암, AIDS, 혈우병, 백혈병, 소아당뇨 및 기타 만성질환으로 진단받아 3개월 이상의 장기입원 또는 통원치료 등 지속적인 전문 의료적 지원 필요
⑥ 위에 해당하는 것 이외의 만성질환을 전문의로부터 진단받아 3개월 이상의 장기입원 또는 통원치료 등 지속적인 전문 의료적 지원 필요

건강장애는 소아암, 심장병, 신장병, 간질환, 소아당뇨, 장루·요루장애, 호흡기 질환, 뇌전증, 기타 질환 등과 같은 만성질환 진단자와 만성질환의 진단 없이 건강 문제로 일상생활 및 학습, 야외 활동에 어려움을 겪는 자 등으로 분류할 수 있다.

2) 건강장애의 원인

건강장애의 원인은 건강장애의 공통적인 원인보다는 각 장애의 특성에 따라 각기 다르다. 대표적인 건강장애의 원인은 다음과 같다.

① 신장장애는 신체 내의 노폐물을 제거하여 적절한 수분과 전해질을 보유할 수 있도록 조절하는 기관인 신장의 기능 이상으로 인해 일상생활 활동에 어려움을 가져오며, 장기간 신장 기능을 대신하는 치료가 필수적인 상태를 말한다.

② 심장장애는 관상동맥 질환인 협심증, 심근경색, 심부전, 선천성 심장 기형, 심장판막증, 부정맥 등으로 심장이 더 이상 정상적인 기능을 하지 못하는 상태를 말한다. 소아 심장장애의 원인이 되는 질환으로는 선천성 심장질환, 류머티스성 열, 심부전, 부정맥 등이 있다.

③ 호흡기장애나 폐나 기관지 등 호흡기관의 만성적인 기능부전으로 집 안에서의 이동 시나 보행에도 호흡 곤란이 있는 상태를 말한다.

④ 간장애는 만성 간질환(간경변증, 간세포암종 등)으로 간성뇌증 병력이나 자발성 세균성 복막염 등의 병력이 있는 상태를 말한다.

⑤ 장루·요루장애는 하행 또는 에스 결장루를 가지고 있으면서, 배뇨 기능에 장애가 있는 상태 등을 말한다.

⑥ 뇌전증은 뇌 속에 있는 뇌세포가 과도한 전기를 방출시켜 발생하는 중추신경계 질환이다. 뇌에서 전기에너지가 비정상적으로 방전되면 경련(convulsion) 또는 발작(fit, paroxysm)을 일으키게 된다.

⑦ 소아암의 가장 일반적인 형태는 백혈병으로 '미성숙한 림프세포(lymphocyte)'의 통제 불가능한 성장의 증식으로 인해 적혈구 수가 감소하고, 백혈구 수가 증가하는 혈액 형성 조직의 질병이다.

⑧ 소아당뇨는 췌장에서 인슐린을 합성하여 분비시키는 능력이 감소되어 발생하는 질병으로, 식사 후 높아진 영양소의 처리가 불가능해져 혈액 내에 높은 농도의 당, 지방 등의 영양소가 있어도 세포가 이를 이용할 수 없는 상태를 말한다.

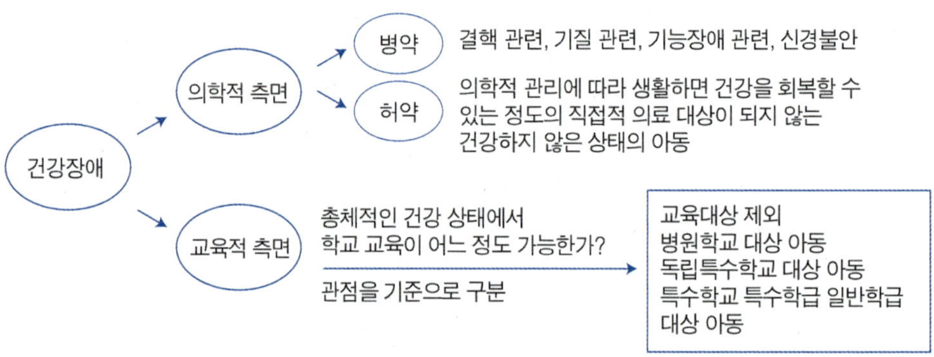

그림 3-7 건강장애의 분류

3) 건강장애의 특성

건강장애 학생은 만성적이고, 때로는 생명을 위협하는 질병에 의해 집중적인 의학적 치료나 주기적인 치료 등 지속적인 의학적 관심을 필요로 한다. 예를 들어, 신장장애 학생의 경우는 우울 및 자살기도, 불안, 공포, 강박적 사고와 신체 개념의 왜곡 등의 정서 반응을 보이기도 하며, 소아암의 경우는 주의집중, 순서화, 기억 및 이해 능력을 요구하는 과제 수행에서 곤란을 보이기도 한다.

건강장애 학생은 입원이라는 경험을 통해 자신의 신체와 정서상의 균형을 가능하게 했던 일상으로부터 소외되고 질병과 치료에 따른 고통과 재발에 대한 염려로 스트레스를 경험하게 된다(오진아, 2004). 소아암을 비롯하여 장기 입원을 요하는 만성질환 아동은 불안, 우울, 어머니에 대한 지나친 의존성, 대인관계의 회피, 자존감 저하 등의 정서적 문제를 겪게 된다. 그리고 장기간의 결석은 출석 일수를 채우지 못해 학교생활로부터 단절됨에 따른 사회·심리적인 문제를 초래하기도 한다. 또한 신장질환 아동은 장기간에 걸친 투석치료 과정에서 여러 가지 정서적·심리적 스트레스를 경험하게 된다. 이들의 가장 큰 스트레스 요인은 인공적인 방법에 의해 생명을 연장시키고 있다는 점이다. 이에 대한 부작용으로 우울 및 자살기도, 불안, 공포, 강박적 사고와 부정적인 신체 개념 등과 같은 부적응적인 정서 반응이 나타나기도 한다(차하나, 2001).

한편, 만성질환을 갖고 있는 건강장애 학생은 그 질병의 유형에 상관없이 또래보다 두려움과 우울함을 더 많이 경험하고 있으며, 치료과정에서 처방되는 약물 복용의 부작용도 겪게 된다. 즉, 단기간의 스테로이드제 복용으로 인해 기분이 저하되거나 두려움 및 슬픔 등의 정서적인 변화가 발생할 수 있다는 점도 만성질환이 있는 건강장애 아동의 심리적·사회정서적 특성으로 볼 수 있다.

이상과 같이 건강장애 학생은 또래보다 두려움과 우울감을 더 경험하고 있고, 치료과정에서 약물 복용으로 인해 기분이 저하되며, 두려움이나 슬픔 등의 정서적 변화를 겪는 등의 사회·심리 및 정서적 특성을 보인다.

건강장애 학생의 구체적인 교육지원 방안을 살펴보면 다음과 같다.

① 담임교사나 특수교사가 협력하여 개별화교육계획을 작성하고 개별화건강관리 계획은 물론 통신교육 등 다양한 교육방법을 통해 연간 수업일수 확보를 위한 교육과정 운영계획을 포함하도록 함

② 병원학교, 화상강의 시스템 등을 이용한 출석일수 확보 계획을 포함하고, 아동 연령과 학업 수준에 따라 학업중심 교육과정과 심리·정서적 적응 지원의 균형을 유

지(병원학교: 장기 입원이나 장기 통원치료로 인해 학교교육을 받을 수 없는 학생들을 위해 병원 내에 설치된 학교)

③ 사이버가정학습 서비스, 화상강의 시스템뿐만 아니라 담임교사, 특수교사, 학부모 도우미, 교사자원봉사단, 예비교사 등의 일대일 상담 및 지도를 통해 아동을 지속적으로 관리하며 학년별, 과목별 진도에 따라 학습할 수 있도록 함

④ 학교에 나가지 못하는 기간 동안에도 계속적 교육기회를 제공하기 위해 병원이나 가정으로 찾아가는 순회교육을 지원함

6. 지적장애

1) 지적장애의 정의

미국정신지체협회(AAIDD: American Association on Intellectual and Developmental Disabilities)는 1921년 처음으로 정신지체(2010년 이후 지적장애로 명칭 변경)를 정의하고 편람을 발간한 이후 대략 10년을 주기로 새로운 편람을 개정·출판하고 있다. 미국정신지체협회는 2007년 1월에 미국 지적 및 발달장애협회(AAIDD)로 명칭을 바꾸었으며, 2010년에는 지적장애의 11차 정의를 제시하였다.

> 지적장애는 지적 기능성과 개념적, 사회적, 실제적 적응기술로서 표현되는 적응행동 양 영역에서 유의한 제한성을 가진 것으로 특징지어진다. 이 장애는 18세 이전에 시작된다.
>
> - 평균 이하의 지능 상태를 보인다. 지능은 지능지수(IQ: Intelligence Quotient)로 나타내는데, 대체로 IQ 70 이하를 말한다.
> - 적응행동의 유의한 결함 또는 장애를 나타낸다. 적응행동(adaptive behavior)은 개인이 처해 있는 환경과 그 연령에 부과된 개인적 자립성, 사회적 책임감의 기준에 대처하는 능력을 말하는 것으로 표준화된 검사법과 임상적 판단에 의해 평가되며, 사회지수(SQ: Social Quotient)로 표시되기도 한다.
> - 18세 이전에 출현한다. 18세까지를 발달기로 보는 것으로, 18세 이후에 뇌손상 또는 질병 등으로 발생되는 지능저하는 치매이다.

우리나라 「장애인 등에 대한 특수교육법 시행령」(시행 2015.1.1., 대통령령 제25840호) [별표] 특수교육대상자 선정기준에 따르면, 지적장애를 지닌 특수교육대상자를 '지적기능과 적응행동상의 어려움이 함께 존재하여 교육적 성취에 어려움이 있는 사람'으로 정의하고 있다. 동법 시행규칙(시행 2014.10.6., 교육부령 제8호) 별표에서는 특수교육대상자를 선별검사 및 진단·평가하기 위하여 지능검사, 사회성숙도검사, 적응행동검사, 기초학습검사, 운동능력검사 등을 실시하고 장애유형별 진단·평가 시 장애인증명서, 장애인수첩 또는 진단서 등을 참고자료로 활용할 수 있도록 규정하고 있다.

표 3-12 「장애인복지법」에 따른 지적장애

장 애 정 도	장 애 상 태
장애의 정도가 심한 장애인	1. 지능지수가 35 미만인 사람으로 일상생활과 사회생활의 적응이 현저하게 곤란하여 일생 동안 타인의 보호가 필요한 사람 2. 지능지수가 35 이상 50 미만인 사람으로 일상생활의 단순한 행동을 훈련시킬 수 있고, 어느 정도의 감독과 도움을 받으면 복잡하지 아니하고 특수기술을 요하지 아니하는 직업을 가질 수 있는 사람 3. 지능지수가 50 이상 70 이하인 사람으로 교육을 통한 사회적·직업적 재활이 가능한 사람

요즘 장애와 비장애의 경계에 위치한 특수교육과 일반교육에 속하지 못하는 느린학습자들이 있다. 2022년 제4차 사회정책포럼에서는 「느린학습자 정책지원 방안」을 통해 느린학습자 지원을 위해서는 무엇보다도 조기 발견과 맞춤형 지원이 중요하다고 강조하고 있다. 앞으로 지적장애 이외에 느린학습자에 대한 관심을 가지고 학습장애와는 차별화된 교육적 프로그램이 필요하다.

2) 지적장애의 원인

지적장애의 원인에 대한 지식은 치료를 위한 목적보다는 예방적 차원에서 중요하다. 지적장애의 원인으로는 약 250여 종류의 직·간접적인 요인들이 제시되고 있기 때문에(Heward, 2007) 관련 요인들을 분류하는 시각에 따라 다양하다. 생애주기에 따라 출산 전, 출산 전후(주산기), 출산 후로 분류하기도 하고, 보다 세분화하여 유전적 요인, 염색체 이상, 두개골 기형, 출산 전 요인, 후천적 요인(최중옥 외, 2006)으로 분류하기도 한다. 또한 경우에 따라서는 생의학적 요인을 중심으로 분류하기도 한다.

AAMR은 1992년 9차 정의부터는 지적장애 원인의 다양성을 종합적으로 설명하기 위해 지적장애의 위험 요인들을 생의학적·사회적·행동적·교육적 원인으로 범주화하는 한편, 이를 다시 발생시기별로 구분하였다.

표 3-13 지적장애를 초래할 수 있는 위험요인

시기	생의학적	사회적	행동적	교육적
출산 전	• 염색체 이상 • 단일유전자 장애 • 증후군 • 대사장애 • 뇌 발생 장애 • 산모 질병 • 부모 연령	• 빈곤 • 산모 영양실조 • 가정폭력 • 출산 전 관리 부족	• 부모의 약물 복용 • 부모의 음주 • 부모의 흡연 • 부모의 미성숙	• 인지적 장애를 보이는 부모에 대한 지원 결여 • 부모가 될 준비 부족
출산 전후(주산기)	• 조산 • 출산 시 손상 • 신생아 질환	• 출산 관리의 결여	• 부모의 양육 거부 • 부모의 아동 유기	• 퇴원 시 중재 서비스를 위한 의료적 의뢰의 결여
출산 후	• 외상성 뇌손상 • 영양실조 • 뇌막염 • 발작장애 • 퇴행성 질환	• 아동-양육자간 상호작용 문제 • 적절한 자극 결여 • 빈곤한 가정 • 가정 내 만성질환 • 시설 수용	• 아동 학대 및 유기 • 부적절한 안전조치 • 사회적 박탈 • 다루기 힘든 아동의 행동	• 잘못된 양육 • 진단의 지체 • 부적절한 조기중개 서비스 • 부적절한 특수교육 서비스 • 부적절한 가족지원

출처: AAIDD(2011), p.97.

3) 지적장애의 특성

일반적으로 지적장애는 지적 기능에 제한이 있기 때문에 배울 수 없다거나 비장애학생과 함께 교육받을 수 없다는 생각을 한다. 그러나 지적장애의 75 ~ 90%는 기본적인 학습능력을 가지고 있으며, 사회성이나 자조기술을 적절하게 교육한다면 독립적으로 살 수 있는 능력이 충분하다. 지적장애 학생은 연령에 따른 지적 능력과 적응행동에 있어서의 제한을 의미한다. 많은 지적장애 학생들이 교육을 통해 적응행동기술에 있어서 많은 진보를 보이지만 대부분의 경우에는 일생에 걸쳐 그 영향을 받는다(김진호 외, 2006).

그러나 많은 지적장애 학생은 기관에 입원, 입학하게 되거나 때로는 어려운 교과 학습이 요구되는 고학년이 될 때까지도 판별되지 않는 경우가 있다. 간헐적 지원을 받는 지적장애 학생은 너무 어렵지 않은 교과과정을 배울 수 있으며 독립적으로 일하거나 사회기술, 의사소통기술도 적절하게 발전시킬 수 있으므로 학교를 졸업하고 나서는 더 이상 장애인으로 인식되지 않는 경우도 있다. 제한적 지원을 받는 지적장애 학생은 학령기 이전부터 발달상의 지체가 뚜렷이 나타난다. 나이가 들수록 이러한 지적 발달과 적응행동의 불일치는 더욱 커지게 되며 신체적인 장애나 문제행동을 나타내는 경우도 많다. 확장적 · 전반적 지원을 받는 지적장애아는 거의 대부분이 출생 시나 아니면 출생 직후에 판별이 된다. 대부분의 확장적 · 전반적 지원을 받는 지적장애아들은 중추신경계의 결함을 가지고 있으며 많은 수가 또 다른 장애나 건강상의 문제를 수반한다.

지적장애 학생은 인지능력과 학습 특성에서 낮은 기억력, 느린 학습 속도, 주의집중 문제, 배운 내용을 다른 영역에 적용하는 일반화 능력의 부족, 동기 결함을 보인다(김동일 외, 2010). 지적장애 학생들은 기억력이나 주의집중력, 학습내용을 실제 생활에 응용하는 일반화 능력과 같은 인지적인 결함이 두드러진다. 이러한 인지적 장애는 학생의 발달과 학습에 직접적인 영향을 미치게 된다.

지적장애 학생은 일반적으로 인지능력과 더불어 사회적 기술이 낮은 것으로 보고된다. 비장애학생에 비해 또래나 교사와 긍정적인 관계를 맺고 유지하는 능력이 떨어지거나 사회적 관계를 형성하는 데 방해가 되는 문제행동을 보이는 경우가 많다. 따라서 또래에게 거부를 당하거나 고립되는 학생은 결국 유치원이나 학교에서 다른 학생들과 상호작용을 하면서 사회적 경험을 쌓거나 경험을 통해 배우는 기회가 적어지게 된다. 게다가 또래로부터 거부를 당할 경우 부정적 정서를 갖게 될 가능성이 높고, 다른 사람과 상호작용하는 법을 몰라 친구를 사귀는 데 어려움이 있을 수 있다(김동일 외, 2010).

지적장애 학생에게는 주로 주의산만, 과잉행동, 불안장애, 외상 후 스트레스 장애, 성격장애 등을 포함하는 매우 다양한 행동적 특성이 나타날 수 있다. 이러한 행동특성은 대체로 장애 때문에 나타난다. 하지만 약물의 영향이나 건강 관련 문제 때문에 부적절한 행동을 보이는 경우도 있다. 따라서 사회 · 정서적 특성과 함께 행동적 특성으로 지적장애 학생을 일반교육 프로그램에 통합시키기 위한 결정을 하는 데 어려움이 예상된다. 또한 지적장애 학생은 행동적 특성으로 인해 학업에 어려움을 보일 수 있으므로 그들의 행동 문제에 대해 적절한 중재와 관리 기법을 교육 · 훈련받을 필요가 있다(김동일 외, 2010: Gumpel, 1994)

적응행동(adaptivebehavior)이란?

개인이 처해 있는 환경과 그 연령에 부합된 개인적 자립성, 사회적 책임감의 기준에서 대처하는 능력. 사회지수(SQ: socialQuotient)로 표시되기도 함

개념적 기술 : 수용 및 표현언어, 읽기 및 쓰기, 돈 개념, 자기지시

사회적 기술 : 개인 간에 필요한 능력, 책임성, 자존심, 잘 속는 것(남에게 쉽게 조종당하는 것), 순진한 것, 규칙 지키기, 복종법, 희생(일방적인 피해 등)을 피하는 것

실제적 기술 : 일상에서의 사적인 행동들(식사, 옷입기, 이동 및 화장실 가기), 일상에서의 도구적 행동들(식사준비, 약먹기, 전화 사용, 돈 관리 등)

그림 3-8 적응행동의 종류

7. 자폐성장애

1) 자폐성장애의 정의

자폐성장애 학생들은 감각적인 문제, 의사소통, 반복된 행동, 부적절한 행동, 지적능력의 차이 등 증상이 매우 다양하여 마치 프리즘을 통해 나오는 자폐적 성향의 연속선상의 스펙트럼을 빛을 보는 것과 같았다. 이는 자폐성장애 학생들이 같은 문제를 가지고 있는 경우가 없을 정도로 다양하다는 것을 의미하기도 한다. 따라서 자폐성장애를 일컫는 용어도 '자폐(自斃)', '자폐증(autism)', '자폐성장애(autistic disorder)', '자폐 스펙트럼장애(autism spectrum disorders)', '전반적 발달장애(PDD: Pervasive Developmental Disorders)' 등 다양하게 표현되고 있다. 현재 우리나라에서는 이러한 용어들이 혼용되고 있으나 가장 널리 쓰이는 표현은 '자폐성장애'로, '범주성' 또는 '스펙트럼'의 의미가 담겨 있는 'Autism Spectrum Disorders(자폐성장애아)'를 포함하여 사용되고 있다(김용욱 외, 2016).

「장애인 등에 대한 특수교육법」에서는 '자폐성장애란 타인과 의사소통이나 사회적 상호작용이 어렵고 일과 변화를 지나치게 싫어하며 특정 행동(가령 손이나 머리 흔들기, 꼬집기, 머리박기 등)을 계속해서 반복하거나 사물의 특정 부위에 지나치게 관심을 갖고 집착하는 행동을 하는 학생'이라고 정의를 내리고 있다.

「장애인복지법」의 정의에서는 최소 만 2세 이상에서 장애를 진단하며 우리나라에서 공식적인 자폐성장애의 분류체계로 사용하고 있는 제10차 국제질병사인분류(International Classification of Diseases, 10th Version)의 진단지침에 따르며, ICD 10의 진단명이 F84 전반성발달장애(자폐증)인 경우에 자폐성장애 정도 판정을 한다. '소아기 자폐증, 비정형적인 자폐증에 따른 언어 · 신체표현 · 자기조절 · 사회적응 기능 및 능력의 장애로 인하여 일상생활이나 사회생활에 상당한 제약을 받아 다른 사람의 도움이 필요한 사람'으로 자폐성장애를 정의하고 있으며, 또한 등급을 정하여 그 기준을 제시하고 있는데 그 내용은 다음과 같다(장애인복지법 시행규칙, 2019 개정안).

표 3-14 장애인복지법에 따른 자폐성장애

장 애 정 도	장 애 상 태
장애의 정도가 심한 장애인	1. ICD-10의 진단기준에 의한 전반성발달장애(자폐증)로 정상발달의 단계가 나타나지 아니하고 지능지수가 70 이하이며, 기능 및 능력장애로 인하여 GAS척도 점수가 20 이하인 사람 2. ICD-10의 진단기준에 의한 전반성발달장애(자폐증)로 정상발달의 단계가 나타나지 아니하고 지능지수가 70 이하이며, 기능 및 능력장애로 인하여 GAS척도 점수가 21 ~ 40인 사람 3. 1호 내지 2호와 동일한 특징을 가지고 있으나 지능지수가 71 이상이며, 기능 및 능력 장애로 인하여 GAS척도 점수가 41 ~ 50인 사람

표 3-15 자폐성장애의 능력 장애 측정 기준

1. 불러도 대답이 없다.
2. 독립적으로 적절한 식사가 불가능하다.
3. 대소변을 가리지 못한다.
4. 또래와 놀지 못한다.
11. 가구의 위치를 옮기면 불안해한다.
12. 같은 길로만 가려고 한다.
13. TV에서 광고만 보려고 한다.
14. 밖으로 나가면 그냥 마음대로 가버린다.

5. 남의 말을 이해하지 못한다.
6. 표현언어가 없다.
7. 자기방어를 하지 못한다.
8. 충동적인 행동을 보인다.
9. 자해적인 행동을 한다.
10. 한 가지 장난감에 집착한다.
15. 머리의 크기가 작다.
16. 눈을 맞추지 않는다.
17. 손을 비틀거나 씻는 것 같은 행동을 반복한다.
18. 모든 물건을 입에 집어넣는다.
19. 생후 1~2년 정도까지는 정상적인 발달을 보인다.
20. 혼자서 말을 하는데 대화를 하지 못한다.

표 3-16 자폐성장애(전반적 발달장애)의 하위 유형 장애의 정의

장애	정의
자폐성 장애 (Autistic Disorder)	극도의 사회적 위축, 인지적 결함, 언어장애, 상동행동의 특성을 보이는 전반적 발달장애로 30개월 이전에 발생한다.
아스퍼거 증후군 {Asperger Syndrome: AS)	언어 및 인지발달은 정상적이지만 운동기능의 발달에 있어서 지체를 보일 수 있으며 정서적 · 사회적 발달에 있어서의 결함을 보인다.
소아붕괴성장애 (Childhood Disintegrative Disorder)	2세부터 10세 정도까지의 정상적인 발달을 보인 후에 이미 습득했던 사회적 기술, 언어, 자조기술, 또는 놀이 기술을 상실하게 되며, 결과적으로 사회적 상호작용이나 의사소통에 있어서의 질적인 결함과 상동행동을 보인다.
비전형성 전반적 발달장애 (Pervasive Developmental Disorder Not Otherwise Specified: PDD-NOS)	현재의 전반적 발달장애 하위 범주에 속하지 않는 심각한 발달장애를 의미한다.

출처: 이소현(2020). 유아특수교육 2판. 서울 : 학지사

2) 자폐성장애의 원인

자폐증의 원인에 대한 해답을 찾으려는 노력은 지금까지도 이어지고 있으나, 무엇이 자폐증을 일으키는지에 대한 명확한 원인을 찾아내지 못하고 있다. 과거 1960년대 후반에 자폐증은 얼음같이 차갑고 보듬어 주지 않는 방식으로 양육한 소위 '냉장고 엄마'가 원인으로 대두되기도 하였고, 무관심하고 냉정한 부모가 자녀와의 정서적 유대를 발달시키지 못해 자폐증이 발생하였다고 보기도 했으나(Bettelheim, 1967) 이러한 주장은 더 이상 받아들여지지 않는다. 최근에는 예방접종이 자폐증을 유발한다는 문제 제기가 있기도 하였으나, 이를 입증하는 증거는 찾아볼 수 없었다(Immunization Safety Review Committee, 2004).

자폐증의 원인으로는 일반적으로 두뇌 구조나 기능상의 문제, 유전적 요인, 신경전달물질, 임신 중 특정 요인 등 생물학적 원인이 추정되고 있다. 예를 들어, 뇌간의 손상(Cohn et al, 1999), 전두엽기능부진(Dawson et al, 1998), 세로토닌 과다(Yang, Tan, & Du, 2014) 등이 자폐증을 유발한다는 연구결과가 누적되고 있다. 자폐증과 관련된 특정 유전자가 존재한다고 밝혀진 바는 없으나, 자폐증이 유전적 요소가 있는 장애라는 논의가 이루어지고 있다(Rutter, 2000).

(1) 유전적 요인

유전적 요인은 자폐성장애가 진단된 이후 지속적으로 거론되는 원인론 중 하나이다. 가족력 연구 결과 자폐성장애가 있는 가족에서 다른 자녀가 자폐로 출현할 확률이 증가하였다. Power(2000)의 연구에 의하면 자폐자녀를 둔 가정의 경우 또 다른 자녀가 자폐장애를 보일 확률이 2~3%였다. 쌍생아 연구를 살펴보면 일란성 쌍생아가 이란성 쌍생아에 비해 쌍둥이 둘 다 자폐성장애를 나타낼 확률이 더 높았다.

약체 X증후군이나 결절성 경화증, 다운증후군 등의 염색체 이상에 의한 유전성 질환에서도 자폐성장애가 동반되는 경우가 많다. 약체 X증후군에서 염색체 이상과 자폐증의 발병률이 가장 높았다. 약체 X염색체를 지닌 남성을 연구한 23사례의 69%가 자폐성장애를 지닌 것으로 나타났고(Levitas, McBogg & Hagerman, 1983), 약체 X염색체를 지닌 남성들을 대규모로 연구했을 때 그중 16%가 자폐증을 지닌 것으로 밝혀졌다(Hagerman et al., 1986).

(2) 신경전달물질의 이상

많은 수의 자폐성장애 아동에게서 세로토닌이 과다하게 발견되거나(Anderson & Hoshino, 2005), 거울 신경(Dapretto et al, 2006), 신경세포의 연결 부분인 시냅스(Garber, 2007)의 기능이상이 발견되고 있다. 또한 생채 자연 아편 물질의 과대 분비로 사회성의 어려움을 보이는 것으로 예측되고 있다(김이영 외, 2015).

(3) 뇌구조 및 신경병리학적 이상

전두엽은 주의집중과 기억력을 담당하는 뇌의 부분인데 자폐성장애 아동의 경우 전두엽 기능 저하가 가장 많이 보고되고 있다. 또한 좌측 뇌의 성장이 저하되고 우측 뇌의 크기가 큰 것으로 보고되고 있다. 이는 자폐성장애 아동의 낮은 의사소통능력과 관련되어 있어 보인다. 뇌의 기저핵 안의 미상핵(caudatr nucleus)의 큰 것 또한 자폐성장애 아동의 강박적 행동과 변화에 적응하지 못하는 행동과 관련 있는 것으로 나타났다(조수철 외, 1994). 이렇게 자폐성장애는 이미 선천적 기능의 결함으로 자폐 가능성을 가지고 태어나는 것으로 볼 수 있다.

(4) 환경적 요인

환경적 요인으로 독소들(수은중독, 납중독 등)이 증가하면서 자폐성장애의 출현 가능성을 증가시키는 요인이 되고 있다는 연구결과가 제시되고 있다. 자폐성장애는 특히 이러한 환경적 노출에 취약해서 신진대사를 원활히 하거나 독소를 치료해 내는 능력이 떨어지는 편이라고 한다(ASA, 2015).

표 3-17 자폐성장애의 원인

생물학적 요인	특성
유전적 요인	쌍생아 연구 결과 일란성 쌍생아의 경우 95.7%가 같은 자폐성장애를 나타낼 확률이 있으며 이란성 쌍생아의 경우 23.4%가 같은 자폐성장애를 나타낼 확률을 보임
신경학적인 화학 불균형	세로토닌의 과대 함량, 높은 수주의 생체 자연 아편 물질 생성으로 타인과의 상호작용 의지가 낮음
뇌구조 문제	전두엽의 기능 이상과 좌측 뇌가 작고 우측 뇌가 크거나, 커다란 미상핵 등의 구조 문제로 인해서 주의력결핍 및 언어능력, 강박적 행동 출현
환경적 요인	독소들(수은중독, 납중독 등)

표 3-18 자폐성장애의 초기 위험 신호

시기	행동 특성
영아기	• 생후 1년이 되어도 옹알이를 하지 않음 • 생후 16개월에 한 단어 발화를 하지 않거나 25개월에 두 단어 구절을 사용하지 않음 • 이름을 불러도 반응하지 않음 • 언어 또는 사회적 기술을 상실함 • 사람과 눈을 잘 맞추지 않음 • 주위의 사람에게 관심을 보이지 않음 • 미소 짓거나 사회적으로 반응하지 않음 • 까꿍놀이 등의 상호적인 놀이나 사회적 게임에 참여하지 않음 • 가리키기 등의 몸짓을 사용하지 않음 • 다른 사람과 물건을 공유하는 등의 공동관심에 어려움을 보임 • 놀잇감이나 물건을 한 줄로 나열함
학생기	• 또래와 친구 관계를 맺지 못함 • 다른 사람과 대화를 시작하거나 유지하지 못함 • 상상놀이나 사회극놀이를 보이지 않거나 부족함 • 상동적이거나 반복적이거나 특이한 방식으로 언어를 사용함 • 관심 영역이 제한되고 그 강도가 지나침 • 특정 놀잇감에 지나치게 집중하거나 집착하며 주의를 전환하기 어려움 • 놀잇감을 다양한 방법으로 가지고 놀기보다는 한 줄로 나열하거나 정리함 • 다른 사람에게 자신이 놀이하고 있는 것을 보여 주거나 함께 노는 등의 상호작용을 보이지 않음 • 특정 일과나 의식을 고집스럽게 지키려고 하며 변화가 생기면 매우 힘들어함(예: 같은 음식만 먹으려고 함, 매일 밤 잠자리에 들기 전에 특정 놀잇감을 반드시 만지려고 함)

3) 자폐성장애의 특성

자폐성장애 학생들은 일차적으로 정서·지각·언어·인지 및 의사소통 영역에 있어서 심한 문제를 지니는 것으로 인식되고 있다. 학생에게 문제가 있다는 것을 처음으로 인식하게 되는 것은 학생을 들어 올리려고 해도 비장애학생들에게서 예상할 수 있는 움직임을 보이지 않는다는 것을 관찰함으로써 시작된다. 이런 학생들은 또한 손을 잡고 데리고 가거나 안아줄 때 자신의 몸을 다른 사람의 움직임에 맞게 조정하지 못한다. 14개월에서 18개월 사이의 학생들에게서 몇 가지 장애 증후가 나타나기 시작한다. 이런 증후의 행동에는 침대 안에서 오랫동안 흔들거나 머리를 부딪치기, 주변 환경에 대한 냉담함과 무관심, 낯선 사람에 대한 지나친 두려움, 특정의 장난감이나 기계 및 기구에 대한 강한 집착, 지나치게 반복적이고 의례적인 놀이, 고집스럽게 혼자 있기 및 물리적 환경의 변화에 대한 강한 저항, 이상한 언어행동 등이 있다(김종현, 2016).

(1) 영학생기 발달적 특성

영아기의 경우 자폐성장애 영아들은 조용하고 혼자 있는 것을 좋아한다. 양육자들은 대부분이 편안하게 아이를 양육하였다고 보고한다. 또한 새로운 장난감에 관심을 보이지 않고 냉담한 반응을 보인다. 이렇게 사회적 상호작용에 대한 관심 부족, 호기심 부족을 들 수 있다. 또한 신변처리 및 신체발달이 늦어 대소변을 늦게 가리거나 걷기가 늦게 나타나는 등의 증상을 보인다.

학생들의 경우 소근육 운동기술은 비장애학생들과 같은 속도로 발달하나 인지, 사회성, 의사소통기술 능력에서 지체를 보이기 시작한다. 이러한 이유로 대부분 이 시기에 진단을 받게 된다. 사회적 상호작용으로 또래에게 관심이 없고, 의사소통적으로 상황에 맞지 않는 혼잣말(반향어)을 시작한다. 행동적인 특성을 살펴보면 외부 자극에 반응이 없거나, 편식, 이식증(먹지 말아야 할 것을 먹음) 등의 행동을 보이기도 하며 자해 및 공격성, 울화 반응을 나타낸다.

(2) 인지적 특성

자폐성장애 학생의 경우 70% 이상의 중등도의 지적장애를 동반하는 것으로 보고되고 있다. 따라서 인지·학습에 많은 어려움을 나타내며 새로운 학습, 기술을 습득하는 데 필요한 시간이 비장애학생에 비해서 길다. 그러나 모든 자폐성장애 학생이 인지적 결함을 보이는 것은 아니며 평균 이상의 지능을 소유한 자폐성장애 학생도 있다. 또한 자폐성장애 학생의 약 10%는 서번트증후군(servent syndrome)으로 특정 영역에서 천재적인 재능을 가지고 있다. 따라서 자폐성장애 학생의 인지적 결함 및 천재성에만 집중하기보다는 이러한 다양한 인지적 특성을 고려하여 교육적 계획을 수립하고 적합한 환경을 제공해 주는 것이 필요하다.

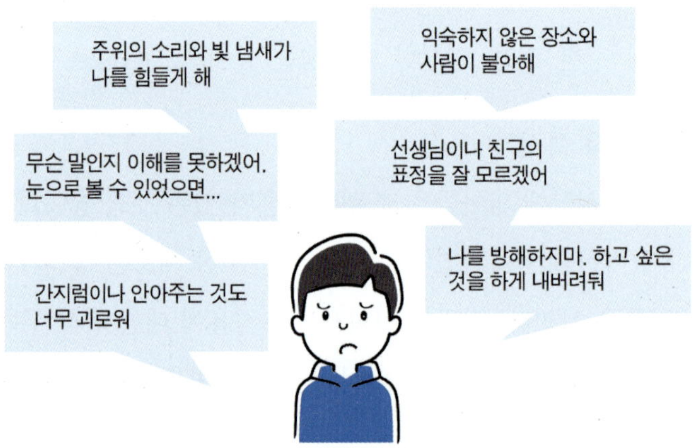

그림 3-9 자폐성장애 학생이 자극 받는 상황

출처: 함께 웃는 재단

(3) 사회적 특성

Kanner(1946)가 자폐성장애를 처음 제시한 이래 지금까지 자폐성장애의 가장 주된 특징은 사회적 결함이다. 자폐성장애 학생은 상호작용을 위한 비언어적 의사소통(눈치, 얼굴표정, 억양, 음성 등)을 사용하는 데 결함이 있으며 또래 관계의 형성에도 어려움이 있다. 또한 타인의 감정을 공감하거나 자신의 관심을 타인과 나누는 데 결함이 있어 사회적 관계 형성에 어려움을 보인다. DSM-5의 진단기준에서 이러한 자폐성장애 학생의 사회적 결함을 자세히 기술하고 있다.

이러한 결함은 이후 언어발달지체와 연관되면서 사회적 관계 형성에 더욱 어려움을 초래하며 자기자극행동 및 상동행동을 가중시키는 결과를 가져온다. 따라서 자폐성장애 학생의 사회적 특성은 독립된 하나의 결함으로 이해하기보다는 다른 영역의 연관된 영역으로 이해하고 통합적으로 교육하는 것이 필요하다.

표 3-19 자폐성장애의 사회적 결함 및 그에 따른 행동 특성

진단 기준상의 결함	구체적인 행동의 예
사회적 상호작용을 조절하기 위한 비구어적 행동의 사용에 있어서의 손상	• 눈 맞춤이나 응시 행동에 있어서의 문제 • 대화 중 몸짓을 거의 사용하지 않음 • 얼굴표정을 거의 사용하지 않거나 이상하게 사용함 • 독특한(평범하지 않은) 억양이나 음성을 사용함
연령에 적절한 또래 관계 형성의 실패	• 친구가 없거나 매우 적음 • 자기보다 나이가 많거나 적은 아동, 또는 가족 구성원과만 관계를 형성함 • 특별한 관심을 근거로 관계를 형성함 • 집단 상황에서 상호작용하는 데 어려움을 보이며, 게임의 협동적인 규칙을 지키기 어려워함
다른 사람들과 즐거움, 성취 또는 관심을 나누지 않음	• 자신이 좋아하는 활동, TV 프로그램, 놀잇감만을 즐기고 다른 사람과 나누려 하지 않음 • 활동이나 관심이나 성취에 대한 다른 사람의 관심을 요구하지 않음 • 칭찬에 거의 관심을 보이지 않거나 반응하지 않음
사회적 또는 정서적 상호성의 결여	• 다른 사람에게 반응하지 않음(마치 청각장애인 것처럼 보임) • 다른 사람을 의식하지 않음(다른 사람의 존재를 염두에 두지 않음) • 다른 사람이 다치거나 흥분할 때 관심을 보이지 않음(위로하지 않음)

출처: 이소현, 박은혜(2015). 특수아동이해. 서울: 학지사

(4) 의사소통 특성

자폐성장애 학생은 의사소통에 있어서 질적인 손상을 보인다. 이들은 들은 그대로 다른 사람이 한 말을 똑같이 반복하는 반향어(echolalia)를 보이거나 질적으로 다른 특이한 언어를 사용하기도 한다. 이들은 억양이 독특하고 단조로워 기계적이고 로봇이 말하는 것과 유사하다는 인상을 준다.

자폐성장애 학생의 약 절반은 말을 하지 않고 종종 단순한 말소리나 특이한 소리를 낸다. 또한 말을 잘하는 자폐아들도 말의 억양이나 속도, 크기, 내용에 있어서 비정상성을 보이며, 로봇과 같이 말하거나 들은 말을 반복하는 반향어를 하기 때문에 의사소통이 잘 되지 않는다. 자폐아들은 다른 사람의 눈이나 얼굴표정을 보고 상대방의 감정이나 의도를 이해하지 못하고 얼굴표정에 자신의 감정을 실어서 전달하는 능력에 어려움을 갖는다. 많은 사람들이 자폐성장애 학생은 상호작용할 때 상대방과 눈 맞춤을 잘하지 못한다는 것을 이야기하며 특히 사회적 상호작용을 위해서 언어를 사용하는 데 문제를 보인다. 이것은 자신은 말을 할 수 있는 반면에 상대방의 반응에 대해서는 전혀 관심을 보이지 않기 때문에 언어를 사회적 상호작용을 위한 도구로 사용하지 못하기 때문이다.

구어의 발달과 이해는 장애 정도에 따라 스펙트럼이 다양하다. 언어발달이 지체되거나 전혀 나타나지 않는 정도에서 현학적 대화를 즐기는 정도까지 있으며, 구어 이해의 경우 대부분은 언어정보를 구체적이거나 글자 그대로 받아들여서 관용어구나 속담, 비유, 농담 등을 이해하지 못한다. 또한 언어의 사회적 의미를 이해하지 못하며, 타인의 의도나 동기를 파악하는 것을 어려워한다. 상대방의 관점을 이해하기 어려우며, 말을 잘하는 경우에도 맥락과 상관없이 자신의 관심사에 대해서만 일방적으로 이야기하는 등 상호교류적인 원활한 의사소통은 어렵다. 이들은 타인과 함께 대화를 나눈다기보다는 타인에 대고 말한다고 묘사되곤 한다.

비언어적 의사소통에서도 손상을 보인다. 고개 끄덕임, 몸짓이나 표정 등 구어를 대체할 수 있는 의사소통을 사용하지 않는다. 사회적 상황에서 사람들의 감정, 의도, 입장이나 얼굴표정을 파악하기 어렵고, 대화의 복잡한 비언어적 특성을 이해하기 힘들다.

자폐성장애 학생에게서는 근본적으로 사회성 결여와 관련되어 의사소통 문제가 나타나며, 언어의 형식적인 측면(구문론, 형태론)에 비해 사회적 맥락과 관련된 언어의 화용론에서 문제가 두드러진다. 상대방, 상황, 맥락에 맞게 말을 시작하고 적절한 언어를 선택하는 것이 어렵다.

(5) 행동적 특성

자폐성장애 학생은 타인과 관계 맺고 관심을 나누기보다는 혼자서 자신의 손을 눈앞에서 퍼덕거리거나 몸을 앞뒤로 흔들기, 장난감 블록을 일렬로 줄 세우기 등의 신체 및 특성, 사물을 가지고 반복된 행동을 보이는 놀이를 한다. 이러한 행동을 자기자극행동이라 하는데 여러 사물 및 행동을 통해 반복적인 행동을 하는 상동적 행동, 비기능적 사물이나 사물의 일부에 몰두하거나, 특정 물체에 관심과 흥미를 집중하는 편집적인 흥미 패턴, 극단적 고집성이나 동일성의 고집 중 네 가지 범주로 나뉜다(정대영, 2011).

표 3-20 제한적이고 반복적인 행동·관심·활동의 구체적인 예

행동	구체적인 행동 사례
상동적이고 반복적인 행동	• 손가락을 눈 앞에 대고 꿈틀거리거나 흔들기 • 양팔을 비행기 날개처럼 펼치고 펄럭이기 • 장시간 제자리에서 빙빙 돌기 • 몸을 앞뒤로 흔들기 • 발 뒤꿈치를 들고 걷거나 뒤기 • 물건을 일렬로 정렬하거나 손가락으로 두드리기 또는 돌리기 • 반향어 사용하기 • 특이한 문구 반복적으로 사용하기
동일성에 대한 융통성 없는 집착	• 특정 활동을 정해진 순서에 따라 수행함(예: 교실에 들어가 자리에 앉기까지 정해진 순서를 반드시 따름) • 일과에 융통성 없이 집착하고 사소한 변화(예: 늘 다니던 길이 아닌 길로 갈 때)에도 쉽게 불안해하고 거부함 • 변화(예: 유치원의 실내 환경 변화) 또는 전이(예: 활동 간 이동)에 지나치게 예민하게 반응하고 어려워함 • 매일 같은 음식만 먹으려고 함 • 매일 같은 옷만 입으려고 하며 입고 벗는 순서가 늘 같아야 함 • 의례적으로 말하거나(예: 의례적인 인사) 사고방식이 완고함

제한되고 고정된 관심	• 특정 사물에 대한 강한 애착 또는 집착을 보임 • 특정 주제에만 지나친 관심을 보이고 다른 주제에는 관심을 보이지 않음 • 과도하고 국한된 관심으로 활동 종료가 어렵고 다른 활동(예: 식사, 화장실 가기, 수면)에 방해가 됨 • 특정 관심 주제에 대한 방대한 지식이나 비상한 암기력을 보임
비전형적인 감각 반응 및 관심	• 특정 감각 영역에서 지나치게 예민하거나 둔감한 반응을 보임 • 통증이나 온도에 무관심해 보일 정도로 반응을 보이지 않음 • 특정 소리나 감촉을 거부하거나 부정적인 반응을 보임 • 과도하게 냄새를 맡거나 물건을 만짐 • 빛이나 움직임에 대해 시각적으로 매료됨 • 자세나 머리, 몸통, 팔다리 등의 움직임이 전형적이지 않음 • 걸음걸이가 독특함

출처: 이지연, 한수진(2019). 특수아 상담. 경기: 양서원.

(6) 감각특성

자폐성장애 학생들은 특정 감각에 대해서 극도로 예민하거나 둔감한 반응을 보인다. 예를 들어 청각 자극에 예민한 경우 아기 우는 소리를 견디지 못하거나 집안에서 청소기 및 믹서 등의 모터를 이용한 가전제품을 사용할 수 없도록 거부하여 귀를 막는 등의 행동을 보이는 반면, 청각적으로 둔감한 경우 옆에서 아주 큰 소리가 나도 반응하지 않는다. 이렇게 자폐성장애 학생들은 시각, 청각, 촉각 및 후각 등에서 예민한 반응을 보이거나 둔감한 반응을 보인다. 일반적으로 자폐성장애 학생의 감각의 예민성과 둔감성은 개인마다 차이가 있으나 감각수용이 일반인과 다른 양상을 보이는 것은 공통적인 특성이다.

많은 자폐성장애 학생들이 감각 자극에 비전형적인 방식으로 반응한다. 이것은 감각 자극에 대한 과잉반응과 과소반응의 형태로 나타난다. 과잉반응은 고통 역치나 촉각에 대하여 과도한 민감성을 보이는 행동 등이다. 예를 들어 소리나 빛에 대하여 지나치게 민감한 반응을 보이거나 특정 소리를 참지 못하며, 타인이 몸을 대는 것이나 어떤 옷감에 대한 감촉을 싫어할 수 있으며, 특정 냄새나 맛이 나는 음식물을 거부할 수도 있다.

과소반응적인 학생은 대부분의 사람들이 반응하는 감각 자극에 대해 둔감하다. 예를 들어 고통에 대하여 무감각한 반응을 보인다거나 온종일 빙글빙글 돌아도 어지러움을 느끼지 않고 자기자극을 줄이기 위하여 자기 피부에 단단한 물체로 문지르기나 밀어넣는 행동을 하기도 한다. 많은 자폐성장애 학생들이 어떤 자극에는 과잉반응을 어떤 자극에는 과소반응을 나타내기도 한다(송미경 외, 2009).

특정 감각자극에 대해 과잉반응이나 과소반응을 보이는 것과 같이 감각 경험에 대한 비정상적 반응을 보인다. 대부분의 사람이 반응하는 감각자극에 대해 둔하거나 기계음, 세탁기 소리, 비행기 소리, 천둥 소리 등 특정한 일상적 소리를 견디지 못하여 귀를 막거나 빛, 소리, 회전물체, 촉감에 사로잡혀 있기도 하다.

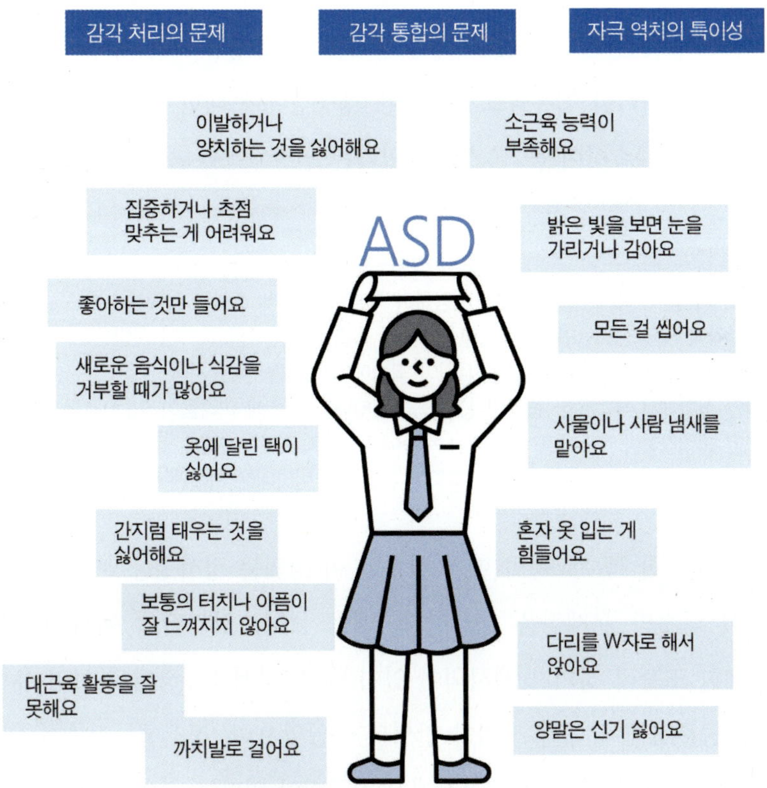

그림 3-10 자폐성장애 조기 징후

출처: 함께 웃는 재단

8. 정서행동장애

1) 정서행동장애의 정의

정서행동장애의 정의는 다소 다양하게 제시되고 있는데 이는 정서행동장애를 정의하기가 쉽지 않다는 것을 의미하기도 한다. 정서행동장애를 정의하고자 하는 목적이 다를 수 있는데 이러한 목적에 따라 정의가 달라질 수 있다(Kauffman & Landrum, 2009). 즉, 국가가 특수교육대상자 선정이라는 행정적 목적을 가지고 특수교육 관련법에 명시한 법적 정의, 정신건강전문가들이 정신장애 진단이라는 임상적 목적을 가지고 진단체계에 명시한 임상적 정의, 교육전문가들이 정서행동장애의 중재와 예방이라는 교육적 목적을 가지고 비공식적으로 사용하고 있는 교육적 정의는 그 내용이 다를 수 있다. 여러 가지로 설명될 수 있으며 이러한 이유들로 인해 정서행동장애에 대한 객관적이고 절대 확실한(fail-safe) 정의를 내리는 것이 불가능할 수 있다는 입장(Rosenberg, Wilson, Maheady, & Sindelar, 2004)도 있다.

장기간에 걸쳐 다음 각 목의 어느 하나에 해당하여 특별한 교육적 조치가 필요한 사람 가. 지적 · 감각적 · 건강상의 이유로 설명할 수 없는 학습상의 어려움을 지닌 사람 나. 또래나 교사와의 대인관계에 어려움이 있어 학습에 어려움을 겪는 사람 다. 일반적인 상황에서 부적절한 행동이나 감정을 나타내어 학습에 어려움이 있는 사람 라. 전반적인 불행감이나 우울증을 나타내어 학습에 어려움이 있는 사람 마. 학교나 개인 문제에 관련된 신체적인 통증이나 공포를 나타내어 학습에 어려움이 있는 사람

「장애인 등에 대한 특수교육법」에서 사용된 이 정의는 정서행동장애 정의에 대해 관련전문가들이 다수의 문제점을 제시한다. 예를 들어, '장기간에 걸쳐'라는 지속기간(duration)에 대한 조작적 정의가 제시되어 있지 않고, 정서행동장애의 여러 유형이 동시에 나타나는 공존장애에 대한 고려가 반영되지 않았으며, 정서행동장애를 내재화장애와 외현화장애로 분류했을 때 내재화장애에 편중되어 있다는 점이다. 첫째, 정도(severity)에 대한 언급이 없다. 이에 비해 「장애인교육법(IDEA 2004)」의 정의에서는 '현저한 정도로(to a marked degree)'라는 정도(severity)의 제한 준거 차이가 있다.

둘째, 항목 '나'부터 항목 '마'까지 마지막 부분에 '학습에 어려움을 겪는 사람' 또는 '학습에 어려움이 있는 사람'이라는 문구가 추가되었다. 「장애인교육법(IDEA 2004)」의 정의에서는 '교육적 수행에 부정적인 영향을 미치는(adversely affects educational performance)'이라는 교육적 영향(educational impact)의 제한준거가 있으나 이 준거에 대한 조작적 정의가 제시되지 않아 교육적 수행(educational performance)이 학업성취(academic achievement)에 국한된 개념인지 아닌지 명확하지 않았다. 이에 반해 전국정신건강 및 특수교육연합(NMHSEC)은 '교육적 수행'이라는 개념을 학업성취(academic achievement)에만 국한된 개념이 아닌 사회성기술(social skills), 직업기술(vocational skills), 또는 개인기술(personal skills)이 포함되는 포괄적인 개념으로 제시하였다. 즉, 학업은 교육적 수행의 일부분이며 따라서 학업에는 부정적인 영향을 미치지 않더라도 사회성기술, 직업기술, 또는 개인기술에 부정적인 영향을 미치게 되면 정서행동장애에 해당된다는 것이다. 그러나 「장애인 등에 대한 특수교육법」의 정의는 항목 '나'부터 항목 '마'까지 마지막 부분에 '학습에 어려움을 겪는 사람' 또는 '학습에 어려움이 있는 사람'이라는 문구를 추가함으로써 교육적 수행을 학업성취로 국한하였다고 볼 수 있다(이승희, 2008). 이는 아무리 심한 정서행동문제를 가졌다 하더라도 학업에 문제가 없는 한 정서행동장애를 가진 특수교육대상자로 선정될 수 없다는 것을 의미한다.

셋째, 조현병이 포함되어 있지 않다. 이에 비해 「장애인교육법(IDEA 2004)」의 정의뿐만 아니라 전국정신건강 및 특수교육연합(NMHSEC)의 정의는 조현병을 포함하고 있다. 물론 성인기 출현율보다는 낮지만 아동기 또는 청소년기에 조현병이 나타나고 있으므로(Wicks-Nelson & Israel, 2009) 이러한 경우 적절한 지원과 치료를 받을 수 있어야 할 것으로 보인다. 그러나 「장애인 등에 대한 특수교육법」의 정의는 이러한 경우를 배제하고 있다(이승희, 2008).

넷째, 사회적 부적응에 대한 언급이 없다. 이는 사회적 부적응(social maladjustment)을 포함시키지 않았다는 「장애인교육법(IDEA 2004)」의 정의에 있어서의 문제점이 「장애인 등에 대한 특수교육법」 정의의 항목들에서도 내재화장애에 편중되어 있어 품행장애와 같은 외현화장애가 배제되는 문제점을 여전히 안고 있다.

대다수의 정의들 사이에는 공통된 특징도 찾아볼 수 있다. 다만, 어떤 학생의 행동이 정서행동장애라는 명칭을 붙이기에 부합되기 위해서는 그들의 행동에 다음과 같은 몇 가지 특징이 있어야 한다는 점에서는 의견의 일치를 보이고 있다(김종현, 2015).

첫째, 규준적 또는 평균적 행동과 심한 편차가 있다.

둘째, 잠시 나타났다가 사라지지 않고 만성적으로 반복된다.

셋째, 사회적·문화적으로 용납될 수 없다.

넷째, 학생의 자아존중감, 대인관계 및 학업성취에 부정적인 영향이 있다.

다섯째, 특수한 교육적 중재가 필요하다.

정서행동문제는 일상생활에서 사회적 기대나 규범에서 벗어나는 행동이나 감정으로 자신이나 타인을 괴롭히는 부적절한 정서와 부적응 행동이라고 정의할 수 있다.

2) 정서행동장애 원인

Kauffman과 Landrum(2009)은 위험요인을 네 개의 범주(생물학적 요인, 가족요인, 학교요인, 문화적 요인)로 분류하고 있으나 세 개의 범주(가족요인, 학교요인, 문화적 요인)는 위험요인을 크게 두 가지 범주로 분류하는 다른 문헌에서 심리사회적 요인(Culinan, 2007), 환경적 요

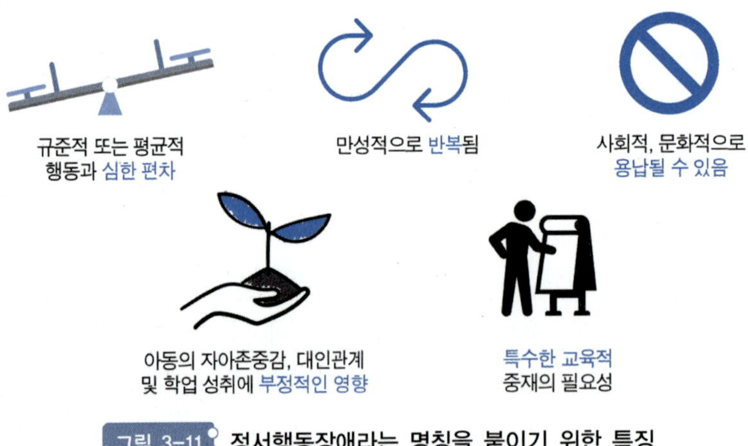

그림 3-11 정서행동장애라는 명칭을 붙이기 위한 특징

인(Zionts et al., 2002), 또는 외적 요인(Yell et al, 2009)으로 묶여 있다. 따라서 정서행동장애의 위험요인을 크게 두 가지 범주로 분류하는 문헌들 간에도 범주의 유형에 차이가 있다. 현재까지 정서 · 행동장애의 원인에 대해 수행된 연구 결과를 종합하면, 생물학적 요인과 환경적 요인으로 구별할 수 있다.

(1) 생물학적 요인

행동에 대해 설명하는 심리학적 모형은 모든 행동 변인을 설명하지 못한다. 그러나 의학, 유전학 및 생리학 등의 발달로 정서행동장애의 원인을 설명할 수 있다. 유전적 요인은 장애행동에 대한 유전적 성향을 유발시키는 유전적 · 생물학적 특성을 말한다. 연구결과를 종합해 보면, 유전인자는 범죄행동이나 과잉행동 등과 상당한 관련성이 있다. 특정 행동이 유전적으로 전해진다는 증거는 거의 없지만, 일부 유형의 유전적 요인이 아동 및 청소년기 정신장애나 기타 장애에 영향을 미친다는 증거는 많이 있다. 그러나 행동 특성은 반드시 유전인자에 의해서만 영향을 받는 것은 아니다. 어떤 유형의 행동에 대한 유전적 경향성은 환경적 조건에 의해 강화되거나 약화되기도 한다.

유순한(easy) 기질의 학생은 새로운 자극에 대해 규칙적이고 적절하고 긍정적인 반응을 보이는 특성이 있으며, 반응에 대해 경미하거나 보통의 긴장을 나타내고, 긍정적인 분위기를 가지고 있다. 까다로운(difficult) 기질을 가진 학생은 다루기 힘든 행동을 하는 경향이 더 많이 나타난다. 까다로운 기질의 학생은 생물학적인 기능이 불규칙적이고, 새로운 자극에 대해 부정적인 반응을 보이며 환경 변화에 느리게 적응하고, 부정적인 기분을 자주 보이며, 거의 긴장된 반응을 보인다(Keogh, 2003). 사회적 환경과 학생의 행동방식이 잘 맞지 않으면 까다로운 기질을 악화시킬 수 있다. 그러나 이러한 위험성은 부모와 교사들이 아동의 행동을 조절하는 방식에 의해 더 높아질 수도 있고, 더 낮아질 수도 있다(Henderson & Fox, 1998).

(2) 환경적 요인

정서행동장애와 관련된 환경적 요인은 경제적 문제, 영양실조, 학대, 가족 간의 갈등, 학교생활의 어려움 등이다. 이러한 요인이 반드시 아동의 정서행동장애와 관련된다고 할 수는 없지만, 이들 요인이 발생되면 정서행동장애를 나타낼 위험성이 높아진다.

정서행동장애에 관련된 환경적 요인으로는 가족 요인과 학교 요인을 포함한 문화적 요인 등을 들 수 있다. 가족 요인이란 흔히 양육 형태나 일관성 문제, 가족 내 폭력이나 범죄 경력, 부모나 형제자매들이 서로 감정을 처리하는 방법 등이다. 학생이 어린 시절에 부모 및 가족 구성원과 맺는 관계는 그들의 행동학습 방식에 대단히 중요한 영향을 미친다. 부모의 양육 형태와 행동 문제 간의 관계성을 밝힌 많은 연구 결과에 의해 학생의 문제행동이 부모의 책임으로 치부될 수도 있지만, 사실 부모와 아동 간의 관계는 역동적이고 상보적이다.

문화적 요인이란 일탈행동의 수용 수준, 미디어에 나타난 폭력물의 수준 등이다. 특히, 학령기 아동의 경우는 학교 내에서 나타내는 행동이 정해진 기준과 맞지 않을 경우 일탈행동으로 간주되기도 한다. 대부분의 정서행동장애는 취학한 이후에야 발견되므로 학교 요인이 실질적으로 정서행동장애의 발생에 어떤 영향을 미치는지에 대해 의문을 가져 볼 필요도 있다(김윤옥 외, 2005).

아직 학생기에서는 나타나지 않지만, 또래 집단은 정서행동장애에 영향을 미친다. 불량집단 참여, 약물과 알코올중독 그리고 이탈된 성행동은 지역사회에서 반사회적 생활양식을 나타내고 유지하는 기여요인들이다(Biglan, 1995).

대중매체는 인쇄물, 라디오, TV, 영화, 인터넷상의 전자적 정보 등을 포함한다. 대중매체가 학생들의 행동에 미치는 영향에 대한 사회적 관심은 책과 잡지가 널리 유통되면서 시작되었다(Donelson, 1987). Huesmann 등(2003)의 연구에 따르면 TV을 통해 폭력을 자주 접하고 자란 아이가 성인이 되면 대인관계에 있어서 폭력적인 성향을 보일 위험성이 대단히 높다는 주장을 제시하였다.

표 3-21 정서행동장애 발생 관련 요인

구분		요소
생물학적 요인		• 유전적 질병 • 타고난 성격 • 선천적 장애 • 타고난 기질 및 건강 상태
환경적 요인	가족 관련 요인	• 부모의 정신병적 요소 • 양육 형태 • 가족관계 요소
	사회문화적 요인	• 문화적 요소 • 물리적 환경 • 사회경제적 요소 • 사회적 지지 요소
	학교 요인	• 아동의 기능 수준 • 교사의 태도 • 또래의 태도

출처: 김윤옥 외(2005). 특수아동 교육의 실제. 경기: 교육과학사.

3) 정서행동장애의 특성

정서행동장애 학생은 일반적으로 싸우기, 때리기 등의 공격적 행동과 무례함, 불복종, 적대감, 거짓말 등의 특성을 나타내고, 주의집중 능력이 제한적이며, 두려움, 수줍음, 긴장, 좌절, 수동성 등의 특성을 보이기도 한다. 그러나 이 모든 특성은 정서행동장애를 가지지 않은 학생에게서도 발견될 수 있다. 단지 정서행동장애 학생은 이 특성의 강도나 지속시간이 훨씬 강하고 오랜 기간 동안 지속적으로 나타난다는 차이점이 있다. 정서행동장애 학생의 지능과 적응행동 그리고 학업 특성에 대해 살펴보면 다음과 같다(강대옥 외, 2016).

(1) 지능 특성

지능은 정서행동장애를 진단하는 데 필수 요건이 아니다. 즉, 정서행동장애 학생은 지능이 높을 수도 있고 낮을 수도 있다. 정서행동장애 학생의 지능에 대한 연구는 과거로부터 지속적으로 이루어져 왔는데, 결과는 다소 차이가 있다. 과거에는 이들의 지능이 평균 수준 이상이라고 알려졌으나, 이후로 계속된 연구에서는 정서행동장애 학생의 지능이 비장애학생에 비하여 다소 떨어지는 것으로 보고하고 있다. 또한 증상이 심한 정서행동장애 학생의 경우에는 지적 기능이 지적장애 학생의 수준에 이른다고 밝혀졌는데, 이와 관련하여 Kauffman과 Landrum(2009)은 지능이 정서행동장애 학생의 학업성취 및 사회적응 능력을 가장 잘 예언해 줄 수 있는 변인이라고 하면서 지능 관련 연구 결과들을 토대로 하여 정서행동장애 학생의 가상적 지능 분포를 제시하였는데, 이들의 지능은 비장애학생에 비해 약 5~10 정도가 낮은 것으로 보고하였다.

(2) 적응행동 특성

정서행동장애 학생은 학교생활을 성공적으로 하기 위해서 필요한 주의해서 듣기, 지시 따르기, 도움 청하기, 무관심 자극 무시하기 등에 어려움을 겪고, 자신을 소개하기, 사과하기, 대화 나누기 등의 능력이 부족하다. 또한 분노나 좌절과 같은 극한 감정을 유발하는 상황에 적절히 대처하지 못한다. 이와 같은 무능력은 교실 내에서 교사나 친구들과의 관계에 부정적 영향을 끼치게 되고 나아가 자아개념 손상이나 주변인들로부터의 고립 현상을 가져와 문제가 악순환된다. 이러한 문제를 유발하는 요인은 정서행동장애 학생이 기본적인 사회기술을 갖추고 있지 못하다는 점과 과다행동, 산만성, 충동성 등의 행동 특성을 갖기 때문인 것으로 알려져 있다. 특히 주의력결핍 과잉행동장애 학생의 경우에는 과다행동과 산만성 그리고 충동성을 동시에 가지므로 다른 사람들로부터 긍정적인 반응을 얻기가 상당히 어렵다.

(3) 학업 특성

정서행동장애 학생의 일반적인 특성 때문에 그들의 학업성취는 낮으며, 정상적인 지능을 가진 학생이라고 하더라도 주변 환경과의 부정적인 상호작용으로 인하여 자신의 잠재능력이 학업성취에 완전히 반영되지 못한다고 볼 수 있다. 이처럼 자신의 잠재력과 성취도 간에 심한 불균형을 가지는 학생이 많기 때문에 많은 정서행동장애 학생은 학습장애를 동반하는 것으로 보고되고 있다. 이와 관련하여 정서행동장애 학생은 특히 읽기와 산수 학습에 있어서 또래에 비해 의미 있는 정도로 지체되어 있다고 알려져 있다(김이영 외, 2015).

표 3-22 외현화 행동과 내재화 행동의 예

외현화 행동문제	내재화 행동문제
• 사물이나 사람을 향한 공격적 양상을 반복적으로 보인다. • 과도하게 언쟁한다. • 신체적이거나 언어적인 방법으로 다른 사람의 복종을 강요한다. • 합리적인 요청을 응하지 않는다. • 지속적인 역정내기(tantrum)의 양상을 보인다. • 지속적인 거짓말 또는 도벽의 양상을 보인다. • 자기조절력 결핍 및 과도한 행동을 자주 보인다. • 타인이나 교사와의 만족할 만한 인간관계를 개발하고 유지하지 못하거나 물리적 환경의 파괴 동의 특정 행동을 보인다.	• 슬픈 감정, 우울함, 자기비하 감정을 보인다. • 환청이나 환각을 경험한다. • 공포나 불안의 결과로 심각한 두통이나 기타 신체적인 문제(복통, 메스꺼움, 구토)를 보인다. • 자살 생각을 이야기하고 죽음에 대하여 몰두한다. • 특정 생각이나 의견 혹은 상황에서 벗어나지 못한다. • 반복적이고 쓸모 없는 행동에서 벗어나지 못한다. • 이전에 흥미를 보였던 활동에 대한 관심이 줄어든다. • 과도하게 놀림 당하거나 또래들에 의하여 기피된다. • 활동 수준이 심각하게 제한된다. • 신체적, 정서적 또는 성적 학대의 증후를 보인다. • 만족할 만한 개인적인 관계 형성 및 유지에 방해가 될 정도의 위축, 사회적 상호작용 회피 또는 개인적인 돌봄의 결여와 같은 기타 특정 행동을 보인다.

출처: 윤점룡 외(2017). 정서 및 행동장애아의 교육. 서울: 학지사.

표 3-23 정서 · 행동장애 아동들의 행동 사례

공격행동	불안-위축	미숙	사회화된 공격
• 싸우기, 때리기, 폭행 • 분열적 행동 • 무례함 • 건방짐 • 비협조적, 부정적 행동 • 다동성 • 주의산만 • 주의집중 시간이 짧음 • 다른 이동에 비해 과제지향적이지 못함	• 근심, 두려움, 수줍음 • 겁먹기, 긴장, 위축 • 우울, 슬픔 • 남의 앞에 나서기 꺼림 • 과잉행동적 • 자주 소리 지름 • 대인관계 및 학업성취에 영향을 주는 자존감 열등	• 서투름 • 쉽게 좌절됨 • 주도성 부족 • 수동적 • 지저분함 • 주의집중 시간이 짧음 • 사회적 부적절성	• 폭행 • 비행 • 집단 파괴적 행동 • 파괴적 • 불복종, 적대적 • 무단결석 • 거짓말하기 • 물건 남용 • 언어적 학대

출처: 김이영 외(2015). 특수교육학개론. 경기: 양서원.

9. 학습장애

1) 학습장애의 정의

학습장애란 용어는 1963년 미국 일리노이대학교 교수였던 Samuel Kirk 박사가 처음 사용하였다. 이전까지 학습장애를 지칭하기 위해 '뇌손상'이나 '미세 뇌 기능 이상(minimal brain dysfunction)'이라는 용어를 사용하였으나(Kavale & Forness, 1995), 이들 용어가 내포하고 있는 부정적 의미 때문에 많은 사람이 이들 용어를 사용하는 것을 반대하였다.

1960년대 초반에 처음으로 제안된 학습장애라는 용어는 비교적 정상적인 지적 기능을 가지고 있으나 학습상의 문제를 지닌 아동들을 지칭하는 용어로 사용되어 왔다. 그러나 학습장애란 용어가 사용되기 시작한 이래로 지금까지도 정의에 대한 논의가 지속되고 있으며, 아직까지도 장애를 정의함에 있어서 완전한 일치를 보지 못하고 있다. 대부분의 교육 현장에서는 학습장애아를 판별하기 위해서 ① 아동의 지적 능력과 학업 성취간의 심한 불일치, ② 아동의 어려움이 학습 문제를 일으킬 수 있는 어떤 장애의 직접적인 결과가 아니어야 한다는 제외 기준, ③ 특수교육 서비스 욕구의 세 가지 기준이 충족되는 경우에 초점을 두고 있다(U. S. Department of Education, 2000).

이 세 가지 기준에 대한 설명은 다음과 같다(송미경 외, 2009).

첫째, 학습장애아들은 학업 수행에 있어서 영역 간 불균형한 성취를 보여야 한다. 학습 영역, 특히 듣기, 말하기, 읽기, 쓰기, 산수 등의 영역 중 한 가지 이상에서 어려움이 나타난다. 일반적인 교수법에도 불구하고 특정 기술이나 일련의 기술들을 학습하지 못한다(Lyon, 1995). 이는 아동 개인에게 나타나는 개인 내 차로 설명되는데, 예를 들어 일반적인 5학년 아동이 수학은 6학년 수준의 성취를 보이는 반면, 읽기는 2학년 수준으로 나타나는 경우를 말한다. 또한 지능검사에서 정상 범주의 지적 능력을 보이면서도 실제로 학업성취도는 그보다 훨씬 더 낮게 나타나기 때문에 지니고 있는 잠재력과 실제로 나타나는 성취도 간에 차이를 나타내는 것이다. 이와 같은 학업성취의 불일치는 잠재적인 능력은 있으나 특정 학습 영역에 있어서의 문제를 나타내기 때문에 최근에는 특정학습장애라는 용어를 사용하기도 한다.

둘째, 대부분의 학습장애에 대한 정의들은 아동의 학습 문제가 시각이나 청각, 운동 장애로 기인하거나 환경적인 불이익이나 지적장애, 정서 및 행동장애 등의 기타 장애로 인해 나타나는 학습 문제는 포함하지 않는다. 물론 학습장애가 이들 기타 장애와 함께 나타날 수는 있지만, 아동의 주 장애가 학습장애로 간주되기 위해서는 학습 문제가 1차적으로 학습장애에 의한 것이어야 한다. 그러나 실제로 학습장애를 지닌 아동들은 지각장애, 두뇌손상, 미세뇌기능장애, 난독증, 발달성 실어증과 같은 기타 장애를 함께 동반하는 경우가 있으며, 이러한 경우에 어떤 장애가 주 장애인지를 알기가 어렵다. 그러므로 최근에는 학습장애의 정의에 학습장애와 기타 장애가 공존할 수 있음을 인식하고 이러한 개념을 수용하고자 하는 움직임이 나타나고 있다.

셋째, 학습장애아들은 정상적인 교육에도 불구하고 특정 영역에서 심한 학습 문제를 보이기 때문에 그들의 독특한 욕구를 충족시키기 위해서는 특별히 고안된 수업이 필요하다(이소현, 박은혜, 2011). 이렇게 할 때 충분한 학습 기회가 없었던 많은 학습부진 아동들이 학습장애와 학습부진은 분명하게 서로 다르다(Fuchs et al. 2001). 학습부진 아동들은 자신의 현재 능력에 맞는 교과 수준에서 효과적인 수업을 받게 되면 곧 정상적인 진보를 보이므로 교사들은 이들의 특성을 잘 알고 각각의 필요에 따라 적절하게 대처해야 한다.

학습장애는 1994년 「특수교육진흥법」 개정 법률안에 처음으로 '셈하기, 읽기, 쓰기 등 특정 분야에서 학습상 장애를 지니는 자'로 명시되어 지금에 이르고 있다. 초기의 단순한 정의에서 벗어나 2007년 제정된 「장애인 등에 대한 특수교육법」에서 특수교육대상자로서의 학습장애는 다음과 같이 정의된다.

> 개인의 내적 요인으로 인하여 듣기, 말하기, 주의집중, 지각, 기억, 문제 해결 등의 학습기능이나 읽기, 쓰기, 수학 등 학업성취 영역에서 현저하게 어려움이 있는 사람

학습장애는 신체적 또는 신경학적 장애, 발달장애의 특징이 없는데도 불구하고 읽기나 쓰기, 산술 등의 특정 학업 기술에 부적합한 발달이 있는 경우를 말한다. 즉, 정상적인 지능과 신체 상태를 가지고 있으면서도 공부, 언어, 운동 등에 장애가 있을 때 학습장애로 진단을 받게 된다.

학습장애는 선진국의 경우 특수교육대상자로 판별되는 아동들의 약 절반을 차지할 정도로 발생률이 높은 장애 영역임에도 불구하고 우리나라의 특수교육 영역 중에서는 비교적 최근에 인식되고 분류되기 시작한 영역이다.

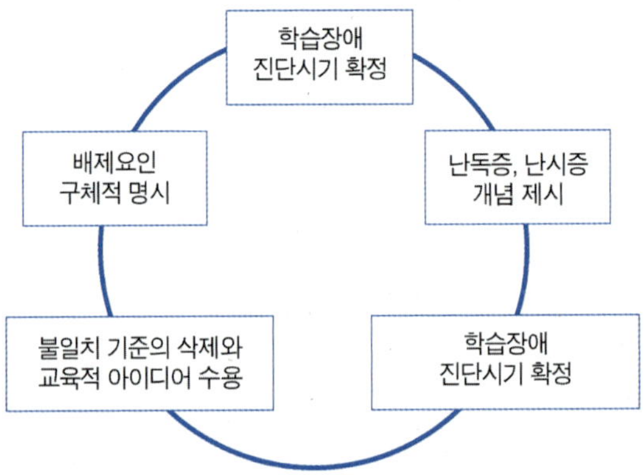

그림 3-12 DSM-5에서 제시한 학습장애 정의의 특징

2) 학습장애의 원인

학습장애의 원인에 대한 연구가 지속적으로 이루어지고 있음에도 불구하고 여전히 합의된 결론은 제시하지 못하고 있다. 현재까지 연구를 통해 밝혀진 학습장애의 주된 원인은 신경학적 기능장애로, 신경학적 기능장애를 일으키는 원인으로는 신경학적, 유전적 · 의학적 · 환경적 요인 등이 있다.

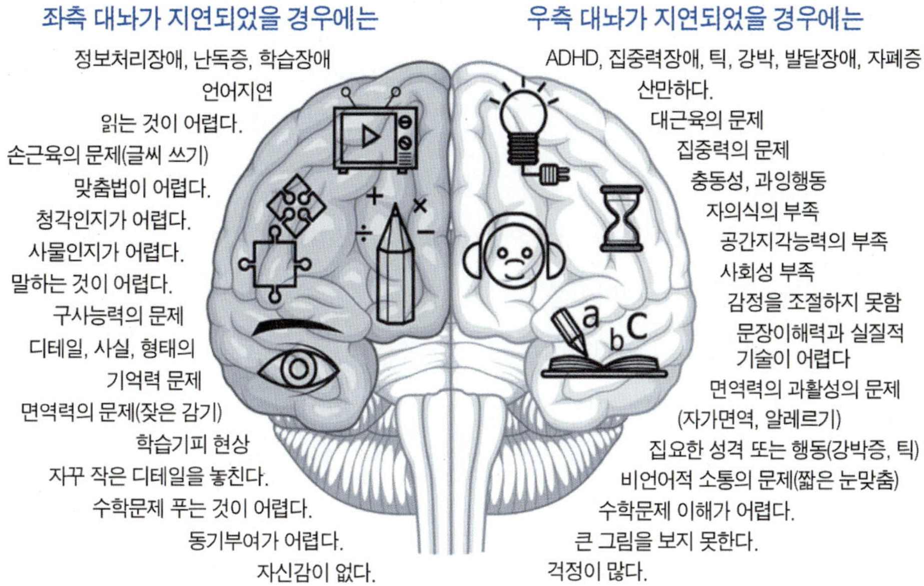

그림 3-13 좌우 뇌의 기능

출처: 밸런스 브레인

(1) 신경학적 요인

오랫동안 많은 전문가들이 학습장애의 주요 원인으로 신경학적 요인을 의심해 왔다. 그러나 이러한 연구들에 의해서 입증된 신경학적 원인이 모든 학습장애 학생들에게 적용되는 것은 아니며, 뇌의 신경망이 아동의 경험이나 학습에 어떻게 영향을 주고받는지는 아직 알지 못한다. 더군다나 신경생물학적 요인들이 학습장애와 관련되어 학습문제를 일으키는 것인지 아니면 환경 결핍의 산물인지, 또 이들이 복합적으로 작용하는 것인지도 알 수 없다. 그러므로 교사나 상담가들은 학습장애와 뇌손상의 관계만을 강조함으로써 교수 변인의 분석이나 변화를 소홀히 하지 말고 아동에게 맞는 교수방법으로 접근하는 것이 바람직하다.

컴퓨터화된 신경학적 측정방법을 이용한 연구결과들은 연구마다 조금의 차이가 있기는 하지만 다음과 같은 공통적인 현상을 보고하였다(박원희 외, 2009).

첫째, 읽기과제 수행 시 읽기장애를 가진 사람은 베르니케 영역(Wernike's area)과 각 회를 포함한 측두－두정엽 영역이 제대로 활성화되지 않은 반면, 일반인은 이 영역이 잘 활성화되는 것으로 나타났다. 베르니케 영역과 각 회를 포함한 측두－두정엽 영역은 낱자－소리 대응관계를 포함하여 음운 처리에 중요한 역할을 하는 영역이다.

둘째, 읽기과제 수행 시 읽기장애를 가진 사람은 후두－측두엽이 제대로 활성화되지 않은 것으로 나타났다. 후두－측두엽은 음운정보와 문자의 시각정보를 통합하고 글자의 빠른 처리를 담당하는 영역이다.

셋째, 읽기 과제 수행 시 읽기장애를 가진 사람은 우반구의 측두－두정엽이 과도하게 활성화되는 것으로 나타났다. 이는 읽기과제 수행 시 활성화되어야 하는 부분이 제대로 활성화된 못하는 것에 대한 보상과정으로 나타나는 것으로 해석할 수 있을 것이다.

(2) 의학적 요인

학습장애를 일으킬 수 있는 의학적 요인으로는 조산, 당뇨, 뇌막염, 심장박동 정지 등이 있다(Hemmeter et al., 2005). 조산은 아동을 신경학적 손상, 학습장애 및 다른 장애의 위험에 처하게 한다. 한 연구에 따르면, 저체중 조산 아동의 19%는 학습장애를 지니고 있었다. 당뇨병은 신경정신성 문제와 학습장애를 일으킬 수 있다. 연구에 따르면, 5세 이전의 조기 당뇨병 발병 아동은 학습장애가 될 가능성이 있다. 뇌막염은 뇌에 대한 다양한 바이러스와 박테리아균에 의한 감염인 뇌막염은 뇌손상을 일으킬 수 있다. 심장박동 정지는 아동에게는 거의 발생하지 않지만, 심장박동 정지는 뇌로 유입되는 산소와 혈액의 손상을 가져올 수 있으며, 이것이 뇌손상을 일으킨다. 심장박동 정지를 겪는 학생은 신경정신학, 성취 및 적응행동 척도에서 다양한 결함을 가진 것으로 나타났다.

(3) 유전적 요인

학습장애를 가진 사람들의 형제나 자녀는 정상보다 읽기 문제를 나타낼 가능성이 다소 높다. 심한 읽기장애의 경우 유전 가능성이 더 큰 것으로 나타나고 있다(Stevenson, 1992). 한 연구에 의하면 읽기 문제를 지닌 아동의 가족들은 정상적인 읽기기술을 보이는 학생들의 가족들보다 읽기기술에 더 큰 어려움을 보이는 것으로 알려졌으며(Decker & DeFires, 1980), 부모가 모두 읽기장애를 지닌 경우 자녀가 읽기장애를 지닐 가능성이 높아지는 것으로 보고되었다(Raskind, 2001). 난독증을 지닌 일부 가계에서도 유전을 설명하는 증거들은 오래전부터 보고되어 왔다(Pennington, 1995).

최근에는 학습장애를 일으키는 특정 유전인자를 정확하게 알아내기 위한 연구들이 진행되고 있다. 특히 학습장애의 유전이 지적되고 있는데(Own, Adams, Forrest, Stoltz, & Fisher, 1971), 일란성 쌍둥이와 이란성 쌍둥이 간의 일치율이 어떻게 차이가 나는지를 알아보는 쌍둥이 연구가 있다. 이 연구에서는 일란성 쌍둥이가 이란성 쌍둥이보다 학습장애 가능성이 더 높은 것으로 나타났다(Thompson & Rackind, 2003). 이는 곧 학습장애의 유전 가능성을 의미한다. 그러나 학습장애의 유전적인 원인을 조사하는 연구에 있어서 유전적인 특성과 환경적인 특성을 분리하는 것은 어려운 일이다. 왜냐하면 부모가 학습장애를 지닌 경우 자녀 양육 과정에서 나타나는 장애의 영향을 배제할 수 없기 때문이다.

(4) 환경적 요인

학습장애의 일차적인 원인을 알아내는 것은 매우 어렵지만 환경적 요인, 특히 아동의 학생이기에 낮은 사회·경제적 지위(SES)와 빈약한 교수는 학습장애와 상관관계가 있는 것으로 보고되고 있다(Blair & Scott, 2002). 예를 들어 부모에게 언어적 자극을 받지 못한 영·학생기 아동들은 어휘 및 언어, 지적 발달에서의 결함을 나타내었다(Hart & Risley, 1995). 즉, 경제적으로 빈곤한 환경, 사회적·정서적·지적으로 빈약한 환경, 부적절한 영양 공급 등의 환경적인 불이익을 경험한 아동들에게는 학습 문제가 나타날 확률이 더 크다. 생후 초기의 심한 영양실조, 나쁜 양육 태도와 출생 후의 건강관리, 십대의 임신, 약물중독 등은 대표적인 환경적 요인에 속한다.

학생이 학습 문제를 일으키는 또 다른 환경 변인은 학생이 받는 교수의 질이다. 다시 말해서, 학생에 따라서는 교사의 부적절한 교수 결과로 학습장애를 나타낼 수도 있다는 것이다. 이것은 부적절한 교수가 학습장애를 일으키는 직접적인 원인이 되는 것은 아니지만, 양질의 적절한 교수가 학업 실패를 예방하고 학습장애가 나타나거나 학습장애로 판별되는 것을 예방할 수도 있음을 의미한다(Fuchs & Fuchs, 2001: Graham, Harris, & Larsen, 2001). 특히 조기에 아동의 특정 학습 문제를 잘 다룰 수만 있다면 학습장애는 예방될 수도 있고 직접적이고도 체계적인 교수를 통하여 학습 문제가 교정될 수도 있다(Gersten, Carnine & Woodward, 1987). 그러므로 학습장애아를 교육함에 있어서 교사들은 학습장애가 지니는 공통적인 다양한 특성을 이해함으로써 장애의 특성을 먼저 이해해야 하며, 또한 이러한 특성들이 모든 학습장애아들에게서 동일하게 나타나는 것이 아니라는 사실을 인식함으로써 학습장애의 특성을 이해함과 동시에 학습장애아들 간의 다양성 또한 반드시 이해해야 한다.

3) 학습장애의 특성

학습장애 학생들은 매우 다양한 특성을 나타내는데 듣기, 추론하기, 기억, 주의, 관련 자극의 선택과 집중, 시청각 정보의 지각 및 처리의 문제와 밀접한 관련이 있다. 이러한 지각 및 인지적 처리 문제가 학습장애 학생들로 하여금 읽기 문제, 쓰기 결함, 수학 성적의 저조, 사회적 기술의 결함, 주의력결핍 및 과잉행동문제 등을 일으키는 이유이다. 그러나 개별 학습장애 학생 모두가 학습장애의 모든 특성을 동일하게 보이는 것은 아니다. 어떤 아동은 여러 가지 특성을 동시에 보이는 반면에, 또 어떤 아동은 한두 가지의

표 3-24 학습부진과 학습장애의 비교

구분	학습부진	학습장애
학업성취 패턴	학업 영역 전반에서 낮은 성취도	어느 하나 혹은 그 이상의 특정 영역에서만 늦은 학업성취도를 보여 영역 간 성취도 차이가 심함
지적 기능	정상 범위의 지능	정상 범위의 지능
요구되는 교육 & 학습향상	일반학급에서 다루어지는 교육내용을 느리고, 쉽게 재구성하여 보충교육을 제공하면 학습이 점차 향상되는 경향이 있음	학습 향상을 쉽게 기대하기 어려움, 개별화교육 프로그램을 작성하는 특수교육을 제공했을 때 학습 향상을 보임
주요 원인	환경적, 경제적 결손	환경적, 문화적 경제적 결손이 원인이 되지 않음 신경학적 이상(예: 좌·우뇌의 대칭성, 뇌량의 크기, 신경세포의 연결 등)

특성만 보이기도 한다(송미경, 최윤희, 2009).

학습장애 학생은 개인 내 차이와 개인 간 차이가 공존하기 때문에 학생마다 행동 유형과 학습장애의 정도가 매우 다양하다. 예를 들면, 어떤 학생은 읽기에 상당한 실력을 보이지만 수학은 심각할 정도로 문제를 나타내고, 어떤 학생은 그 반대의 상태를 보인다. 그리고 다른 사람과의 대화에서 상대방이 사용한 언어의 의미를 명확히 파악하지 못하여 사회적 상호작용 및 관계가 원만하지 못한 학생도 있다. 걸으면서 자기 앞에 무엇이 있는지 보지 않아 물체에 잘 부딪치고, 잘 걸려 넘어지거나 말하고 있는 사람을 보지 않는 경우도 있다. 학습장애아가 보이는 주된 특징을 중심으로 살펴본다(이지연, 한수진, 2017).

(1) 지각 · 운동 협응 문제

학습장애 학생은 주로 안구 협응과 공간관계, 전경과 배경에 대한 지각 차이를 구별할 수 있는 능력 및 유사성을 인지하는 능력인 시지각에 문제가 있기 때문에 과제를 성공적으로 수행하는 데 어려움을 겪는다. 또한 학습장애 학생은 청지각에도 이상이 있어 교실에서 발음과 낱말을 통합하고, 낱말을 분석하고, 발음과 상징을 연합하는 데 있어 곤란을 경험한다. 예를 들어, 시지각 장애를 지닌 아동의 경우 퍼즐 맞추기나 도형을 기억하는 데 문제를 보이며 글자를 거꾸로 읽거나(예: '곰'을 '문'으로 읽음, '6'을 '9'로 읽음), 비슷한 글자를 혼동하기도 한다. 또한 청지각에 문제가 있는 아동은 비슷한 소리를 식별하지 못하거나 언어 지시를 따르는 데 어려움을 보인다. 시각과 청각을 통해 받아들인 정보를 정확하게 재생하거나 묘사하는 데 어려움이 있다.

읽기에 대한 지각 연구들을 조사해 보면, 읽기는 주로 시각적 과제라는 전제하에 청각기능보다 시각기능을 더 중시한다. 그러나 낱말을 필기하는 것이 단지 시각적 과정만은 아니기 때문에 오늘날 읽기가 주로 시각적 과제라는 전제는 바뀌고 있다. 그 예로, 지각 · 운동장애는 자음과 모음의 문자를 식별하지 못하며 왼쪽에서 오른쪽으로 글자 읽기, 모양을 그리고 선 따라 긋기 등이 곤란하다.

또한 지각 · 운동장애가 있는 아동은 감각을 통해 받아들인 정보를 인식하고 재생하는 데 문제가 있다. 이들은 상징 변별이 곤란하여 글을 쓰고 그림을 그릴 때 문자와 모양을 거꾸로 보게 된다. 시각이나 청각상의 지각장애 외에도 운동기술을 필요로 하는 신체적인 활동에 어려움을 보이는 아동들도 있다. 이들은 대근육 및 소근육 운동 기술에 모두 문제를 보일 수 있으므로 뛰기, 공 던지기, 계단 오르내리기 등의 대근육 활동이나 시각과의 협응을 필요로 하는 연필 쥐기, 종이접기, 운동화 끈 매기 등의 소근육 활동에서도 문제를 보인다. 시지각 · 운동장애는 나이가 들어도 계속 영향을 미친다. 아동기의 대근육과 소근육 협응 문제, 판독 곤란 문제, 필기할 때 행간을 띄우는 문제, 읽기장애 등은 여전히 청년기까지 영향을 미친다(김종현 외, 2007).

(2) 기억력 문제

학습장애 학생들은 조직적으로 사고하는 능력이 결핍되어 있는 경우가 종종 있으며, 이로 인해서 자신의 생활을 계획하고 구성하는 데 문제를 보이곤 한다. 이때 조직적으로 사고하는 능력이란 인지능력을 의미하는데, 좀 더 정확하게 말한다면 사고하고, 전략을 사용하고, 문제를 해결하는 능력을 말한다. 학습장애아들은 이와 같은 인지 능력에 문제를 보이기 때문에 기억력에 있어서도 결함을 보인다. 다시 말해서, 학습장애 학생들이 기억에 있어서 빈약한 수행을 보이는 가장 큰 이유 중의 하나가 이들이 암기를 위한 전략을 사용하지 못하기 때문이라고 한다. 관련 연구들을 살펴보면, 학습장애를 지닌 학생들은 그렇지 않은 학생들에 비해서 암기 과제에 훨씬 더 큰 어려움을 보이는데, 이것은 학습장애 학생들은 비장애학생들이 사용하는 암기전략을 잘 사용하지 못하기 때문이다(Hallahan, Kauffman, & Lloyd, 2005). 예를 들어서, 단어들을 암기할 때 단어를 종류별로 모아서 외우거나 같은 어미의 단어를 먼저 외우는 등의 전략을 사용하지 못하기 때문에 암기력이 떨어질 수밖에 없다는 것이다. 이처럼 학습장애 학생들의 사고 기능의 문제는 지적장애 학생들의 경우와 마찬가지로 과제를 효과적으로 수행하기 위해서 필요한 기술이나 전략을 이해하고, 과제를 성공적으로 완수하기 위해서 자기조절 기제를 사용하는 초인지(metacognition)에서의 어려움 때문인 것으로 보인다.

학습장애 학생은 암기 과제에 훨씬 큰 어려움을 보이는데, 이것은 비장애학생이 사용하는 암기전략을 사용하지 않기 때문인 것으로 나타났다(Hallahan et al., 2005). 따라서 이들은 학습된 정보를 유지하며 읽고 들었던 내용을 되풀이하거나 복잡한 지시를 따르고 올바른 순서대로 과제를 이행하는 데 어려움을 갖는다(Smith et al., 2004).

(3) 사회 · 정서적 특성

학습장애 학생은 사회 · 정서적인 면에서도 문제를 보이곤 한다. 학습장애 학생이 보이는 사회 · 정서적 문제들로는 부정적 자아개념, 낮은 좌절 극복의지, 불안, 사회적 위축, 사회적 거부, 과제의 회피, 자기관리 능력의 결함, 수행력 지체 등이 있다. 모든 학습장애 학생이 심각한 사회 · 정서적 문제를 보이는 것은 아니다. 이들 중에는 사회적으로 잘 적응하고 또래에게 인기 있는 학생도 있다. 그러나 학습장애 학생 중에는 또래로부터 거부당하는 경우가 있으며, 이로 인해서 빈약한 자아개념을 형성하고 사회 · 정서적인 문제를 보일 가능성이 큰 것이 사실이다. 학자에 따라 다르기는 하지만 일반적으로 25~75%의 학습장애 학생이 심각한 사회 · 정서적 문제를 보이는 것으로 나타난다(Heward, 2009). 물론 모든 학습장애 학생들이 심각한 사회 · 정서적 문제를 보이는 것은 아니지만, 학습장애 학생의 약 75%가 사회적 기술의 결함을 보인다고 한다(Kavale & Forness, 1995).

학습장애 학생은 낮은 자기 존중감 및 학습된 무력감을 보인다. 이는 자기 존중감은 자기 자신에 대한 정의적 이해 또는 평가로서, 자기 자신에 대한 인지적 이해 또는 평가로 정의되는 자기개념과 유사하게 사용된다. 학습장애 학생의 경우 낮은 자기 존중감이 초기에는 학습, 행동, 성격, 외모 등 전체적인 영역에 걸쳐 나타나다가, 시간이 지남에 따라 학습 영역에 국한하여 부정적 자기개념을 갖는 것으로 보고되고 있다(Bender, 1987a).

학습장애 학생이 갖는 낮은 자기 존중감은 학습 실패가 누적됨에 따라 나타나는 학습된 무력감(learned helplessness)과 밀접한 관계가 있다. 학습장애 학생의 경우 이 같은 실패의 경험이 한 번이 아니라 수차례에 걸쳐 누적되기 때문에 이들이 가지고 있을 학습에 대한 무력감은 우울감이나 불안과 같은 정서적 문제로 발전될 가능성이 존재한다(Alloy & Seligman, 1979).

그러므로 학습장애가 있는 학생의 낮은 자기 존중감과 무력감을 회복시켜 주기 위해 상담을 포함한 교육적 처지가 조기에 제공될 필요가 있다. 이를 위해서는 학습과제를 단순화 · 조직화 · 계열화하여 제공함으로써 차례대로 학습에 대한 성공 경험을 하도록 도와주는 것이 필요하다. 또한 이와 같은 과제 분석적 접근을 통한 성공적 학습 경험의 제공과 함께 이들 아동이 잘할 수 있는 분야(예: 체육, 음악, 미술. 컴퓨터, 사회봉사 등)에서 긍정적 자기개념을 가지게 하는 것이 필요하다. 학습장애 학생이 학업과 관련된 영역이 아닐지라도 '나도 할 수 있다'는 자기 효능감을 느끼도록 도와주는 것을 이들의 '삶의 무력감'을 극복할 수 있도록 한다는 점에서 교육적 의미가 있다(김동일 외, 2016).

학습장애 학생이 실패하였을 경우, 통제 가능한 내적 요인(예: 노력, 시간 계획, 적절한 인지 전략 활용)으로 그 원인을 돌리도록 하는 동시에, 다른 과제를 통해 성공적인 경험을 같이 경험할 수 있도록 조력하는 것이 필요하다. 또한 성공적인 학습결과를 가져왔을 때는 '왜' 성공적인 결과가 있을 수 있었는지를 아동과 함께 이야기해 보는 것이 바람직하다. 학생과의 성공 경험에 관한 대화는 계속되는 학습에 더 많은 개인적 시간과 노력을 투자할 수 있도록 도와주는 과정임과 동시에, 항상 자기 일에 관심을 기울여주는 의미 있는 타인(significant others)이 존재한다는 것을 학생이 느낄 수 있도록 적절한 격려와 관심을 보여주는 과정이 될 수 있기 때문이다.

수동적인 귀인 행동을 극복하기 위해 사용할 수 있는 또 다른 방법으로는 달성 가능한 목표를 설정하도록 하고, 목표를 달성하는 데 노력이 중요함을 체계적으로 경험하게 하는 것이다. 이는 누적된 학습 실패로 인해 학습 과정에서 소외되었던 아동에게 학습의 적극적 주체의 역할을 경험하도록 유도하여 부정적이고 소극적인 학습 태도 및 자기 인식에서 벗어날 수 있도록 도울 수 있어야 한다.

학습장애는 과제불안을 보인다. 불안이란 특정 상황이나 과제에 대한 이상적 심리상태를 가리키는 용어로서, 특정 상황과 연결되어 나타나는 상황 불안과 지속적이고 일반적인 형태로 나타나는 기질 불안으로 대별된다. 학습장애 학생은 기질적으로 불안하다기보다는 특정 과제 수행과 관련된 심리적 불안을 가지고 있다. 특히 시간제한을 가지고 과제를 수행해야 하는 상황이나 다른 학생들과의 경쟁이나 비교가 강조되는 상황에서 더 많은 심리적 불안을 나타낸다. 이들의 학업성취를 향상하기 위해서는 심리적 상담 서비스와 함께 학습활동과 직접 관련이 있는 학습전략과 기법을 동시에 제공할 필요가 있다(김동일 외, 2009).

학습장애는 학교생활 속에서 친구들로부터 가시적이거나 암묵적인 따돌림을 경험한다(Bender, Bailey, Stuck, & Wayne, 1984). 이들이 친구들에게 따돌림을 경험하게 되는 이유로는 가장 먼저 낮은 학업성취를 들 수 있다. 학력이 상대적으로 중시되는 우리 사회에서는 학습능력의 심각한 결손과 이로 인한 누적된 학습실패는 집단으로부터의 심리적·물리적 소외를 초래하는 중요한 원인이 될 수 있다.

학습장애아가 또래집단에서 소외되는 또 다른 이유로는 이들 아동의 부적절한 사회적 기술 또는 행동을 들 수 있다. 적절한 사회적 관계를 형성하기 위해서는 타인의 관점을 이해하고 수용할 수 있는 능력이 필요하다(Selman, 1981). 학습장애아는 친구들과의 대화 시 주체적으로 대화를 지속시키는 데 부족함이 있어 사회적 관계를 형성하는 데 어려움이 있다(Bryan, Donahue, Pearl, & Stum, 1981). 또한 학습장애아는 타인과의 긴밀한 관계 형성에 필요한 타인의 조망 수용과 상호적 대화 기술에 있어서도 어려움을 가지고 있다.

(4) 학업적 특성

학습장애 학생은 초등학교 시절부터 능력과 성취도의 불일치를 보이기 시작하는데, 어떤 영역은 또래와 비슷하지만 특정 영역에서 기대에 맞지 않게 낮은 성취도를 보이기도 한다(Smith et al., 2004). 즉, 읽기, 쓰기, 구어, 셈하기, 추론하기 등의 영역에서 한 가지 혹은 그 이상의 문제를 보인다. 여러 연구에서 학습장애 학생은 누적된 학습 실패를 경험하고 있는 것으로 보고하고 있다(Mercer, 1991). 누적된 학습 실패로 인해 장애학생은 비장애학생에 비해 빈약한 지식기반을 가지게 되며, 이같이 빈약한 지식기반은 계속되는 학습에 부정적인 영향을 미친다. 이러한 악순환의 고리를 체계적으로 끊어 버리기 위해서는 초기 학습 단계에서부터 작은 단위로 나누어 학습의 성공을 경험할 수 있도록 조력하는 것이 필요하다. 이를 위해 개별화된 교육내용과 방법을 적용하는 것이 중요하다.

(5) 주의집중 특성

학습장애 학생의 41~80%는 주의력 문제를 갖고 있는 것으로 추정된다. 또한 부주의, 과잉행동 및 충동성을 주요 특징으로 하는 주의력결핍 과잉행동장애(ADHD)와 학습장애의 공존성은 약 25%에 이르는 것으로 밝혀지고 있다. 이와 같은 주의집중의 결함으로 인해 학습장애 학생은 의식적으로 주의를 집중해야 하고, 이로 인해 과제 수행에 더 많은 어려움을 보이게 된다(한국특수교육연구회, 2009).

주의집중에 문제를 가진 학생은 산만하거나 충동적이며 과잉행동을 보인다. 이러한 학생들은 한 과제에 일정한 시간 동안 집중하지 못하거나, 다른 사람의 말을 듣는 데 실패하며, 쉬지 않고 말하고, 쉽게 방해를 받거나 산만해지며, 학교 내외의 활동을 계획하는 데 조직적이지 못하는 등의 행동특성을 보인다. 학습장애 학생들은 때때로 이와 같은 주의집중 문제를 보이기도 하며 심한 경우는 주의력결핍 과잉행동장애(ADHD)로 진단되기도 한다.

주의집중 행동은 크게 지속적 주의력(duration of attention)과 선택적 주의력(selective attention)으로 나누어 볼 수 있다. 먼저, 지속적 주의력과 관련된 학습장애 아동에 대한 연구는 일관된 결과를 보여주지 않고 있다(Bender, 1987a). 이에 반해, 선택적 주의력과 관련된 연구는 일관되게 학습장애 학생이 비장애학생보다 중요 요인에 대해 선택적으로 주의를 기울이는 능력이 부족하다고 보고하고 있다(Bender, 1992). 이는 학습장애 학생이 정보를 줬을 때 적극적으로 무엇이 중요한지 찾으려고 하지 않기 때문이다.

주의력결핍 과잉행동장애는 심한 정도의 부주의나 과잉행동 그리고 충동성 등의 행동 특성을 보이는 경우로서, 미국정신의학회(APA, 2000)의 『정신장애의 진단 및 통계 편람(DSM-Ⅳ-TR: Diagnostic and Statistical Manual of Mental Disorder-Ⅳ-TR)』에서 제시하고 있는 진단 기준에 따라 진단된다. 비록 다양한 추정치가 제시되고 있기는 하지만 학습장애를 지닌 학생들의 약 10~25%는 주의력결핍 과잉행동장애를 지닌 것으로 보고되고 있다(Forness & Kavale, 2002: Hallahan et al., 2009 재인용). 발달시기별로 학습장애가 보이는 행동특성은 〈표 3-25〉와 같다.

표 3-25 발달시기별로 학습장애가 보이는 행동특성

발달시기	행동특성
유치원	• 발음 문제를 보임, 적절한 단어를 찾아 사용하기 어려워함 • 말의 운율을 만들기 어려워함 • 숫자, 낱글자, 요일, 색깔, 모양 등의 학습이 어려움 • 집중하지 못함 • 또래와 잘 상호작용하지 못함 • 지시나 학습 일과를 따르기 어려워함 • 연필, 크레용, 가위 등을 잘 다루지 못함 • 단추 잠그기, 지퍼 올리기, 타자 치기를 어려워함
초등학교 저학년	• 글자와 소리 관계 학습이 어려움 • 기본적인 단어를 혼동함 • 읽기와 맞춤법에서 동일한 실수를 지속적으로 보임 • 기본적인 수학 개념 학습이 어려움 • 시간 학습이 어려움 • 새로운 기술 학습에 오랜 시간을 필요로 함 • 사실을 잘 기억하지 못함
초등학교 고학년 및 중학교	• 읽기 이해력 및 수학 기술에 어려움을 보임 • 글자의 순서를 어려워함 • 접두사, 접미사, 어근, 및 기타 맞춤법을 어려워함 • 방, 책상, 노트, 숙제, 시간을 잘 관리하지 못함 • 숙제하기를 어려워함 • 글씨 쓰기에 문제를 보임 • 구두로 진행되는 토론을 이해하고 자신의 생각을 소리내어 표현하기 어려워함
고등학교 및 성인	• 동일한 문서 내에서 같은 단어의 맞춤법을 다르게 사용함 • 읽기나 쓰기 과제를 시작하기 어려워함 • 시험에서 주관식 문제를 어려워함 • 암기 기술의 어려움을 보임 • 특정 상황에서의 기술을 다른 상황에 적용하지 못함 • 일의 속도가 느림 • 추상적인 개념을 잘 이해하지 못함 • 내용의 상세한 부분을 잘 이해하지 못함 • 정보를 잘못 읽음

출처: 이소현, 박은혜(2006). 특수아동교육. 서울: 학지사.

김종현(2016)은 학습장애의 특성을 다음과 같이 열거하였다.

- 지능이 괜찮으면서 학업에 실패한다.
- 학령기 아동의 경우 글자를 거꾸로 읽거나, 41을 14로 거꾸로 쓰며, 낱말을 구성하고 있는 문자의 순서를 기억하지 못한다.
- 개 짖는 소리나 바깥에서 나는 발자국 소리는 들으면서 엄마나 선생님이 부르는 소리는 듣지 못한다.
- 사람, 장소, 물건, 주소, 전화번호 등은 기억하지 못하나 TV 광고 내용은 기억한다.
- 숙제를 잊어버리거나, 책을 잘못 두어 찾지 못하며, 날짜 · 연도 · 계절 등을 잘 모른다.
- 걸으면서 자기 앞에 무엇이 있는지를 보지 않아 문에 잘 부딪치고, 발이 걸려 잘 넘어지며, 말하고 있는 사람을 보지 않는다.
- 줄 맞추어 서기를 잘 하지 못하고, 앞줄에 서 있는 아동을 괴롭히며, 자주 킬킬 웃거나 큰 소리로 웃고, 쉬지 않고 재잘거린다.
- 아침을 점심이라고 부르거나, 어제 · 오늘 · 내일 등의 개념을 제대로 사용하지 못한다.
- 사소한 실수도 참지 못하며, 대화 내용에는 관심이 없고, 일순간 행복했다가 곧 눈물을 흘리는 감정의 기복이 심하다.
- 무엇이든 새로운 시도는 주저하며, 변화를 싫어한다.
- "난 못해"라는 말 대신 "난 상관없어", "안 해"라는 말을 자주 써서 친구들에게 못된 애라고 불린다.
- 마음속으로 생각한 것을 그림으로 그릴 수 없으며, 이전에 본 것을 기억하거나 마음속에 그릴 수가 없다.
- 교실에서 다른 아동을 괴롭히지 않고 조용히 있으나 공부는 하지 않는다.
- 문장을 적거나 자기 생각을 표현할 경우 중간쯤부터 시작하거나 갑자기 멈춰버리는 등 말하는 데 두서가 없다.

- 수영은 곧잘 하는데 계단에서는 잘 넘어진다.
- 똑같은 것을 몇 번이나 되풀이해서 묻고, 계속해서 질문을 하지만 응답에는 관심이 없다.
- 일할 때는 성급하며 저돌적으로 하는 것 같으나, 마치고 나서 보면 모두가 잘못되어 있다.
- 더하기, 곱하기는 할 수 있으나 빼기, 나누기는 할 수 없다든지, 머릿속으로 계산은 할 수 있으나 계산한 것을 적을 수는 없다.
- 만나는 모든 사람을 보고 웃고 인사하지만, 이것이 발단이 되어 남의 죄를 뒤집어쓰는 문제 상황을 야기한다.
- 호머의 오디세이를 이해할 수는 있으나, 책 속에 있는 낱말을 읽을 수가 없다.

10. 발달지체

발달지체(developmental delay)는 학생이 정상 연령대 이하의 수준으로 기능하는 발달상의 지연이다. 발달지체는 장기적인 발달장애가 될 수도 있고 혹은 그렇지 않을 수도 있다. 주로 발달지체라는 용어는 영아와 학생을 정의하는 데 종종 사용되며, 학생은 조기중재 서비스의 혜택을 받을 수는 있으나 특별한 장애로 분류되지는 않는다.

학생은 한 가지 이상 대부분의 모든 발달 영역에서 발달지체를 보일 수 있다. 특별한 장애 증상들은 종종 영아들을 대상으로 평가하는 것을 어렵게 만든다. 또한 모든 발달지체가 발달장애의 원인이 되는 것은 아니라고 하더라도, 조기중재 서비스를 통해 발달지체 학생의 장애발달을 미연에 방지할 수도 있다. 대략 전체 미국 인구의 10%에 해당되는 영아, 학생 및 유치원 학생들이 발달지체 학생으로 분류된다(UNICEF, 2005a: U.S. Department of Education, 2000). 조기중재 서비스 대상인 많은 학생들이 서비스를 받지 못하는데, 이러한 이유는 부분적으로 경도 지체를 선별하기 어렵고, 학생의 장애 유형과 심한 정도가 매우 다르기 때문이다.

9세 이하의 학생인 경우, 발달장애는 실질적인 발달지체 혹은 특정의 선천적이거나 후천적인 장애를 말한다. 이러한 사람은 좀 더 일찍 적절한 서비스와 지원을 받지 않는다면 전통적인 장애 범주에 포함되지 않는 발달장애인으로 보일 수 있다(Developmental Disabilities Assistance and Bill of Right Act of 2000(P.L. 106-402)). 대략 미국 시민 천만 명이 발달장애(예: 지적장애, 뇌손상, 자폐, 간질 또는 다운증후군)이다. 또한 전체 미국 학생들의 약 12~16%가 장애를 가지고 있다. 이 책에서는 장애 용어를 지체와 특별한 선천적 및 후천적인 장애 모두를 언급하기 위해 사용한다.

IDEA는 이들을 서비스 대상으로 확대하여 기술한다. 즉, 신체적 혹은 정신적 장애로 진단된 학생이 발달지체가 될 가능성이 있다. 주 정부가 발달지체 위험군 학생에게 서비스를 제공해야 할 의무는 없으나 각 주 정부에 재량권이 주어진다(Ramey, Campbell, & Blair, 1998).

6세나 7세 이전의 지능검사에 의해 결정되는, 일반적으로 지능검사의 극단 점수에 해당하는 학생을 제외하고는 6~7세 이전의 지능검사 결과만으로 미래의 학업적 · 직업적 성취를 예측할 수 없음을 연구 결과는 제시한다. 표준화된 검사에서 매우 낮은 점수를 받은 영아나 학생들은 미래에 발달지체가 될 가능성이 있다. 그러나 IQ검사에서 측정된 요인 외의 것들이 학생의 미래에 영향을 미치므로, 예측 가능한 점수의 타당도에 대한 적절한 검토가 있어야 한다.

학생은 자신이 어떻게 명명되는지 알 수 있다. 이러한 현상을 자기성취예언(self-fufiling prophecy)이라고 부른다. 부모와 전문가는 학생의 잠재능력 가능성을 방해하는 낙인을 분명히 원하지 않는다. 반대로 낮은 검사 점수를 무시하거나 부정적인 낙인을 피하고, 중요한 검사와 사정을 회피한다면 학생의 소중한 조기중재 서비스의 기회를 놓칠 수 있다(Bredekamp & Copple, 1997).

발달지체 여부를 결정하기 위해서는 구체적인 진단기준이 제시되어야 한다. 발달지체의 개념이 잘 정착되고 있는 미국의 사례를 보면 이와 같은 진단 기준은 발달의 양적 측면과 일탈적 측면의 두 가지로 나누어지는 것을 알 수 있으며, 그 구체적인 기준은 다음과 같다(이소현 외, 2007).

먼저 양적 측면에서의 발달지체 진단 기준은 기존의 검사 도구를 활용하여 아동의 연령과 실제 수행 수준과의 차이를 연령의 백분율(%)로 나타내기도 하고, 자신의 생활연령보다 몇 개월이나 지체되었는지를 지체연령으로 나타내기도 하며, 표준화된 도구의 표준편차로 지체의 정도를 나타내기도 한다. 대체로, 하나 이상의 발달 영역에서 25% 또는 표준편차 1.5~2 정도의 지체를 보이는 경우 발달지체로 평가한다(Rosenberg, Ellison, Fast, Robinson, & Lazar, 2013). 실제로 미국의 각 주가 사용하고 있는 발달지체의 진단 기준을 살펴보면, 한 영역에서 25% 지체나 표준편차 2 이상의 지체를 규정한 주가 많으며, 어떤 주는 50% 이상의 지체를 요구하기도 한다. 또한 한 영역에서의 지체는 25% 또는 표준편차 2 이상으로 하되 두 영역 이상에서의 지체는 15% 또는 1.5표준편차로 정한 주들도 많다.

양적 기준에 의한 발달지체 진단 기준은 특정 발달 영역이나 상태를 제대로 반영하지 못하거나 학생의 연령에 따라 발달지체를 적절하게 판별해 내지 못하는 경우를 초래할 수도 있다. 특히, 나이가 아주 어린 영아기의 경우 이러한 가능성이 커진다. 예를 들어, 2개월 된 영아의 경우 25% 지체는 2주의 지체를 의미한다. 그러나 실제로 검사 도구를 통하여 이렇게 미세하게 분류된 수준의 발달을 평가하기는 매우 어렵다. 만일 이 학생이 특정 운동 기능이나 근육상의 문제를 가지고 있다면 물리치료를 포함한 조기개입 서비스를 당장 시작해야 하는데 진단 기준에 의해서는 적격성을 인정받기 어렵다는 것이다. 즉, 학생의 발달을 평가하는 검사 도구의 적절성에 대한 문제가 지적되고 있으며, 또한 이들의 비전형적인 발달을 측정하는 검사 도구 자체도 부족한 것으로 지적된다. 뿐만 아니라, 양적 기준을 위해서 사용되는 검사 도구의 예측타당도에 대한 의문이 제기되면서 「장애인교육법(IDEA)」은 전문가의 임상적 견해(clinical opinion)를 중요한 평가방법으로 간주하고 한 사람이 아닌 여러 영역의 전문가와 부모가 포함된 다학문 전문가팀이 적격성을 결정하도록 규정하게 되었다(Shackelford, 2006: Taylor, Smiley, & Richards, 2019). 현재 몇몇 주에서는 양적 기준 없이 전문가의 임상적 견해만으로도 적격성을 인정하고 있다.

우리나라에서는 「장애인 등에 대한 특수교육법」에서 특수교육대상자를 선정하기 위한 기준으로 발달지체 개념을 적용하고는 있으나 진단 기준 외에 아직까지 구체적인 판별 기준을 제시하지는 않고 있다. 즉, 진단 기준에서는 또래에 비해 발달이 현저하게 지체된 학생으로 명시하고 있으나, 이때 현저한 지체가 어떤 방법을 통하여 어떤 기준으로 결정되어야 하는지에 대해서는 정하지 않고 있다. 이는 앞으로 발달지체를 보이는 영학생의 특수교육 적격성을 결정하기 위한 구체적인 진단 기준이 마련되어야 함을 의미하며, 특히 이러한 진단 기준을 개발하고 제시할 때 앞에서 설명한 양적 기준과 비전형적 발달 기준을 적절하게 잘 활용해야 할 것이다. 또한 양적 기준을 적용하기 위해서 필요한 신뢰롭고 타당한 발달검사 도구가 개발되어야 하며, 비전형적 발달 기준을 평가할 수 있는 전문가를 양성하고 부모를 포함한 관련 전문가로 구성된 팀의 동의를 통하여 평가하는 구체적인 규정 및 절차 등이 제시되어야 할 것이다(이소현, 2020).

11. 영재아

1) 영재아의 정의

영재아의 특수하고 교육적 필요에 대해서는 교사와 부모가 잘 이해하지 못하는 경우가 많다. 우수한 학생이기 때문에 특별한 교육적 배려가 없이도 자신의 능력을 최대한 발휘할 수 있을 것이라고 생각하는 경우도 많으며, 교육적 자원이 부족한 현실 여건을 감안할 때 영재아를 위한 특별한 교육적 조치는 모든 아동을 위한 평등한 교육 제공의 원리에 위배된다고 보는 시각도 있다(이소현 외, 2011). 그러나 수월성 교육에 대한 세계적인 강조 추세에 따라 개별 학생마다 '최고 수준의 성취'를 할 수 있도록 지원하는 일에 관심이 증대되고 있으며, 여기에는 영재를 포함한 모든 학생이 그 대상이 된다고 보고 있기에 개별화교육을 강조하는 특수교육적 입장에서는 영재의 특성을 감안한 영재교육의 필요성을 간과하기 어렵다(고형일, 2008).

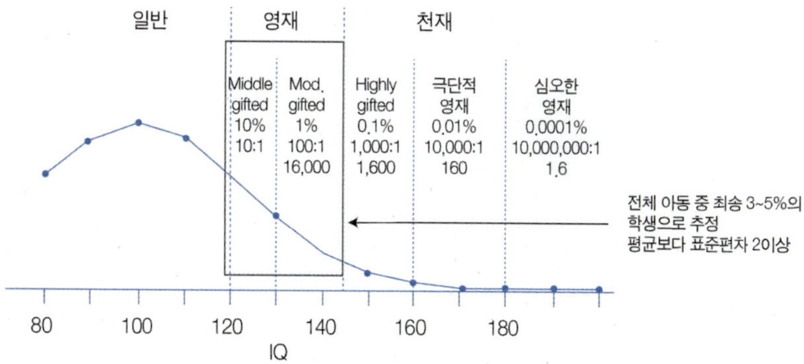

그림 3-14 영재아의 범위

영재의 정의를 내리기 전에 먼저 우수성의 개념에 대한 논의와 우수성을 판별는 이유를 확실히 해야 하는데, 이는 영재에 대한 정의가 한 사회에서 그 사회를 위하여 필요하다고 판단되는 가치에 의해 좌우될 수 있기 때문이다(Heller, Monks, Sternberg & Subotnik, 2000). 그러나 어떤 부분에서의 우수성을 장려할 것인가, 어떻게 측정할 것인가, 얼마나 잘해야 우수하다고 볼 것인가, 왜 영재아를 판별해 내야 하는가 등의 여러 가지 질문에 대해서 아직까지 전문가들의 완전한 동의가 이루어지지 못하고 있다.

Renzulli의 모델을 살펴보면, 우수성을 개념화하는 방법으로 뛰어난 성취를 보이는 데 필요한 세 가지 요소가 상호작용한다는 것을 제안하였다(Renzulli, 1986).

① 특정 영역에서의 평균 이상의 높은 능력(인지적 혹은 특정한 재능)

② 열심히 그리고 오랫동안 일에 집중하는 과제집착력

③ 새로운 생각이나 제품을 만들어 내는 창의성

Renzulli 이론의 특이한 점은 처음으로 '과제 집착력'이라는 비인지적 요인을 영재성의 한 요소에 포함시켰다는 것이다. 그는 영재란 이 세 요소를 모두 갖추고 있어야 하지만, 이 세 가지 특성에서 모두 뛰어나야 할 필요는 없다고 강조한다(Catharine & 정현철, 2008).

Sternberg(1997)에 의한 이론도 널리 받아들여지고 있는데, 이 이론에서는 우수성을

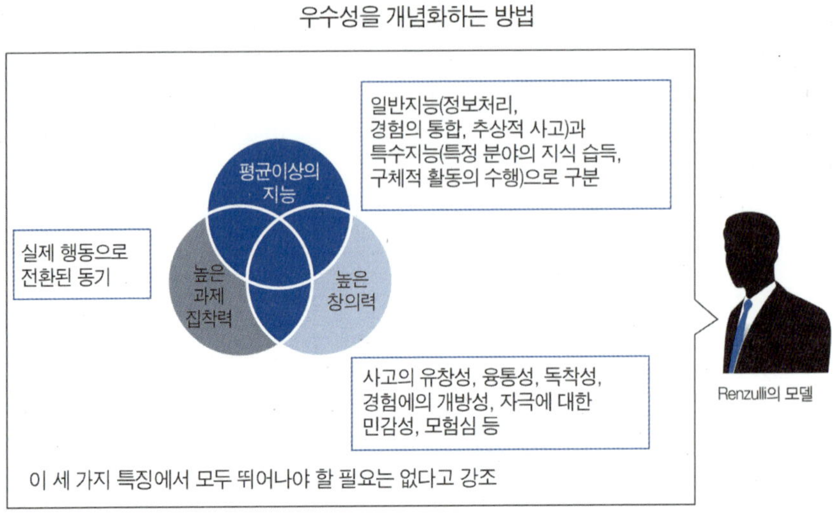

그림 3-15 Renzulli 이론

다음과 같이 세 가지로 나누어 언급하고 있다:

① 분석적 우수성(예: 문제를 분석하고 각 부분을 이해하는 능력)

② 종합적 우수성(예: 통찰력, 직감적 창의성, 새로운 상황에 적응하는 능력)

③ 실제적 우수성(예: 분석적이고 종합적인 강점을 매일의 실생활에 적용하는 능력)

사람들은 모두 어느 정도 이러한 능력을 혼합적으로 가지고 있는 것이 사실이지만 우수한 사람은 하나 혹은 그 이상의 영역에서 높은 능력을 나타낸다고 보았다.

다중지능이론으로 널리 알려진 Gardner와 Hatch(1989)의 관점에 의하면 우수성은 언어, 논리-수학, 공간, 음악, 신체운동, 인간관계, 개인내적 지능, 자연친화의 여덟 가지 유형의 지능으로 세분화되며, 따라서 이러한 분야 중 아동이 우수성을 보이는 분야가 발견되면 그에 따라 흥미와 능력을 확장시킬 수 있도록 기회가 제공되어야 한다(Gerguilo, 2006; Smith et al., 2006). Gardner의 이론이 관심을 받는 이유는 첫째, 간과되기 쉬운 영역에 대한 능력을 인정한다는 점과 둘째, 서로 다른 영역의 지능에 대한 중요성을 인식하고 동일한 기초를 제공한다는 점 때문이다. 그러나 한편으로는 다중지능이론으로 인해 모든 사람이 동등한 능력을 가진다고 잘못 이해될 수 있다는 지적도 제기되고 있다(White & Breen, 1998).

기타 영재아의 정의는 〈표 3-26〉과 같다.

표 3-26 기타 영재아의 정의

Hollingworth (1926)	영재는 일반적인 아동보다 교육이 훨씬 더 가능한 아동이다. 이러한 뛰어난 교육적 탁월성은 예술 중에서도 나타날 수 있다.
Lamkins (1977)	영재성 구형 모형 : 소질, 창의성, 성격 및 동기 아동이 특정 분야에서 특기가 있는지를 고려해 다른 분야에서 부족하더라도 뛰어난 변인에 알맞은 지도를 할 수 있다.
Gadner (1983)	다중지능 : 언어지능, 논리수학지능, 공간지능, 음악지능, 신체운동지능, 대인관계지능, 개인내적지능, 자연탐구지능으로 지능을 나눠 각 지능별 영재가 있다고 주장한다.
Gagné (1985)	영재성과 재능을 구분하여 영재성은 잠재력이나 적성과 관련이 높고, 재능은 수행, 성취와 관계가 있다고 주장한다. 영재성은 선천적으로 타고난 능력이며 재능은 영재성이 학습과 훈련을 통해 표출된 결과물이라고 한다.

인지능력의 우수성, 특히 그중에서도 암기력, 읽기, 쓰기 등의 언어능력을 영재아의 가장 큰 조건인 것처럼 오인하는 경우가 많은 우리나라에서는 교사와 부모가 이러한 영재의 정의와 개념에 대하여 올바로 이해하는 것이 매우 중요하다, 우수성에 대한 올바른 이해가 선행된다면 필요 이상으로 한글, 수 개념 등의 인지적 학습만을 요구하거나 다른 측면의 재능(예: 창의성)을 발견하고 키워주지 못하는 과오를 범하지 않을 수 있을 것이다.

영재아 가운데는 지적 능력이 우수하지만 학교에서의 학습에 어려움을 겪는 경우도 있는데, 이러한 미성취 아동에 대해서는 교사의 특별한 관심과 교육적 배려가 필요하다. 영재아는 항상 긍정적인 모범생의 모습으로만 존재하는 것이 아니며, 이들의 우수성으로 인해 동전의 뒷면과 같은 부정적인 행동을 보일 수도 있음을 전문가들은 지적하고 있다(Heward, 2008).

우리나라에서 적용되고 있는 영재성의 개념은 「영재교육진흥법」에 제시된 다음과 같은 정의에서 살펴볼 수 있다. 이 법에 의하면 '영재'란 재능이 뛰어난 사람으로 타고난 잠재력을 계발하기 위하여 특별한 교육을 필요로 하는 자를 말하며, 영재교육대상자는 다음의 사항에 대하여 뛰어나거나 잠재력이 우수한 사람 중 영재판별기준에 의거 판별된 사람으로 정의된다.

① 일반 지능

② 특수 학문 적성

③ 창의적 사고 능력

④ 예술적 재능

⑤ 신체적 재능

⑥ 기타(사회가 인정하는) 특별한 재능

그러나 영재의 비율이나 판별 기준이 구체적으로 설정되어 있지는 않으며, 단위 영재교육기관에서 판별 기준을 정하여 영재를 선발하도록 하고 있다.

2) 영재아의 특성

영재아들의 일반적인 특성을 살펴보면 영재로 간주되는 아동들의 학습적 · 지적 특성은 다음과 같다(Clark, 1997).

- ▸빨리 습득하고, 파지(把持)하고, 많은 양의 정보를 사용하는 능력
- ▸하나의 아이디어를 다른 것과 연관시키는 능력
- ▸건전한 판단을 하는 능력
- ▸보통 사람들은 인식하지 못하는 광범위한 지식 운용을 수용하는 능력
- ▸질문을 재구성하고, 새로운 해결책을 창조함으로써 문제를 해결하는 능력
- ▸추상적인 상징체계를 습득하고 조작하는 능력

Silverman(1995)은 평균보다 훨씬 높은 표준편차 3 이상의 IQ점수(IQ〉145)를 가진 아주 우수한 영재아동들의 특성을 확인하였다.

- ▸강렬한 지적 호기심

- ▸단어와 아이디어에 매료됨
- ▸완벽주의
- ▸정확성에 대한 요구
- ▸직관적 비약을 통한 학습
- ▸정신적 자극에 대한 강렬한 요구
- ▸타인의 생각을 따르는 데 어려움을 느낌
- ▸초기의 도덕적, 존재적 관심
- ▸내향적인 성향

여러 연구 결과를 종합적으로 정리하면 영재아의 일반적인 특성을 다음 12가지로 들 수 있다.

① 호기심이 많다.

② 관심을 갖고 의문을 갖는 것을 끝까지 추구한다.

③ 환경에 대해 민감하게 반응한다.

④ 자신은 물론 타인에 대해서도 비판적이다.

⑤ 수준 높은 언어적 유머 감각이 있다.

⑥ 개인적 및 세계적인 수준에서의 정의감을 갖는다.

⑦ 여러 분야에서 지도력을 갖고 있다.

⑧ 피상적인 진술, 반응 평가를 수용하지 않는다.

⑨ 일반적인 원칙을 쉽게 이해한다.

⑩ 인쇄된 매체 이외의 매체를 자주 이용하여 반응한다.

⑪ 무척 다양하게 보이는 생각들을 관계지을 수 있다.

⑫ 구체적인 자극에 대해 여러 가지 생각들을 창출해 낸다.

이들 특성 중에서 ①~④는 영재의 개인내적 특성이며, ⑤~⑦은 인간 상호 간의 특성, ⑧~⑫는 정보처리 특성이다(김홍주 외, 1994).

참고문헌

강종구, 오세철(2010). 최근 10년간 미국 지체장애연구 경향 분석. **중복 · 지체부자유연구**, 53(2), 185-212.

고형일(2008). **세계의 수월성 교육**. 서울: 한국교육개발원.

국립특수교육원(2009). **특수교육학 용어사전**. 국립중앙도서관.

권석만(2016). **이상심리학의 기초**. 서울: 학지사.

김동일, 손승현, 전병운, 한경근(2010). **특수교육학개론**. 서울: 학지사.

김영태(1996). 그림자음검사를 이용한 취학전 아동의 자음정확도 연구. **언어청각장애연구**. 1(1),7-33.

김용욱, 이해균, 김성애, 이효신, 최성규, 김영한, 신윤희, 김성범(2016). **특수교육학개론**. 서울: 학지사.

김윤옥, 김진희, 박희찬, 정다영, 김숙경, 안성우, 오세철, 이해균, 최성규, 최중옥(2005). **특수아동 교육의 실제**. 파주: 교육과학사.

김이영, 김선영, 김지영, 성연승, 안도연, 정희선(2015). **특수교육학개론**. 경기: 양서원.

김일명, 김원경, 조홍중, 허승준, 추연구(2013). **최신특수교육학**. 서울: 학지사.

김일명, 김원경, 조홍중, 허승준, 추연구, 윤치연, 박중휘, 이필상, 문장원, 서은정, 유은정, 김자경, 이근민, 김미숙, 김종인, 이신동(2013). **최신특수교육학 3판**. 서울: 학지사.

김종현(2016). **특수교육학개론**. 서울: 창지사.

김종현, 윤치연, 이성현, 이은림(2007). **특수아동의 이해와 지도**. 경기: 공동체.

김진호, 김려원(2018). **최신 특수아 진단 및 평가**. 서울: 학지사.

노선옥, 김수연, 김애화, 김형일, 남상석, 박순희, 유장순, 이성봉, 이효자, 정영옥, 정은희, 최성규, 한경근(2009). **특수교육대상아동선별검사**. 경기: 국립특수교육원.

배리어프리 영화 위원회 https://barrierfreefilms.or.kr

보건복지부(2019). **장애등록심사 규정집**.

송미경, 최윤희(2009). **특수아 상담**. 경기: 시그마프레스.

스타키 보청기 http://www.starkey.co.kr

오진아(2004). 학령기 아동의 입원생활 적응증진 프로그램 개발 및 효과. **대한간호학회지**, 34(3), 525-533.

윤점룡 외(2017). **정서 및 행동장애아의 교육**. 서울: 학지사.

이규식, 국미경, 김종현, 김수진, 유은정, 권요한, 강수균, 석동일, 박미혜, 김시영, 권순황, 정은희, 이필상(2004). **청각장애아 교육**. 서울: 학지사.

이소현(2020). **유아특수교육 2판**. 서울: 학지사.

이소현, 박은혜(2011). **특수아동교육**. 서울: 학지사.

이소현, 박은혜(2015). **특수아동이해**. 서울: 학지사.

이승희(2008). 정서·행동장애를 지닌 아동의 평가를 위한 과제와 대안모색. 한국정서·행동장애아교육학회 제16회 연차학술대회 자료집: 장애인 등에 대한 특수교육법과 정서·행동장애(pp. 17-32). 대구: 한국정서·행동장애아교육학회.

이지연, 한수진(2017). **특수교육학개론**. 경기: 양서원.

이지연, 한수진(2019). **특수아 상담**. 경기: 양서원.

이해균(2007). 시각장애아 교육. 김윤옥, 김진희, 정대영, 김숙경, 안성우, 오세철, 이해균, 최성규, 최중옥. **특수아동 교육의 실제**(pp.237-284). 서울: 교육과학사.

임안수(2006). **시각장애아 교육**. 대구: 도서출판 해동.

전세일(1998). **재활치료학**. 서울: 계축문화사.

전헌선, 오세철, 박재국, 한경임, 노선옥, 박순길(2006). **중복 지체부자유아 치료 교육**. 대구: 대구대학교 출판부.

조수철, 신윤오(1994). 파탄적 행동장애의 유병률에 대한 연구. **소아청소년정신의학**, 8, 273-286.

차하나(2001). 만성신부전환자 가족의 적응에 관한 연구. 이화여자대학교 대학원 석사학위청구논문.

한국청각언어장애교육학회(2012). **청각장애학생교육**. 경기: 양서원.

Alloy, L. B., & Seligman, M. E. P.(1979). On the cognitive component of learned helplessness and depression. *The Journal of Learning and Motivation, 13*, 219-276.

Anderson, G, D., & Hoshino, Y.(2005). Neurochemical studies of autism. In F. R. Volkmar, R. Paul, A. Klin, & D. Cohen(Eds.), *Handbook of autism and pervasive developmental disorders: Vol. 2. Assesment, interventions, and policy*(4th ed., pp.453-472).

Asher, S. R., & Gazelle, H.(1999). Loneliness, Peer relationships, and language disorder in childhood. *Topics in Language Disorders, 19,* 16-33.

Batshaw, M., & Perret, Y.(1992). *Children with handicaps: A medical primer*(3rd ed.). Baltimore: Paul H. Bookes.

Bender, W. N.(1987a). Behavioral indicators of temperament and personality in the inactive lerner. *Journal of Leraning Disabilities, 20,* 301-305.

Bernstein, D. K., & Tiegerman, E.(1985). *Language and Communication disorders in children*(2nd ed.). Columbus, OH: Merrill Macmillan.

Bettelheim, B.(1967). *The empty fortress: infantile autism and the birth of self.* NY: Free Press.

Bigge, J. L.(1991). *Teaching individuals with physical and multiple disabilities*(3rd ed.). Upper

Saddle River, NJ: Merrill/Prentice Hall.

Biglan, A.(1995). Translating what we know about the context of antisocial behavior into lower prevalence of such behavior. *Journal of applied Behavior Analysis, 28,* 479-492.

Blair, C., & Scott, K. G.(2002). Proportion of LD placements associated with low socioeconomic status: Evidence for a gradient? *Journal of Special Education, 36,* 14-22.

Bos, C., & Vanghn, S.(2002). *Strategies, for teaching students with learning and behavioral problems*(5th ed.). Needleham Heights, MA: Allyn and Bacan.

Bower, T. G. R.(1977). *A primer of infant development.* W. H. Freeman and Company.

Bredekamp, S., & Copple, C.(Eds).(1997). *Developmentally appropriate practice in early childhood programs*(Rev. ed.). Washington, DC: National Association for the Education of Young Children.

Bryan, T. S., Donahue, M., Pearl, R., & Sturm, C.(1981). Learning disabled children's conversational skill-the TV talk show. *Learning Disability Quarterly, 4,* 250-259.

Clark, B.(1997). *Growing up gifted: Developing the potential of children at home and at school*(5th ed.). Upper Saddle River, NJ: Merrill/Prentice Hall.

Cohn, E. S., Kelley, P. M., Fowler, T. W., Gorga, M. P., Lefkowitz, D. M., Kuehn, H. J., Shaefer, G. B., Gobar, L. S., Hahn, F. J., Harris, D., & Kimberling, W. J.(1999). Clinical studies of families with hearing loss attributable to mutations in the connexin 26 gene(GJB2/DFNB1). *Pediatrics, 103,* 546-550.

Crain, L. S.(1984). Prenatal causes of atypical development. In M. J. Hanson(Ed.), *Alypical infant development*(pp.27-55). Baltimore: University Park Press.

Culinan, D.(2007). *Students with emotional and behavioral disorders: An introduction for theachers and other helping professionals*(2nd ed.). Upper Saddle River, NJ: Pearson Education, Inc.

Decker, S. N., & DeFries, J. C.(1980). Cognitive abilities in families with reading disabled children. *Journal of Learning Disabilities, 13,* 517-522.

Donelson, K.(1987). Six statements/questions from the censors. *Phi Delta Kappan, 69,* 208-214.

Fuchs, D., Fuchs, L. S., Mathes, P. G., Lipsey, M. W., & Roberts, P. H.(2001). Is "earning disabilities" just a fancy term for low achievement? A meta-analysis of reading differences between low achievers with and without the label. Paper presented at the LD

Summit. Washington DC: U. S. Department of Education.

Fujiki, M., Brinton, B., Hart, C. H., & Fitzgerald, A. H.(1999). Peer acceptance and friendship in children with specific language impairment. *Topics in Language Disorders, 19,* 34-48.

Garber, D.(2007). Neuoscience: Autism's cause my riside in abnormalities at the synalse. *Science, 17,* 190-191.

Gerguilo, R. M.(2006). *Special education in contemporary society: An introduction to exceptionality.* Belmont, CA: Wadsworth/Thomson Learning.

Gersten, R., Carnine, D., & Woodward, J.(1987). Direct instruction research: The third decade. *Remedial and Special Education, 8*(6), 48-56.

Graham, S., Harris, K. R., & Larsen, L.(2001). Prevention and intervention of writing difficulties for students with learning disabilities. *Learning Disabilities Research and Practice, 16,* 74-84.

Gumpel, T.(1994). Social competence and skills training for persons with metal retardation: An expansion of a behavioral paradigm. *Education and Training in Mental Retardation and Developmental Disabilities, 29*(3), 194-201.

Hart, B., & Risley, R.(1995). Sampling children's developmental experience. *In Meaningful Differences in the everyday experience of young american children*(pp.21-51). Baltimores: Paulsand.

Harwood, L., Warren, S. F., & Yoder, P.(2002). The importance of responsivity in developing contingent exchanges with beginning communicators. In J. Reichle, D. R. Beukelman & J. C. Light(Eds.), *Exemplary practices for beginning communicators; Implications for ACC*(pp.59-96). Baltimore: Paul H. Brookes.

Hemmeter, M. L., Sandall, S., & Smith, B. J.(2005). Using the DEC recommended practices for program assessment and improvement(pp.243-264). In S. Sandall, M. L., Hemmeter, B. J. Smith, & M. E. McLean(Eds.), *DEC Recommended practicies: A comprehensive guide for practical application in early intervention early childhood special education.* Longmont, CO: Sopris West.

Heward, W. L.(2007). **최신 특수교육**(8판)(김진호, 박재국, 방명애, 안성우, 유은정, 윤치연, 이효신 공역). 서울: 시그마프레스.(원서는 2006년에 출판)

https://barrierfreefilms.or.kr

Huesmann, L. R., Moise-Titus, J., Podolski, C., & Eron, L.(2003). Longitudinal relations between dhildren's exposure to TV violence and their aggressive and violent behavior in young adulthood(pp.1977-1992). *Developmental Psychology, 39,* 201-221.

Johnson, W. R.(1961). Special education for mentally handicapped. *A Paradox Exceptional Children, 19,* 62-69.

Justice, L., Logan, J., Lin, T., & Kaderavek, J.(2014). Peer effects in early childhood education: Testing the assumptions of special-education inclusion. *Psychological Science, 25,* 1722-1729.

Kauffman, J. M., & Landrum, T. J.(2009). *Characteristics of emotional and behavioral disorders of children and youth*(9th ed.). Upper Saddle River, NJ: Pearson Education, Inc.

Kavale, A. K., & Forness, S. R.(1995). *The nature of learning disabilities: Critical elements of diagnosis and classification.* Mahwah, NJ: Lawrence Erlbaum.

Lahey, M.(1988). *Language disorders and language development.* NY: Allyn & Bacon.

Love, J., & Yelton, B.(1989). Smoothing the road from preschool to kindergarten. *Principal, 68*(5), 26-27.

Love, R. J., & Webb, W. G.(1986). *Neurology for the speech-language pathologist.* Boston: Butterworths.

Lyon, G. R.(1995). Toward a definition of dyslexia. *Annals of Dyslexia, 45,* 3-27.

Marschark, M.(2002). *Language development in children who are deaf: A research synthesis.* Alexandria, VA: National Association of State Directors of Special Education(NASDE).

Mercer, C. D.(1991). *Students with learning disabilities*(4th ed.). New York: Macmillian.

Own, F. W., Adams, P. A., Forrest, T., Stolz, L. M., & Fisher, S.(1971). LEarning disorders in children: Sibling studies. *Monographs of the Society for Research in Child Development,* 36(4, Ser. No.144).

Pellegrino, L.(2002). Cerebral palsy. In M. L. Batshaw(Ed.), *Children with disabilities*(5th ed.). Baltimore: Brookes.

Penington, B. E.(1995). Genetics of learning disabilities. *Journal of Child Neuroligy, 10,* 69-77.

Powers, M. D.(2000). What is autism? In M. D. powers(Ed.), childern with astism: A parent's guide(2nd ed.). Bethesda, MD: Woodbine House.

Ramey, C., Campbell, R., & Blair, C.(1998). Enhancing the life course for high-risk Children. In J. Crane(Ed.)., *Social programs that work*(pp.184-199). New York: Baltimore, MD: Paul

H. Brookes.

Raming, P. R., & Shames, G. H.(2002). Stuttering and other dirorders of fluency. In G. H. Shames and N. B. Anderson(Eds.), *Human communication disorders: An introduction*(6th ed., pp.258-302). Boston: Allyn and Bacon.

Raskind, W.(2001). Current understanding of the genetic basis of reading and spelling disability. *Learning Disability Quarterly, 24*(2), 141-157.

Renzulli, J. S.(1986). The three-ring conception of githedness: A developmental model for creative productivity. In R. J. Sternberg & J. E. Davidson(Eds.), *Conceptions of Giftedness*. New York: Camnridge University Press.

Rorsenberg, S., Ellison,M., Fast, B., Robinson, C., & Lazar, R.(2013). Computing theoretical rates of part C Eligibility based on development delays. *Maternal & Child Health Journal, 17,* 284-390.

Rosenberg, M. S., Wilson, R. J., Maheady, L., & Sindelar, P. T.(2004). *Educating students with behavior disorders*(3rd ed.). Boston, MA: Pearson Education, Inc.

Rutter, M.(2000). Genetic studies of autism : from the 1970s into millenccnium. *Journal of Abnormal Child Psychology, 28*(1), 3-14.

Sacks, S. Z., & Silderman, R. K.(2005). *Education students who have visual impairments with other disabilities*. Boston: Paul H. Brookes, 김동일, 손승현, 전병운, 한경근(2010)에서 재인용, 국가건강정보포털에서 수정 및 보완.

Shackelford, J.(2006). State and jurisdictional eligibility definitions for infant and toddlers with disabilities under IDEA(NECTAG Notes, 21,1-16). Chapel Hill: The University of Carolina, FPG Child Development Institute, National Early Childhood Technical Assistance Center.

Shames, G., & Plorance, C.(1982). Disorders, of fluency. In G. Shames, and E. Wiig(Eds.), *Human communication disorders*. Columbus, OH: Merrill.

Shames, G. H., Wing, E. H., & Second, W. A.(1994). *Human communication disorders*(4th ed.). NY: Memil/Macmillany.

Silverman, L. K.(1995). Highly gifted children. In J. L. Genshaft, M. Bireley, & C. L. Hollinger(Eds.), *Serving gifted and talented students: A resource for school personnel*(pp.124-160). Austin, TX: PRO-ED.

Smith, D. D.(2004). *Introduction to Special Education: Teaching in an age of opportunity*(5th ed.). Boston: Allyn and Bacon.

Smith, T. E., Pollaway, E., Patton, J. R., & Dowdy, C. A.(2006). *Teaching students with special needs in inclusive settings*. Boston: Allyn & Bacon.

Stevenson, J.(1992). Genetics. In N. N. Singh & D. L. Beale(Eds.), *Current perspectives in learning disabilities: Nature, theory, and treatment*(pp.327-351). New York: Springer-Verlag.

Taylor, R., Smiley, L. & Richards, S.(2019). *Exceptional children: Preparing teachers for the 21st century*(3rd ed.). New York, NY: McGraw Hill Education.

Van Riper, C.(1978). *The treatment of stuttering*. Englewood Cliffs, NJ: Prentice-Hall.

White, D. A., & Breen, A.(1998). Education and the perils of misusing multiple intelligence. *Gifted Child Today, 21*(2), 12-17.

Wicks-Nelson, R., & Israel, A. C.(2009). *Abnormal child and adolescent psychology*(7th ed.). Upper Saddle River, NJ: Pearson Education, Inc.

Wiig, E. H., & Secord, W. A.(1998). Language disabilities in school-age children and youth. In G. H. Shames, E. H., Wiig & W. A. Secord(Eds.), *Human communication disorders: An introduction*(5th ed., pp.185-226). Boston: Allyn and Bacon.

Wiig, E.(1982). Language disabilities in the school-aged child. In G. Shames and E. Wiig(Eds.), *Human communication disorders*. Columbus, OH: Merrill.

Yang. C. J., Tan, H. P., & Du, Y. J.(2014). The developmental disruptions of serotonin signaling may involved in autism during early brain development. *Neuroscience*, 267, 1-10.

Yoshinaga-Itano, C., Sedey, A. L., Coulter, D. K., & Mehl, A. L.(1998). The language of early-and later-identified children with hearing loss. *Pediatrics, 102,* 1161-1171.

Zion, E., & Jenvey, V. B.(2006). Temperament and social behavior at home and school among typicallt developing chlidren with an intellectual disability. *Journal of Intellectual Disability Research, 50*(6), 445-456.

PART

4

통합교육의 이해

1. 장애학생의 인권교육
2. 장애인식교육
3. 장애이해교육

1. 장애학생의 인권교육

1) 장애학생의 인권

'인권(human rights, 人權)'이란 사람이라면 누구나 태어나면서 가지고 있는 생명, 자유, 평등 등에 대한 기본적 권리로서 인간의 권리를 넘어 인간이 되기 위한 권리, 인간이 가져야 하는 당연한 권리를 의미한다(국가인권위원회, 2017).

에서 학생의 인권이란 차별받지 않을 권리, 폭력 및 위험으로부터의 자유, 교육에 관한 권리, 사생활의 비밀과 자유 및 정보의 권리 등을 포함한다(국립특수교육원, 2013). 장애학생의 인권은 '소수자 학생의 권리 보장'에 관한 내용으로, 장애학생의 인권침해는 장애학생과 비장애학생, 장애학생 간, 성인들 간의 여러 가지 형태로 나타나기도 한다. 인권의 분류는 크게 생존권, 보호권, 발달권, 참여권으로 나뉘며 다음과 같다.

표 4-1 장애학생 인권의 의미

구분	내용
생존권	• 적절한 생활수준을 누릴 권리 • 안전한 주거지에서 살아갈 권리 • 충분한 영양을 섭취하고 기본적인 보건서비스를 받을 권리 등
보호권	• 유해한 것으로부터 보호받을 권리 등
발달권	• 교육받을 권리 • 여가를 즐길 권리 • 문화생활을 하고 정보를 얻을 권리 • 생각과 양심/종교의 자유를 누릴 권리 등
참여권	• 자신의 의견을 표현하고, 자신의 삶에 영향을 주는 문제들에 대해 발언권을 지니는 권리 • 단체에 가입하거나 평화적인 모임에 참여할 수 있는 권리 등

장애학생의 인권 분류와 인권침해의 예를 살펴보면 주변의 유해한 교육환경, 심신허약 학생에 대한 배려 부족, 급식의 질과 급식 시간의 부족 등은 인간적 기본적인 삶을

누리는 데 필요한 권리인 생존권의 침해를 들 수 있다. 또, 학교 내에서의 안전사고, 다양한 상황에 따른 차별, 신체접촉, 학교폭력, 성폭력 등은 장애학생에게 유해한 것으로부터 보호받을 권리인 보호권이 침해된 사례를 들 수 있다. 학교 수업과 행사에서 배제, 종교 강요, 휴식시간 박탈, 지나치게 엄격한 학급 규율, 타인으로부터 과잉보호, 무관심, 교육 방임 등은 잠재능력을 최대한 발휘하는 데 필요한 권리인 발달권이 침해된 예시를 들 수 있다. 그리고 의사결정권을 무시하는 것 등은 국가와 지역사회 활동에 적극적으로 참가할 수 있는 권리인 참여권을 무시한 사례이다.

2) 장애학생의 인권교육

국가인권위원회(2021)에서는 인권교육을 '인권에 대한 지식, 기술과 태도 및 행동을 구축하는 모든 배움'으로 설명하며, 인권교육을 통해서 사람들이 존중, 수용, 포용 등과 같은 인권의 가치를 일상에서 잘 통합하고 활용할 수 있도록 한다. 인권교육을 통해서 '다른 사람들과 우리의 관계에서 인권을 참고 기준으로 이용'할 수 있게 하고, 우리가 평화, 사회적 화합, 모두의 권리에 대한 존중을 키울 수 있도록 스스로의 태도와 행동을 점검하고 비판적으로 바라보게 하며 궁극적으로 변화시킨다.

인권교육 과정에서 교사는 학생과 함께 하며 지도하는 것이 필요하며, 교육을 지지하는 환경을 조성할 필요가 있다. 또 교사는 인권의 가치를 스스로 행동과 태도에 통합하고 자신이 학생에게 미치는 영향을 항상 인식해 모범이 될 필요가 있다. 교사는 학생들이 재미있게 인권에 대한 교육을 즐기면서도 자신만의 속도로 성장한다는 것을 신뢰할 수 있어야 한다.

다음은 인권이 침해되는 사안에 대해서 장애별로 고려할 사항이다. 각 장애의 특성에 맞는 개입 및 상담이 필요하겠지만, 장애 여부를 떠나서 개인에 따라 조금 더 다뤄야 할 내용이나 주의가 필요한 사항이 다를 수 있음을 명심해야 한다.

표 4-2 장애별 고려해볼 점

성폭력	시각장애	• 인상착의 등을 기억하기 어려우니 단서를 기억할 수 있는 포용적인 분위기로 시간을 충분히 제공하기 • 상황 중심의 설명을 해 성범죄에 대한 지각도를 높이고, 위험한 상황에 처하지 않도록 사전 예방 교육을 실시하기
	지적장애	• 성에 대한 사회적 행동을 꾸준히 가르치고, 성적 행동을 표현하는 경우 현장에서 단호하게 인식시키기 • 다그치기보다는 시간을 가지고 학생이 당한 상황을 글이나 그림을 통해 표현하도록 하기
	지체장애	• 생활연령을 고려하지 않고 외모로만 나이를 가늠해, 아기를 대하듯 하는 행동(예: 안아주기, 입 맞추기 등) 등 적절하지 않은 신체접촉을 하는 것에 대해서 경각심 높이기
	청각장애	• 학생이 이해할 수 있는 방법(필담, 구화, 수화 등)으로 필요한 정보를 자세히 설명하고, 질문하기
	자폐성 장애	• 상황 전달에서 어려움을 보인다면 사진으로 증거 보관하기 • 낯선 상황에서는 돌발행동을 보일 수 있기에 익숙한 환경에서 친숙한 어른이 함께 대화하기 • 질문을 그대로 따라서 하는 경우가 있기에 질문을 할 때는 신중하게 하기 • 성폭력 발생 후 장애학생을 통해 실제 내용을 파악하기 어려운 경우, 평소의 혼잣말이나 중얼거림 등을 주의 깊게 관찰해 정보를 얻을 수 있음 • 사춘기 이전부터 허용되는 신체접촉 수준에 대해서 교육하기
학교 폭력	시각장애	• 평소 일상생활에 대한 자립도를 높여 비장애학생과 동등한 위치에서 교우관계를 유지할 수 있도록 하기 • 정당하지 못한 대우나 폭력에 대해서는 적극적으로 자기 의사를 표현하며 상담을 받을 수 있도록 하기 • 언어적 폭력의 경우 다른 학생들보다 더 크게 느끼는 경우가 많기에 가해자가 되지 않도록 지도함과 동시에 피해를 입었을 경우 상담 통로를 마련하기 • 사이버 폭력에 대해 적극적으로 신고하는 방법을 안내하기
	지적장애	• 자기 표현이 제한된다면 초기에 문제를 발견하기 쉽지 않기에 평소와 다른 행동에 대해서 주의 깊게 관찰하기 • 꾸준한 관심과 애정을 가지고 상담 및 다양한 신체활동을 통해 자기 표현의 기회를 늘려 심리적 안정을 돕기 • 피해를 입어도 인지하지 못하는 경우가 있을 수 있기에 주의깊게 관찰하기 • 만약 피해를 입은 사실이 확인될 경우 학생 및 보호자의 동의를 받아 휴대폰을 살펴보기

		• 폭력에 대해 비장애학생보다 두려움이 크며, 이에 비례해 폭력에 익숙해질 수도 있어, 애초에 폭력의 대상이 되지 않도록 주의하기
	지체장애	• 가벼운 정도의 신체적인 폭력도 큰 상해로 이어질 수 있으므로 주의 깊게 지도하기 • 의사표현을 잘 하지 못할 경우에도 나이를 고려해 대화하기
	자폐성 장애	• 갑자기 말을 더듬거나 특정 물건/사물에 대해 두려워하는 등의 행동이 평소보다 심해질 경우 즉시 상담하기 • 사안이 발생하면 두려움을 극복할 수 있도록 관심과 애정을 주며, 스트레스를 해소할 수 있도록 하기 • 가해와 피해에 대한 인식이 부족할 수 있기에 교사는 메모나 사진을 통해서 관련된 증거를 남기기 • 만약 사이버 폭력에 피해를 입었다면, 학생 및 보호자의 동의를 받아 휴대폰을 살펴보기
가정에서의 방임	시각장애	• 자신의 위생 상태에 대한 의사를 전달할 수 있도록 하기 • 스스로 일상생활 기술을 습득할 수 있도록 가정과 연계하기
	지적장애	• 책임감을 키워주기 위해서 가정에서 해야 할 일과 수준에 맞는 숙제를 제공하고 확인하기
	지체장애	• 중증 지체장애의 경우, 위생관리가 어렵거나 소홀해 요로감염 등이 생길 수 있으므로 주의하기 • 수술 등으로 장치를 착용한 경우에는 정기적으로 병원 검진을 받고 관리할 수 있도록 하기 • 약물을 복용할 경우, 약을 잘 복용할 수 있도록 지도하기
	청각장애	• 보호자 교육 등을 통해 가족 간의 대화 등에서 소외되지 않도록 하기
	자폐성 장애	• 자립을 위해 생활습관을 반복해서 지도할 수 있도록 하기 • 신변처리 등 가정에서 방임한 부분 중 학교에서 지도가 가능한 부분에 대해서 돕기

폭력사건 발생 인지
↓
신고접수 및 학교장 보고
↓
즉시 조치
↓
사안 조사
↓
가해, 피해 학생 보호자 면담
↓
사안 처리 방향 협의 및 학교폭력대책자치위원회 개최요구
↓
학교폭력대책자치위원회 개최 및 조치
↓
결정통보 및 재심 안내
↓
조치 실행 및 사후관리

그림 4-1 학교 내 인권침해(학교폭력) 사건 처리 절차

출처: 국가인원위원회(2013).

표 4-3 인권침해 문제 해결 도움기관

내용	기관
여성/학교폭력 피해자 원스톱 지원센터	전문상담사와 여성경찰관 등이 365일 24시간 상담 및 수사지원을 하고 있음. 또한 경찰에 의해서 신고와 수사가 함께 진행되기에 피해자의 노력은 최소화되고, 외상진료를 빠르게 파악하고 증거자료가 보관됨. ☎ 대표번호 : 1899-3075
학교폭력 상담신고 센터	신고 시 상담전문경찰과 전담수사팀, 상담가 등이 24시간 상주하며 신고/접수 즉시 피해자를 보호하고 조사를 진행함. 조사결과를 학교에 통보해 학교폭력 사안을 처리하는 데 활용가능. ☎ 대표번호 : 국번 없이 117 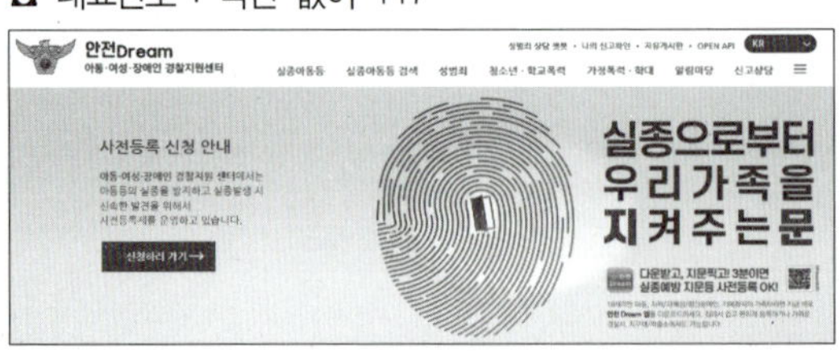

<table>
<tr><th>내용</th><th>기관</th></tr>
<tr><td>아동보호
전문기관</td><td>학대 받은 아동을 위한 곳으로 24시간, 365일 신고 및 접수가 가능. 조사 및 분리 보호를 할 수 있는 위기개입과 응급보호조치를 실시. 상담, 치료, 교육을 제공해 아동의 권리 보호를 지원함.
☎ 대표번호 : 1577-1391</td></tr>
<tr><td>국가인권
위원회</td><td>차별에 대해 진정하면 이를 조사해 인권침해나 차별행위를 한 기관에 시정권고를 함.
☎ 대표번호 : 1331
</td></tr>
<tr><td>국립특수
교육원 –
장애학생
인권보호
지원센터</td><td>특수교육 연구 및 실태조사, 연수 및 정보화 사업, 교육과정 및 교과서 개발, 진로/직업 교육과 함께 인권보호 및 장애인 고등/평생교육 등을 지원함.
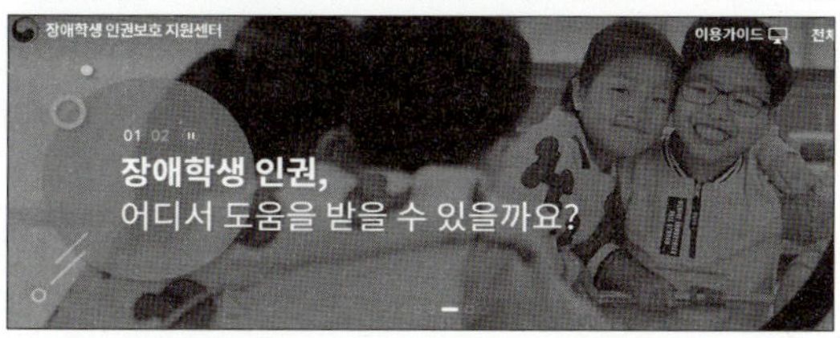</td></tr>
</table>

표 4-4 장애인권과 관련된 동화책 추천

<table>
<tr><td></td><td></td></tr>
<tr><td>정글음악대
글 이애리 / 그림 김경
남들과 조금 다른 정글 친구들이 합창단의 구성원이 되고, 함께 모여 행복한 하모니를 만들어가는 과정을 따스하게 그려낸 그림책</td><td>내 이름은 나나예요
글·그림 릴리아
시각장애 학생의 평범한 일상을 '나나'라는 아이를 통해 다정하고 따뜻하게 잘 담아낸 책</td></tr>
</table>

2. 장애인식교육

장애인식교육은 장애학생을 지도하는 교사가 장애학생에 대한 정확한 정보를 이해하고 비장애학생의 연령에 따라 정보를 수정해 알려줌으로써 비장애학생이 또래 간에도 차이가 존재할 수 있다는 것을 이해하고 인정하며 수용하도록 중재하는 것을 의미한다. 장애인식교육을 통해서 우리 사회에 '장애감수성'을 키우고, '장애공감문화'를 조성하는 데에 기여하며, 장애 유무를 떠나 '우리는 모두 사람이니까'라는 관점을 통해 포용사회 실현에 기여한다(한국장애인개발원, 2021). 장애인식교육을 통해서 장애에 대해 정확한 지식을 가지며, 또래 간에도 개인차가 존재한다는 것을 이해하고 인정하며 받아들일 수 있게 한다. 교육을 통해서 시간이 지날수록 비장애학생이 장애학생을 대하는 태도를 더 긍정적으로 변화시킬 수 있고, 상호작용의 양도 증가하였다(송연선 외, 2017).

표 4-5 장애인식 교육 용어 정리

용어	정의
장애감수성 (장애인지감수성)	장애학생 당사자의 입장에서 장애로 인한 평범한 일상생활 속에서의 차별과 불균형을 인지하는 것
장애공감문화	장애인과 비장애인의 표현적 공감능력을 향상시켜서 개인으로 하여금 타인에 대한 공감 반응으로서 공감을 표현하고 함께 문제해결을 함으로써, 공동체 안에서 장애인과 비장애인이 자연스럽게 어울리는 문화

장애인식에 관한 문헌에서는 종합적으로 장애인식을 위한 다음의 목표를 제시한다(강종구 외, 2020). 다음을 토대로 장애인식과 관련된 교육프로그램을 개발 및 실시할 수 있다.

① 인간으로서의 가치는 획득되지 않고, 주어진 것임

② 사람은 다르기보다는 비슷함

③ 차이는 양성과 음으로 모두 볼 수 있음(차이가 다른 사람이 다른 사람보다 더 좋거나 나쁘다는 것을 의미하지는 않기에 차이가 낙인을 찍을 필요는 없음)

④ 모든 개인은 다양한 집단의 혜택을 받음

⑤ 비록 사람은 다르지만 인간성을 초월한 전체적인 모습은 우리 모두를 하나로 함

⑥ 모든 사람은 배울 수 있음

⑦ 장애는 정상임

⑧ 사람은 명칭이 아니라 독특한 개인임(모든 사람은 단체 회원 자격으로 편견을 갖지 않고 개인의 능력으로 평가받을 권리가 있음)

⑨ 남을 판단하는 것은 상처를 주는 일임

⑩ 감정은 중요함(남을 배려하는 사람은 다른 사람을 해치는 것을 피함)

⑪ 자긍심은 개인이 성장하도록 도움

⑫ 언어는 우리의 생각과 태도를 구체화하는 데 중요한 요소가 됨

⑬ 장애와는 달리 환경을 비활성화하는 것은 그 자체로 상황적이고 환경적이기 때문에 제거할 수 있음

⑭ 장애인은 모든 사람의 이익을 위해 보호해야 할 기본적인 권리를 가짐

⑮ 긍정적인 태도와 이해는 우리 모두가 공감할 수 있도록 함

⑯ 타인에 대한 공감, 이해, 연민 및 배려를 개발하는 것은 우리 자신의 성장을 강화함(타인에 대한 잔인함은 개인의 성장을 방해함. 장애를 가진 사람은 연민이나 동정보다는 공감을 받을 자격이 있고, 공감은 가치 있고 배려심 있는 기술이 됨)

⑰ 우리는 능력에 집중하고 할 수 있는 일을 함으로써 인생을 가장 완전하게 경험하게 함

⑱ 각 장애 집단은 해당 집단의 개별 구성원처럼 독특하고 특별하며 중요함(우리는 각각의 장애 집단과 각각의 장애인에게서 가치 있는 교훈을 배울 수 있음)

⑲ 장애인에 대한 부정적 태도는 우리의 문화, 언어, 언론, 역사에 깊이 뿌리박고 있음

⑳ 분리보다 통합이 바람직함

장애인식을 교육할 때의 교사는 교과 전문지식과 건전한 인성, 사명감 및 윤리의식, 학생의 학습과 발달에 대한 이해, 학생들의 복지를 위한 노력, 적절한 교과과정의 개발

및 효과적인 수업을 계획하고 운영, 학생의 학습을 모니터링하고 평가, 학습지원을 위한 환경 및 문화를 조성하고, 교육 공동체 구성원 간의 협력관계를 구축하고, 전문성을 개발하는 기본적인 자질 외에도 장애공감 능력이 요구된다. 이는 교사와 장애학생 간의 긍정적 관계 형성에 필수적이며, 장애학생의 행동과 태도에도 긍정적인 영향을 미칠 수 있다(구신실, 2012).

'공감'은 인지적 · 정서적 · 표현적 요소 중 어느 한 가지 요소만으로 설명할 수 없는 다차원 개념이다. 먼저 인지적 요소로는 타인의 심리적 관점과 태도를 취해보는 경향인 관점 취하기, 자신을 다른 인물의 느낌이나 행동으로 전위시켜 보려는 상상하기 등을 포함한다. 정서적 요소는 타자 지향적인 동정의 느낌과 불행한 타인에 대한 공감적 관심, 타인의 고통이나 불행을 보고 마음이 불편해지고 고통스러워하는 개인적 고통 등을 포함한다. 표현적 요소는 타인의 상황이나 마음, 기분에 대해 내적으로 이해한 것을 표현하는 공감적 표현, 타인의 문제를 함께 해결하려는 적극적인 의사소통 능력 등으로 구성된다(방명애 외, 2020). 이러한 요소들이 상호작용할 때 공감능력이 향상되고, 장애인식교육에서 장애감수성을 키울 수 있다.

표 4-6 장애인식교육에서의 Tip

1. 장애학생에 대한 질문이 있는 경우

- 미리 장애학생에 대한 사전정보를 교류하고, 물어봄 직한 질문에 대한 답변을 숙지하기
- 비장애학생의 연령에 맞게 이해하기 쉬운 내용으로 설명하기
- 필요하다면 장애학생에 대한 인식개선 프로그램을 계획해 진행하기

2. 행동 모방을 보이는 경우

- 장애학생의 행동 모방을 보이는 이유나 원인을 파악하기
- 회의를 통해서 해당 원인을 소거하거나 대처행동을 교육하기

표 4-7 장애인식과 관련된 동화책 추천

과잉행동 거북이 셜리 **글 데보라 M. 모스 / 역자 김선희** ADHD(주의력결핍 과잉행동장애) 아이들을 위한 책으로 셜리와 같은 아이들의 특성을 그린 책입니다.	**내 친구 로이는 혼자가 아니에요** **글 소피 마르텔 / 그림 크리스틴 바튀즈** '자폐'가 있는 로이와 소통을 통해서 다름을 이해하고 사회적으로 함께 어울릴 수 있도록 도와주는 이야기를 담은 책

3. 장애이해교육

장애이해교육이란 비장애인에게 장애에 대한 잘못된 개념·이해를 바로 잡고, 편견을 없앨 수 있도록 교육하는 것을 말한다(국립특수교육원, 2009). 효과적인 통합을 위해서는 장애에 대한 비장애학생의 긍정적인 태도가 특히 필요하다(김수연, 1996: 방명애, 1999: 서울경인특수학급 교사연구회, 2013: 이숙향, 1999: 최하영, 2000). 장애이해교육은 다양한 형태의 프로그램으로 실시될 수 있는데, 대표적으로 장애에 대한 정보 제공, 매체 활용, 교육과정의 활용, 장애 체험, 구조화된 상호작용 활동 등으로 실시된다. 교육 현장에서 장애이해교육의 대상은 크게 교사와 비장애학생 등이다. 장애에 대한 정보 제공, 매체 활용, 교육과정의 활용 등은 이해 중심의 태도 개선 방법이며, 장애 체험, 구조화된 상호작용 활동 등은 활동 중심의 태도 개선 방법에 해당된다.

교실 환경에서는 장애학생과 장애에 대해 올바른 인식을 위해 적용해 볼 수 있는 전략을 〈표 4-8〉과 같이 제시한다. 뿐만 아니라 장애학생의 수행성을 강화하고 강점을 찾아 지지할 필요가 있다. 왜냐하면 이를 통해서 장애학생에게 자신감을 주며, 교사와 비장애학생에게 장애학생에 대한 긍정적인 인식을 제공하고, 함께 교류할 수 있는 여건을 마련하고, 최대한의 잠재력을 향상할 수 있으며 나아가 장애학생의 전환교육을 위한 정보를 얻을 수 있기 때문이다.

표 4-8 장애이해교육의 세부사항

태도변화를 위한 실제	• 장애체험활동 • 장애인의 능력에 대해 소개하기 • 장애인에 대한 집단토의 • 미디어(예: 영화, 책)를 활용한 장애이해 • 장애와 관련된 정보 제공 • 개인차에 대한 수용 • 장애학생이 사용하는 보장구 등에 대한 소개 및 지도 • 장애를 가진 초청 강사의 강연 등
장애학생 학습 구성원 만들기	• 일과에 대해서 장애학생에게 역할 부여하기 • 장애학생과 비장애학생이 함께 할 수 있는 활동 선택하기 • 장애학생이 일과에 대해서 쉽게 수행할 수 있도록 수정하기 • 장애학생이 할 수 있는 새로운 역할을 만들어 주기 등

장애이해교육을 통해 장애학생은 또래들의 사회적 수용과 사회적 참여, 상호작용이 증진될 수 있으며(이수정, 이소현, 2011), 비장애학생은 사람들 간의 다양성을 존중하고 차이점에 따라 차별하지 않는 것 등에 대해서 배울 수 있다. 장애이해교육을 위한 모든 방법이 효과적이지만, 일회적일 때보다는 정규 수업과정처럼 반복적이고 지속적으로 실행될 때 가장 효과가 크다(Sapon-Shevin, 2000).

표 4-9 장애이해와 관련된 동화책 추천

넌 (안) 작아 **글 강소연 / 그림 크리스토퍼 와이엔트** 작고 크다는 것은 상대적으로 여러분 옆에 누가 서 있는지에 따라 달라진다는 것을 알려주는 책	달라도 친구 **글 허은미 / 그림 정현지** 생김새가 다르고 성격도 달라도 일곱명의 아이가 친구가 될 수 있는지에 대한 책

참고문헌

강종구, 엄수정, 홍애령(2020). **장애학과 통합교육**. 서울: 학지사.

국가인권위원회(2017). **정신장애 인권교육 표준교안**. 서울: 인권교육센터.

국가인권위원회(2021). **놀이로 배우는 인권**(Play it Fair). 서울: 인권교육센터.

국가인권위원회 www.humanrights.go.kr/

국립특수교육원(2009). [네이버 지식백과] 장애 이해 교육[障碍 理解 教育, education of persons with disabilities].특수교육학 용어사전.

국립특수교육원(2013). **인권 YES! 침해 No!**. 충남: 씨튼.

국립특수교육원 www.nise.go.kr/

김수연(1996). 통합된 놀이 프로그램이 장애아동에 대한 일반아동의 태도 변화에 미치는 영향. 이화여자대학교 교육대학원 석사학위논문.

방명애(1999). 특수학급 아동의 교육적 통합을 위한 방법론. **특수교육연구**, 6, 171-187.

방명애, 김은경, 박영근, 최민숙(2020). **장애공감문화 확산을 위한 교육자료**. 충남: 국립특수교육원.

서울경인특수학급 교사연구회(2013). **통합교육 지원 프로그램 서로 다른 아이들이 함께 만드는 우정**. 서울: 학지사.

송연선, 류미희, 배성현, 조경서(2017). **현장 중심의 장애통합 길라잡이**. 경기: 공동체.

안전 Dream www.safe182.go.kr/

엔젤스헤이븐(2020). **장애인지감수성에 대한 이야기**. 서울: 아뉴레터.

이수정, 이소현(2011). 유치원 일과와 활동에 삽입된 '장애 이해 및 통합교육 활동'이 일반 유아와 장애유아의 사회적 수용도 및 사회적 참여에 미치는 영향. **유아특수교육**, 11(2), 1-32.

이숙향(1999). 학급 내 가치 있는 역할 부여가 장애아동에 대한 일반아동의 태도에 미치는 영향. 이화여자대학교 대학원 석사학위논문.

최하영(2000). '친구 만들기 프로그램'을 통한 장애아동에 대한 비장애아동의 태도 변화 연구. 이화여자대학교 대학원 석사학위논문.

Sapon-Shevin, M.(2000). Schools fit for all. *Educational Leadership*, 58, 34-39.

PART

5

통합교육을 위한 교수전략

1. 직접교수
2. 협력교수
3. 협동학습
4. 또래교수
5. 보조공학
6. 물리적 환경

1. 직접교수

직접교수는 일리노이대학교의 Engelmann 등에 의해 1964년 DISTARD(District Instruction System for Teaching Arithmetic and Reading)라는 교수 프로그램으로 제안되었다. 교수 프로그램은 사회경제적 지위가 낮은 아동 등을 위해서 60개의 세부적인 프로그램과 함께 표준화된 교수 기술 및 계열화된 내용 등으로 구성되었다. 그러나 직접교수(DI: District Instruction)는 Rosenshine에 의해 직접교수(소문자 di)란 용어가 새로이 소개된 이후 용어와 정의에 대한 혼란이 발생되었고, 이로 인하여 대문자로 표기되는 직접교수(DI)와 소문자로 표기되는 직접교수(di)로 개념적 구분이 이루어졌다(김동일 외, 2005 재인용).

직접교수(DI)	직접교수(di)
명시적 교수를 강조하며, 효과적인 교수활동 체계의 구성과 전달체계의 개발에 초점을 둠	교육과정과 교육내용보다는 학업성취의 향상과 상관이 있는 교사의 행동 패턴의로서의 교수기법과 방법을 의미함

직접교수에 의한 수업에서는 교사는 이전에 배운 것을 복습하며 새로운 개념 및 기술을 명료하게 제시한다. 수업이 진행되면서 교사는 장애학생이 이해하였는지 확인하기 위해 장애학생들이 연습하는 동안 이를 점검하고, 필요시 직접적이고 긍정적이며 즉각적인 피드백을 제공한다. 또 장애학생들이 이를 잘 숙달하도록 연습할 기회를 제공하며 학습한 개념과 기술을 유지하도록 정기적이고 조직적인 연습 기회를 제공한다. 직접교수는 다른 교수법보다 교사 중심의 교수법으로, 교사가 주요한 정보를 직접 제공하고, 수업의 목적이 장애학생들의 흥미를 유발할 때, 다음 수업에 필요한 필수적이며 본질적인 개념, 규칙, 사실, 행동 절차의 내용을 배울 때 보다 효과적이다. 직접교수의 단계는 다음과 같다.

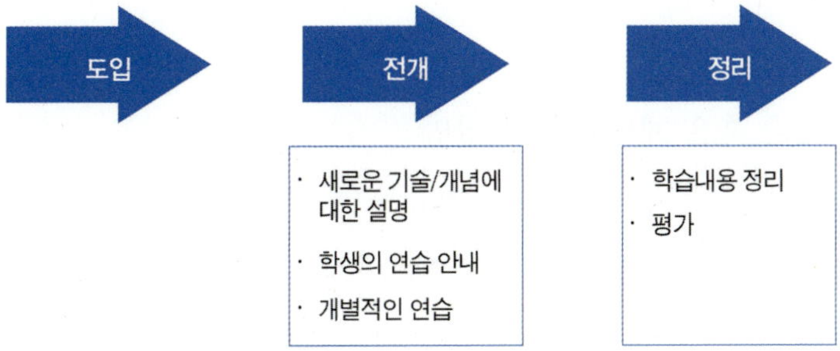

그림 5-1 직접교수의 단계

1) 도입

수업은 교사가 장애학생을 집중시키고, 수업목표를 명료하게 제시하는 것에서 시작한다. 그렇기에 교사는 사전준비를 철저하게 해야 하며, 무엇은 배울지, 그 정보가 왜 중요한지, 새롭게 배우게 될 것에 대해 미리 알고 있는 것과 어떤 연관성이 있는지를 제시한다. 이때 교사는 개념 및 지식을 장애학생들이 이해할 수 있도록 학습 속도를 조절해야 하며, 장애학생들에게 동기를 부여할 필요가 있다.

또한 수업의 도입에 복습과 점검을 실시하는 것이 중요하다. 예를 들어, 수업을 시작할 때 학생들끼리 서로 옆사람의 숙제를 확인하고, 특별히 어려웠던 과제는 다시 질문하고 답하는 과정을 통해서 확인할 수 있다. 이러한 과정은 장애학생들에게 새로운 수업에 필요한 내용을 어디까지 알고 있는지 발견할 수 있어 효과적이고 효율적이다.

매일 복습과 점검을 위한 다양한 전략 등은 이전의 수업이 장애학생들 전체 혹은 일부, 대부분의 장애학생들의 이해도를 확인할 수 있기에 중요하다. 만약 장애학생들의 일부 혹은 대부분이 이해하지 못했다는 것을 발견하면 추가적인 복습과 다시 교수하는 것이 필수적이다.

2) 전개

(1) 새로운 기술 혹은 개념에 대한 설명

전체 수업은 해당 학생의 이전 지식, 능력, 수준, 경험 정도와 관련되어야 하며, 여러 단계로 나눠서 진행될 필요가 있다. 수업 내용도 마찬가지로 단계별로 진행되어야 하며, 어느 부분에서는 너무 내용이 많아 지루해지는 등 부정적인 정서 및 동기가 저하되는 것에 주의해야 한다. 중요한 것은 한 번에 하나의 지식을 담은 자료를 제시해 그것을 제시함으로써 학습자들이 하나의 요점을 완전히 배운 뒤 다음 내용을 배울 수 있도록 하는 것이 필요하다. 장애학생에게는 수업의 내용을 명시적이고 반복적으로 전달할 필요가 있으며, 수업 목적에 초점을 맞춘 짧고 맞춤형 설명이 중요하다. 마찬가지로 교사는 간결하고 알기 쉽게 단계별로 설명해야 하며, 장애학생들의 수준을 고려해 이해하기 쉬운 어휘를 사용해야 하며, 모르는 용어 등을 설명하고, 수업에서 중요한 내용을 반복하는 것이 필요하다. 수업은 알기 쉽도록 하위 항목, 규칙, 범주로 나눠야 하며, 교사가 해당 내용을 명확히 설명했다면, 다음 단계는 장애학생들이 해당 내용을 연습할 수 있도록 안내하는 것이다.

(2) 학생의 연습 안내

교사의 설명을 마치고 나면, 직접적인 교사의 지도 아래 새로운 기술 혹은 개념을 연습해 보는 것이 필요하다. 교사의 명확한 설명도 분명 도움이 되지만, 장애학생들의 연습이 없다면 이는 완전히 학습되고 일반화되어 적용되기에는 어려움이 있을 수 있다. 이때 교사는 장애학생들이 연습하는 동안 궁금한 내용 등을 질문할 수 있도록 하고, 질문한 내용에 성실히 답변해 주어야 한다. 이를 통해서 자신의 질문에 즉각적인 피드백을 받을 수 있는 기회를 제공하는 기회를 강화할 수 있다. 질문과 이에 대한 피드백은 서로 연관이 되며, 이는 교사들에게 중요한 기술적 요소가 되기도 한다.

① **발문하기**

효율적인 발문(發問, questioning)은 교사들로 하여금 장애학생들이 제시된 정보를 이해했는지를 검증하게 해주며, 그에 따라 정확하고 실제적인 대답이 가능하다. 즉, 좋은 발문이란 장애학생들에게 정확한 대답을 이끌어내며, 학습과정 및 과업의 중요한 특징에 관심을 가지도록 해 모든 학생들이 수업에 적극적인 참여자가 되도록 한다. 이때 유의할 점은 발문은 미리 계획되어야 하며 그 결과 발문의 의미와 요구되는 대답의 유형이 명확해야 한다는 것이다. 발문의 원칙은 간단 명료하며, 개괄적이면서 사고를 자극할 수 있고, 뚜렷한 목적을 내포해야 한다. 발문은 장애학생들의 경험과 지식의 범위 내에서 이뤄져야 하며, 개인별 특성을 최대한 고려해야 한다(교육심리학용어사전, 2000).

② **피드백하기**

모든 학생들은 자신들의 대답을 확인하고자 한다. 교사는 학생들이 올바르게 대답을 할 수 있도록 가능한 한 빨리 도움을 줄 필요가 있다. 피드백을 한다는 것은 교사들에게는 특히 중요한 기술인데, 학생들이 주어진 발문에 정확한 반응을 보일 때, 교사는 이에 대해서 정답임을 알려주어야 한다. 정답을 알려줄 기회를 놓치게 되면 특히 장애학생들은 혼란스러워한다. 만약 장애학생들이 주저하거나 자신의 답을 확신하지 못한다면, 교사는 장애학생에게 그 대답이 정답임을 의미하는 즉각적이고 명료한 언어적 혹은 비언어적 진술을 해주어야 한다. 이때 만약 장애학생이 질문에 대해 정확하고 명확히 답을 하면 교사는 정답을 의미하는 언어적 표현(예: "맞아" 등)과 비언어적 표현(예: 끄덕임, 엄지 신호 등)으로 질문에 대한 답을 받아들인다는 신호를 줄 수 있다. 만약 칭찬을 한다면 그것은 장애학생의 대답 이후에 빠르고, 성의 있게, 특별하게 전달되어야 장애학생들이 주어진 질문에 대한 응답이 정확하다는 것을 알 수 있게 된다. 그러나 여기서 중요한 것은 교사는 부자연스럽고 의미 없는 칭찬 등으로 수업의 진행을 방해해서는 안 된다는 것이다.

장애학생이 부적절한 대답을 했다면, 교사는 즉각적이고 명확하게 그 대답 중에 맞는 부분에 대해서는 짚어주어야 한다. 그런 다음에 교사는 이전 질문을 되풀이해야 하며,

동시에 장애학생들의 관심과 과업의 중요한 특징에 집중해 장애학생이 올바른 답을 도출할 수 있도록 도와야 한다. 만약 장애학생들이 여전히 답을 할 수 없다면, 그들이 정확하게 반응할 수 있도록 힌트나 조언 등을 줄 수 있다. 그러나 장애학생이 발문에 대해 대답을 정확하게 알고 있지 못하다면 계속해서 장애학생을 재촉하고 다그쳐서는 안 되며, 장애학생의 능력 및 수준 등에 맞추어 다시 발문하고, 대답을 할 수 있도록 다양한 자극을 활용해 촉구(prompt)할 수 있다.

(3) 개별적인 연습

장애학생들이 연습하는 동안 비교적 높게 반응한다면 장애학생에게 새로운 기술 및 개념을 스스로 연습할 수 있는 기회를 제공해야 한다. 개별적인 연습으로는 새로운 정보에 익숙해지도록 만들어주며, 교사는 이전에 학습한 것을 유지하고 적용하는 데 도움을 주기 위해 개별적인 연습을 계획할 수 있다. 때로는 개별적인 연습은 자습과제로서의 성격을 띤다. 이때 과제는 수업 목표와 관련되어야 하며, 교사의 지도하에 설명되고 연습한 것과 비슷한 반응을 하도록 해야 한다. 이때 연습 및 자습과제는 단지 수업시간을 채우기 위해 사용되어서는 안 된다. 개별적인 연습과제는 학생들이 새로운 정보에 익숙해지기 위해서 만들거나 그들의 이전 학습을 유지하고 적용하는 데 도움이 된다.

장애학생들이 개별적인 연습을 해나갈 때, 교사들은 그들의 진행도 및 성취도 등을 점검해야 한다. 교사는 장애학생들의 이해도와 정확도를 파악하고, 명확한 설명과 조언을 해주거나 필요할 경우 재교수를 해야 한다. 개별적인 연습을 반드시 개개인이 종이 위에 무언가를 작성할 필요는 없다. 이때는 부모, 보호자, 또래 등의 도움을 받을 수 있다. 연습할 때는 다음과 같은 지침을 따르는데, 이를 기억하며 효과적인 연습을 촉진할 수 있다.

- 왜 장애학생들이 연습하는지에 대해서 이해하기
- 효과적인 연습을 위해서는 지원적으로 간단하게 하기
- 평가하지 않기
- 장애학생의 성공을 위해서 연습을 계획하기

- 연습하는 동안에 학생들에게 피드백 제공하기
- 질적인 진보와 도전감, 다양성을 줄 수 있도록 연습하기 등

또한 교사는 장애학생들이 적극적으로 연습에 참여할 수 있도록 다음과 같이 할 필요가 있다(박승배 외, 2006).

- 독자적인 연습의 첫 번째 문제에서 전체 학급을 지도해야 한다. 활동의 시작 순간을 분명히 해 과제를 명확히 이해하지 못한 학생들이 다른 학생들을 혼란시키지 않고도 질문할 수 있도록 해야 한다. 또한 질문에 답을 찾을 수 있는 모델을 만들어 장애학생들이 다음 문제에 활용할 수 있도록 한다.
- 연습을 유도하고 피드백을 제공하고 나서는 가능하면 빨리 학습지 등을 제공해야 한다. 학습자들이 독자적인 연습 직전에 마련된 것이 교사가 안내한 연습과 관련된다는 것을 이해하게 된다. 만약 그렇게 하지 못하고 다음날 학습지 등을 제공한다면 장애학생들을 그 문제와 관련해 질문을 많이 하게 되고 교사들은 전날 가르친 내용을 다시 한 번 반복하고 설명하게 되어 비효율적이다. 학습과 연습의 시간이 빠르게 연결될수록 회상과 이해가 최고조에 달할 수 있다.
- 장애학생들이 독자적으로 연습하는 동안 피드백을 주고, 질문하며 설명해 주기 위해서는 장애학생들의 사이를 부지런히 돌아다녀야 한다. 돌아다니는 동안에 소수가 아닌 대부분의 학생들에게 관심을 보여주는 태도로 한 학생당 30초 이하로 설정해 소수에게 관심을 보이지 않아야 한다. 한 학생의 공책을 훑어보면서 다른 답 등을 할 수 있도록 촉구하며, 다른 학생들이 사실과 규칙 등을 떠올릴 수 있도록 하는 시간을 최소화하여 다른 학생들도 관찰할 수 있도록 하는 것이 좋다. 학생들이 독자적으로 연습하는 것을 관찰하는 동안 때로는 중요한 직접교수가 이뤄질 수 있는데, 이때는 개별 학생과의 접촉시간을 짧게 하며 간단하고 명확하게, 구체적인 이슈에 초점을 둘 필요가 있다.

3) 정리

(1) 학습내용 정리

학생들의 개별적인 연습이 끝나고 나면 교사는 학생들에게 수업에 대해서 마지막으로 정리해 주어야 한다. 학습한 내용은 복습하고 요약하기 등을 할 수 있으며, 장애학생들에게 새로운 정보의 중요성과 유용성 등을 환기시키며 학습목표를 재확인할 수 있다. 또 장애학생들에게 소감이나 알게 된 내용 등을 질문하며 스스로 요약 및 정리하며 자신의 생각 등을 나누게 할 수 있다.

(2) 평가

수업이 끝나면, 교사는 장애학생들이 그 시간의 수업목표에 적절히 도달했는지 체계적으로 평가할 수 있으며, 매일 혹은 매시간 장애학생들의 성취도에 대한 정보를 수집해 차시 수업을 평가할 수 있다. 흔히 장애학생들이 연습시간 동안 80~90% 혹은 그 이상의 성취도에 도달한다면, 교사는 현재의 수업 속도 및 내용, 전략 등을 유지할 수 있으며, 가속화시킬 수 있다. 그러나 만약 장애학생들이 실수를 자주 하며 학습목표를 성취하지 못한다면 교사는 다음과 같은 질문을 스스로에게 하며 해당 수업 내용 및 전략 등을 점검할 수 있다.

- 수업의 목표가 적절했는가? 수업목표가 학습 단계(습득, 숙달, 유지 및 일반화)에 맞게 기술되었는가? 설정된 기준의 수준이 너무 높거나 낮지는 않은가?
- 학생이 수업에 참여하기 위한 동기부여가 적절했는가? 학생들이 수업내용의 타당성 및 유용성을 이해하고 있는가? 학생의 목표는 현실적인가?
- 학생들은 이 수업에 필요한 기술(예: 쓰기, 읽기 등)을 가지고 있는가? 수업의 속도는 적절한가?
- 교사의 설명은 명확한가? 설명은 적절하게 배열되었는가? 수업에 활용된 예시는 학습할 기술을 명확하게 설명하고 있는가? 과제의 핵심을 학생들에게 명료하게 안내하고 반복해 제시했는가?
- 발문(질문)은 명확하고 학생의 정확한 반응을 이끌어 냈는가? 모든 학생들은 대답할

수 있는 충분한 기회를 가졌는가? 그들은 생각하고 대답할 시간(예: 기다리는 시간 등)을 가졌는가?

- 학생들은 각각의 대답에 대해 즉각적이고 적절한 피드백을 가졌는가? 학생들은 대답이 정확한 것임을 알았는가? 발문(질문)과 촉구는 학생이 정답을 맞출 수 있도록 초점을 맞췄는가?
- 연습의 안내는 수업의 목표와 설명에 부합하는가? 학생들에게 부가적으로 연습을 안내할 필요가 있었는가?
- 개별적인 연습활동은 실제로 수업목표에 부합했는가? 개별적인 연습활동은 설명과 연습을 안내할 때와 같은 행동 반응을 요구했는가? 학생들은 지시를 이해하고 자신들이 무엇을 해야 할지에 대해서 제시했는가? 학생들은 평가를 받기 전에 추가적으로 개별적인 연습이 필요하지는 않았는가?

2. 협력교수

협력교수(Collaborative teaching)는 팀티칭(Co-teaching)보다 광범위한 용어로, 두 명 이상의 팀 구성원이 장애를 가진 다양한 학생 집단에게 효율적인 교육을 위해 교실 내에서 함께 교수하는 것을 의미한다. 협력교수의 예로는 특수교사와 일반교사가 수업을 함께 계획하고 실행하는 것 등이 있다. 따라서 함께 수행하는 교사들 각자의 전문성과 관심을 반영해 교수 설계를 하고 학생들의 수업 결과를 향상시키기 위해서 각자 교사의 역할 및 기술을 확장하며, 함께 다양한 갈등 상황을 해결하고 대화하는 것이 중요하다. 또 역할을 바꾸어 해봄으로써 서로에게서 배우고 가르치며 종종 다른 학문을 접해보기도 하고, 상호 교수를 통해서 자신의 교수 실제를 향상시키는 과정에서 함께 수행하는 교사들 간에 짝을 지어 구조화하는 과정이 된다(Hargreaves, 1994).

협력교수는 다음과 같은 장점이 있다. 첫째, 교사들 간에 협력이 잘 이루어지면 장애학생에 대한 이해를 도우며, 나아가 이러한 이해를 토대로 장애학생에게 적절한 교수법을 찾을 수 있다. 둘째, 일반교사와 특수교사의 협력이 이루어지면 교육과정 운영에서 연계성을 확보해 장애학생에 대한 일관성 높은 교수를 제공할 수 있다는 것이다. 셋째, 장애학생에 대한 특수교사와 일반교사의 협력교수가 이루어지면 한 사람에게 장애학생을 일방적으로 맡기는 것이 아닌 서로가 공유하고 협력하며 서로의 고충을 더 잘 이해할 수 있다. 넷째, 협력교수를 통해서 장애학생뿐 아니라 사각지대에 놓인 다른 학생들에 대해서 소외시키지 않을 수 있으며, 장애학생을 대상으로 한 교육처럼 적절한 개입 및 중재를 발휘할 수 있다. 뿐만 아니라 협력교수는 두 명의 교사가 다양한 능력을 발휘해 학생들을 함께 지도하는 것으로 둘 이상의 교사의 장점을 살려 가르친다는 점, 다양한 능력의 학생을 대상으로 할 수 있다는 점, 통일한 물리적 공간에서 함께 지도한다는 점을 특징으로 하며, 특수교육보조원처럼 단순히 장애학생들을 보조하는 사람과 함께 있는 것을 두고 협력교수라고 하지는 않는다.

1) 협력교수의 모형

협력교수의 모형에는 1교수 1지원, 스테이션 교수, 병행교수, 대안교수, 팀 교수 등이 있다. 이때 각 협력모델은 장애학생들의 요구와 교과 특성 등을 고려해야 하며 협력교사 간의 협력이 가장 잘 이루어질 수 있도록 적절하게 사용될 때 진정한 협력교수가 이루어진다고 할 수 있다(신진숙, 2013).

(1) 1교수 1지원 모형

1교수 1지원 모형(one teaching, one support)은 한 명의 교수가 수업의 계획과 실행에 대한 대부분의 책임을 지게 되며, 다른 교사가 주로 교수적 수정이나 교실 관리, 학생들과의 대화, 학습지 관리 등 필요한 다른 지원의 역할을 수행한다. 여기서 유의할 점은 한 명의 교사가 지원자의 역할로 고정되어서는 안 된다는 점이다. 1교사 1지원 모형은 특정 학생들의 문제를 파악할 때, 학생의 진보와 성취 등을 점검하고자 할 때, 대상 학생과 학습의 타 학생의 수행을 비교하고자 할 때 적절하게 사용할 수 있다(교육부, 2017).

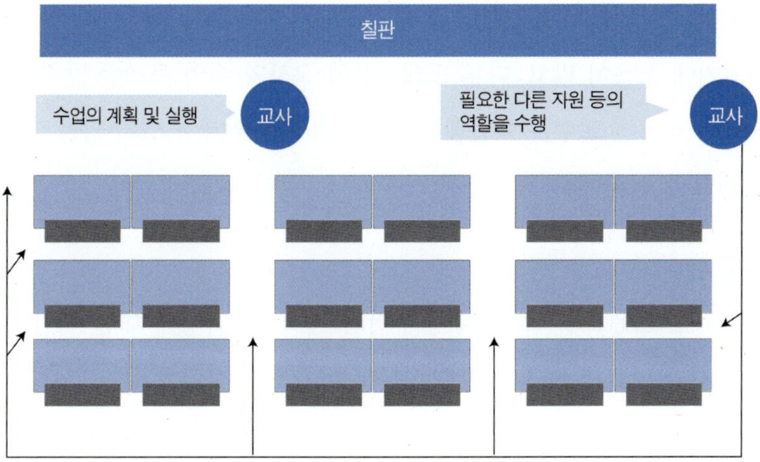

(2) 스테이션 교수

스테이션 교수(station teaching)는 교사가 교수적인 내용을 둘, 셋, 그 이상의 부분으로 나누어 교실의 다른 장소에서 내용을 제시하는 것을 의미한다. 장애학생 등 학생들은 소집단으로 구성되어 스테이션을 돌아가면서 수업을 듣게 된다. 두 명의 교사는 두 개의 스테이션에서 교재를 나눠 가르치고 그 다음에 학생집단을 바꿔 다시 가르치게 된다. 따라서 이 모형은 경험이 없는 협력교수 교사들에게 안정감을 제공하며, 학생들은

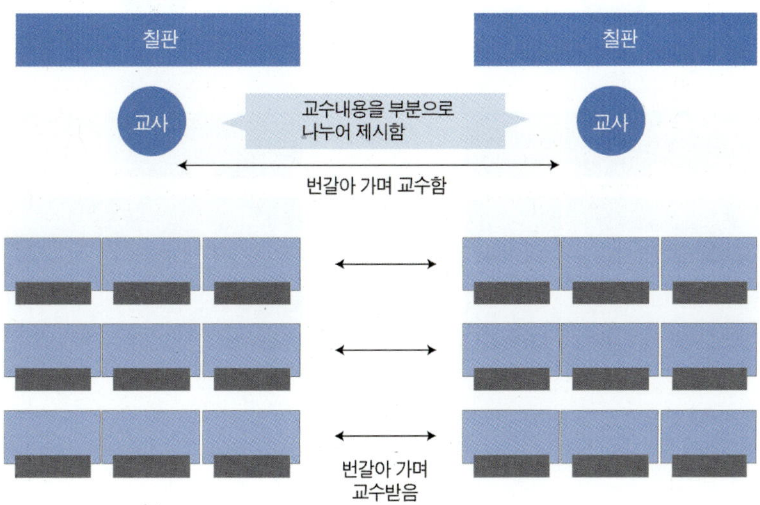

소규모로 교사를 만나게 되므로 다양한 혜택을 받을 수 있다. 그러나 동시에 교수가 진행될 수도 있기에 소음이 많고, 다른 스테이션의 교사와 수업 보조를 맞춰야 한다는 어려움이 있다. 스테이션 교수는 학습내용이 복잡하지만 위계가 있지 않을 때, 예를 들어서 복습이 필요한 상황에서 적절하게 사용할 수 있다(교육부, 2017).

(3) 병행교수

병행교수(parallel teaching)는 두 교사가 수업의 계획 및 실행에 대한 책임을 공유하는 것으로, 두 교사가 학급의 학생을 반으로 나누어 각각의 집단을 맡아 가르치는 것을 말한다. 이때는 두 교사가 같은 내용을 가르쳐야 하므로, 같은 내용을 교수하기 위해 구체적인 사전 협의가 필요하며, 가르치는 내용이 동일할 필요가 있다. 이 모형은 같은 주제에 대해 상반된 내용을 학습한 후에 토론하는 수업에서 적용될 수 있다. 병행교수는 교사 대 학생의 비율을 줄이는 것으로 교수법의 효율성을 향상시킬 필요가 있을 때 적절하게 사용할 수 있다. 예를 들어서 토론에 학생의 참여를 촉진시킬 때, 집중적인 지도와 반복 연습이 필요할 때 적용할 수 있다(교육부, 2017).

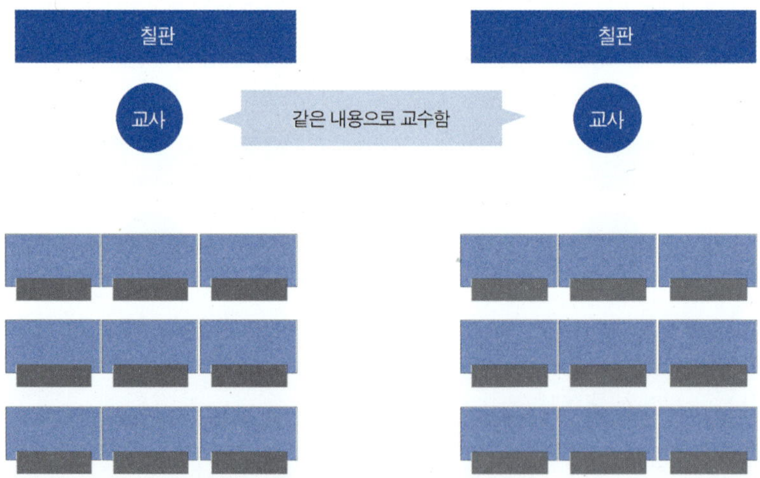

(4) 대안교수

대안교수(alternative teaching)는 학급을 대·소집단으로 나눠 두 교사가 각각의 집단을 맡아서 가르치는 것을 말한다. 이때, 소집단의 학생들은 보충학습, 사전학습, 심화학습, 다른 개별화교수를 수행하게 된다. 여기서 특수교사가 소집단을 가르치는 교사로 고정되어서는 안 되며, 만약 그렇게 된다면 일반교실의 뒤에서 특수교육을 운영하는 것과 다를 바가 없다. 이 모형은 새로운 내용을 가르칠 때 소집단의 학생에게 교사가 직접교수로 확실하게 할 필요가 있을 때 효과적인 모형이라고 할 수 있다. 대안교수는 학습내용에 대한 학생들의 수준 차이가 클 때, 학습내용에 대한 성취기준이 높을 때 등에 적절하게 사용할 수 있다(교육부, 2017).

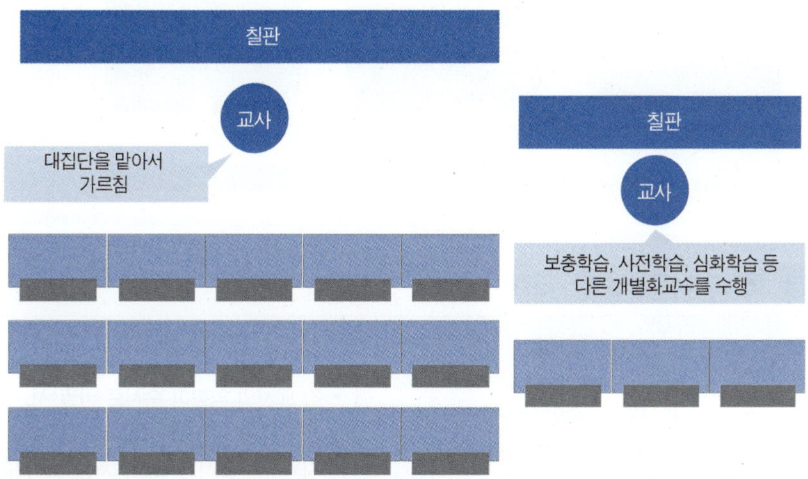

(5) 팀 교수

팀 교수(team teaching)에서는 두 교사가 수업의 계획 및 실행의 책임을 공유하게 된다. 학생들은 대집단으로 수업을 받게 되며, 교사들은 한 팀으로 새로운 학습 내용을 소개하고 지식 및 기술 등을 수행할 수 있도록 도우며 정보를 명료화시키게 된다. 팀 교수는 학습, 나아가 교실의 관리 등을 용이하게 한다는 장점이 있다. 이 모형에서는 두 교사

간의 소통, 신뢰, 존중 등이 중요하며, 한 교사만으로는 수업을 진행할 수 없는 상황일 때 다른 모형보다 유용하다. 예를 들어서 역할극이나 적절한 행동 등의 모델링, 상호 토론 장면 등을 학생들에게 보여줄 때 효과적이다. 두 교사의 경험이 상호보완적일 때 적용할 수 있으며, 학습목표가 학생들에게 상호작용 모델을 보여줄 필요가 있을 때 적절히 사용할 수 있다(교육부, 2017).

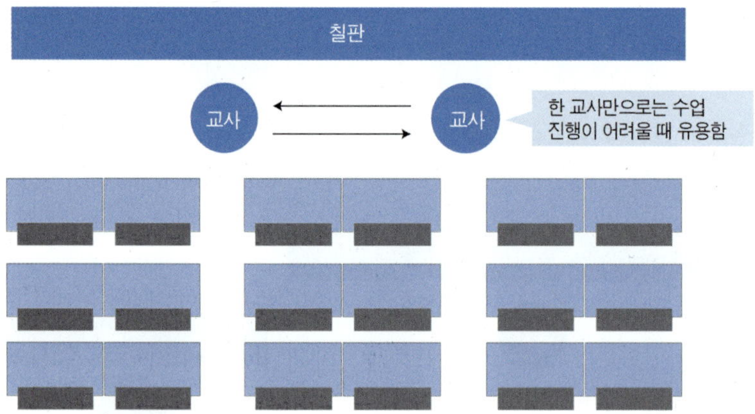

표 5-1 협력교수 유형별 장 · 단점

유형	장 점	단 점
1교수 1지원 모형	• 각 교사의 역할이 수업 내용에 따라 수시로 서로 바뀔 수 있는 융통성을 지님 • 도움이 필요한 학생을 개별적으로 지원 가능함	• 각 교사의 역할이 수시로 바뀔 시, 수업의 흐름이 부자연스러워짐 • 지원하는 교사가 보조원처럼 보이거나 학생의 주의를 산만하게 할 수 있음 • 학생이 지원교사에게 의존할 수 있음
스테이션 교수	• 능동적인 학습 환경을 제시함 • 소그룹으로 주의집중을 증가시킴 • 협동과 독립성을 증진시킴 • 학생의 반응을 증가시킴 • 전략적으로 집단을 구성할 수 있음	• 많은 계획과 준비가 필요함 • 교실이 시끄러워짐 • 집단으로 일하는 기술과 독립적인 학습 기술이 필요함 • 전체 학생 활동을 감독하기에 한계가 있음
병행교수	• 효과적인 복습이 가능함 • 학생의 반응을 독려할 수 있음	• 동일한 수준의 내용을 성취하기가 어려워짐 • 상대방 교사의 속도에 대해 점검해야 함

	• 집단학습과 복습을 위한 교사-학생 간의 비율을 감소시킴	• 교실이 시끄러워짐 • 모둠 간 과도한 경쟁을 유발할 수 있음
대안교수	• 심화학습의 기회를 제공함 • 결석한 학생의 보충기회를 제공함 • 개인과 전체 학급의 속도를 맞출 수 있음 • 못하는 부분을 개발해주는 시간을 가질 수 있음.	• 도움이 필요한 학생만 계속 선택하기 쉬움 • 분리된 학습 환경이 필요함 • 조율하기가 어려울 수 있음 • 학생을 고립시키는 느낌을 줄 수 있음
팀 교수	• 체계적 관찰과 자료수집이 가능함 • 역할과 교수 내용을 공유함 • 개별적 도움 제공이 가능함 • 학업과 사회성에 있어서 적절한 도움을 구하는 행동 모델을 보여줄 수 있음 • 질문하기를 지도할 수 있음 • 개념, 어휘, 규칙 등을 보다 명확하게 할 수 있음	• 학습을 풍부하게 하는 것이 아니라 교사의 업무를 분담하는 것에서 그칠 수 있음 • 많은 계획이 필요함 • 모델링과 역할놀이 등과 관련된 기술을 필요로 함

출처: 교육부(2017). 초·중등학교 통합교육 실행 가이드북 Ⅰ. 세종: 세종특별자치시교육청.

2) 협력교수와 관련된 이슈

통합교육의 상황에서 대부분의 일반교사는 특수교사와 협력해 업무를 수행하고, 특수교사로부터 자문을 구하며 협력교수를 실행하게 된다. 그러나 그 가운데 많은 이슈가 제기되기도 한다(Vaughn et al., 2011). 그 이슈는 다음과 같다.

첫째, 교사들은 협력교수에 대해서 우려를 표현한다. 많은 교사들은 협력교수를 필수적으로 수행해야 한다고 생각하지 않는다. 따라서 협력교수를 수행하려면 교사가 적극적으로 수용하고 도와주어야 한다. 교사 중 일부는 다른 교사가 교실에 필요치 않다고 느낄 수도 있고, 종종 특수교사가 더 많은 책임을 맡아야 한다고 생각할 수도 있다. 또, 일부는 협력교수를 위한 행정적인 지원이 부족한 현실을 지적한다. 이러한 문제를 해결하기 위해서는 각 교사의 주요한 역할 및 책임의 경계를 명확하게 하고, 지속적인 점검과 소통 등이 필요하다.

둘째, 협력교수를 실시하게 됨에 따라 어디까지 학생을 책임져야 하는지에 대한 논쟁이 있을 수 있다. 장애학생은 하루의 대부분 혹은 일부를 일반교실에서 통합되어 교육을 받는다. 이때 학생에 대한 책임이 논쟁이 될 수 있는데, 일반교사든 특수교사든 모든 교사에게는 모든 학생은 내 교실의 학습공동체의 구성이며, 나는 모두를 환영한다고 생각하는 책임감 있는 태도가 필요하다.

셋째, 전체 학생을 대상으로 수업을 계획하고 책임져야 한다고 생각하는 일반교사와 학생들의 개별적인 욕구 및 목표를 충족시키는 데 초점을 두는 특수교사 간의 차이에서 어려움이 발생할 수 있다. 다시 말해, 학급 전체를 맡고 있는 일반교사와 개별 학생을 맡고 있는 특수교사 간의 갈등으로 이어질 수 있다. 따라서 학급의 모든 학생들의 이익을 위해 서로 협력하는 존재라는 것을 기억하며 차별화된 전문교육과 기술을 극대화시키는 방향으로 나아가는 것이 중요하다.

넷째, 교사는 교육과정에서 제시하는 내용 모두를 가르쳐야 하는 의무와 부담감을 가지고 있다. 그러나 학급의 일부 학생은 이와 같은 내용을 따라오기 어려울 수 있다. 특히 일반학급에 속해 있는 특수교육이 필요로 하는 학생의 경우에는 이를 수행하기에 한계가 있을 수 있으며, 이러한 상황에서 교사들이 겪어야 하는 딜레마도 앞으로 우리가 해결해 나가야 할 문제들이다. 교육과정에 내용을 모두 가르쳐야 할지, 일부 내용 중 현재 장애학생에게 필요한 내용만을 조정해 교수해야 할지 등은 고민할 필요가 있다.

3) 협력교수 시 고려해야 할 점

협력교수를 결정하고 나서 프로그램의 계획에서 실행까지 많은 난관에 봉착하게 된다. 시간 부족, 관리자의 자원 부족, 자원이나 전문성 발달의 어려움, 팀 교수 구성원 간 역할의 모호함, 동료들의 반대, 일과의 혼란스러움, 막대한 작업량 등의 다양한 문제가 있고, 성공적인 협력교수를 위한 책임감 등을 경험할 수 있다. 그러나 여기서 중요한 점은 교사는 협력교수의 구성원으로서 모든 학생들에 대한 책임감을 가지고 학생들의 학습을 촉진시킬 수 있는 방법을 배울 필요가 있다는 점이다(신진숙, 2013). 효과적인 협력교수를 위해서는 다음과 같은 사항들이 고려되어야 한다(Salend, 2011).

① 일반교사와 특수교사 간 협력교수를 해야 하는 이유와 목표 등을 함께 의논해야 한다. 협력에 대한 공통된 시각과 원칙을 가지고, 협력해 일하는 것에 대한 교사의 걱정이나 느낌, 다짐뿐만 아니라 서로에게 기대하는 것에 대해서 논의하는 것이 바람직하다.

② 교사는 서로의 능력, 신념, 일과, 교수 스타일, 의사소통 방식, 학급 경영의 가치관, 평가전략 등을 배워야 한다.

③ 협력교수를 실시하는 구성원들은 서로의 역할뿐만 아니라 전문적인 영역과 각자의 책임에 대해서 조정하고 서로 이해해야 한다.

④ 교사와 학생들의 일과의 요구에 따라서 다양한 일과표를 조정하고 작성해야 한다.

⑤ 서로 다른 문화적 차이와 상호작용에 민감해야 한다. 이는 교사 간의 다양한 시각을 이해하고 받아들이며 서로의 문화적 신념과 의사소통 스타일에 적절히 반응하며 수용해야 함을 의미한다.

⑥ 협력을 지원할 수 있도록 학급을 배열한다. 이는 학급의 편성, 학생 구성, 자료의 사용, 일과의 운영 및 활동 등에 서로 동의하는 것을 포함하고 있으며 두 교사는 동등한 입장으로 자료와 교실의 공간을 공유하고 서로 접근하기 용이해야 한다.

⑦ 학생의 학업적 · 행동적 · 사회적 수행에 관한 판단을 위한 공통의 기대 수준을 정해 공유해야 한다.

⑧ 의사소통, 문제해결, 팀 구성을 위한 기술을 발달시키고, 소통해야 한다.

⑨ 다른 교사 혹은 사람에게 공손하게 말하고, 다른 사람의 말을 경청해야 한다. 서로 의견을 말하고, 상대방의 언어적 혹은 비언어적 의사소통 스타일을 이해해야 한다. '나는, 나의'보다는 '우리는, 우리의'라는 측면에서의 의사소통이 적절하며, 의견의 일치를 보는 것이 중요하다. 휴식이나 소통이 필요할 때는 이를 나타낼 수 있는 수신호와 같은 비언어적 단서를 만드는 것도 좋은 방법이다.

⑩ 협력교수를 하며 겪게 될 갈등을 해결하기 위해 미리 준비할 필요가 있다. 성공적

인 협력교수는 진취적이어야 하기에 서로의 역할과 책임을 결정하며, 서로의 기술을 조합하는 데 시간을 필요로 한다.

⑪ 업무량과 교수자료를 공유하고 책임을 전가하거나 한 사람에게만 적은 역할을 주어서는 안 된다. 모든 팀 구성원의 기여도는 학생, 그의 가족들, 그리고 타 전문가들에 의해 알려지고 평가될 것임을 기억해야 한다.

⑫ 학생을 가르치기 위해 사용할 교실의 배치는 교과의 목적, 교수내용, 학생의 강점과 어려움 등에 따라서 수시로 바뀔 수 있으며, 협력교수를 진행하는 구성원 둘 다 리더십을 가지고 편안함을 느낄 수 있는 다양한 활동을 해야 한다.

⑬ 프로그램에 대해 설명하고 학생의 진보에 대한 정보를 공유하기 위해서 학생들의 가족들과 주기적으로 소통할 필요가 있으며, 두 교사 모두 가족과의 모든 회의에 참여하고 가족들에게 프로그램에 대한 정보를 제공하는 것이 중요하다.

⑭ 단기 및 장기 목표를 재평가하고, 문제를 해결하고, 교수 계획을 협력해 수립해야 한다. 교사는 서로 책임을 공유하고, 교수 역할과 행정상의 업무를 구분해 처리하고 새로운 아이디어나 접근에 대해 자유롭게 이야기할 수 있어야 한다. 또한 학생의 진보과정에 대한 의견을 교환하기 위해서 교사 간의 정기적인 의사소통을 해야 한다.

⑮ 가족이나 타 전문가들로부터 피드백을 받고 지원을 요청해야 하며, 다른 팀 교수 구성원들을 관찰하고, 효과적인 전략이나 협력교수를 향상시키는 방법에 관해 그들과 의논하는 것도 효과적이다. 또 관리자의 도움이 필요하다면 지원을 요청해야 하며, 관리자는 시간을 제공해 주고, 전문성을 발달시킬 기회와 협력교수의 성공을 가능하게 하는 중요한 자원임을 명심해야 한다.

협력교수를 위해서 사전에 협의가 된 경우라면, 장애학생과 비장애학생, 학부모 등에게 협력교수 교과 및 시간에 대해서 사전에 알리고 관련된 내용에 대한 협조를 구하는 것이 필요하다. 또 관리자의 이해와 행정적 차원에서의 지원 및 지지가 필요한 부분이 크기 때문에 관리자에게 협력교수의 중요성과 해당 내용에 대한 계획을 사전에 알리고 논의할 필요가 있다. 협력교수를 실시하는 중에는 특수교사가 수업의 보조원으로서의 역할만 수행하지 않도록 각 교사가 동등한 위치에 설 필요가 있다.

따라서 특수교사는 장애학생의 현행 수준 및 IEP 목표를 고려해 협력교수를 진행하는 해당 교과의 수업 참여 정도와 수행 역할에 대한 의견을 제시하고, 일반교사는 학급 내에 규칙, 기대행동, 훈육방법 등에 대한 정보를 공유하고, 협력교수를 실시할 교과의 특성 및 교수활동에 대한 정보를 특수교사와 공유할 필요가 있다. 특수교사와 일반교사는 서로의 관계를 형성하기 위해 노력해야 하며, 협력교수 계획에 따라서 수업을 진행하고 특히 장애학생에게 수업에 참여할 수 있는 적절한 기회와 역할을 제공할 필요가 있다.

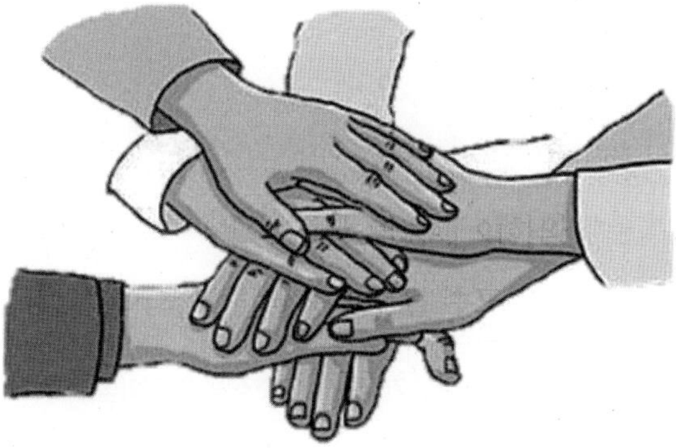

3. 협동학습

협동학습은 '전체는 개인을 위하여', '개인은 전체를 위하여'라는 태도를 가지고 있으며, 집단 구성원들의 성공적인 학습을 위하여 서로 격려하고 도움을 줄 수 있다(Slavin, 1990). Cohen(1984)은 협동학습을 "모든 학습자가 명확하게 할당된 공동과제에 참여할 수 있는 소집단에서 함께 학습하는 것"이라고 하였다. 협동학습은 소집단으로 구성되어 모든 구성원들이 주어진 학습과제나 학습목표를 공동으로 노력하여 달성하는 방법으로, 사회응집성의 관점에서 Johnson 등(1993)은 전통적 소집단 학습과 구별되는 협동학습의 네 가지 기본 요소를 긍정적 상호의존성, 대면적 상호작용, 개별적 책무성, 집단과정으로 제시했다.

표 5-2 협동학습의 기본요소

기본요소	내용
긍정적 상호의존성	타인의 학습이 자신의 학습에 도움을 주고, 자신의 학습이 타인에게 도움을 주는 것.
대면적 상호작용	학습을 도와주고 격려하는 관계를 말함. 구성원들이 자신이 아는 것을 동료에서 설명, 토론, 가르치는 상호작용을 의미함.
개별적 책무성	모든 구성원이 자신에게 부여된 학습자료를 학습하면서, 다른 구성원의 학습을 도울 책임이 있음을 의미함.
집단과정	협동기술 중 각 구성원들의 행동이 다른 구성원들의 학습에 도움을 주는지 주기적으로 검토하는 과정임.

출처: Johnson D.T., Johnson, R.T. (1986). Mainstreaming and cooperative learning strategies. Exceptional Children, 52, 553-561.

21세기의 교육은 획일적인 교육에서 벗어나 개인의 차이를 인정하는 것으로 변화되고 있으며, 이러한 사회적 흐름은 장애아동을 수용하고, 적절한 교육을 제공할 필요성에 대해서 제시하게 된다. 따라서 교육과정도 상호 이해, 수용, 대화, 협력하는 능력을 기르는 내용이 포함되고, 변화될 필요가 있다. 이렇듯 현대사회에서 학교는 보편성보다는 특수성에 주의를 더 기울이며 모든 학습자의 성공적이고 만족하는 교육이 제공되는 것을 지향한다. 이는 상호 적극적 관계 속에서 주어진 문제를 해결하는 교육모형을 요구하므로 협력적 교육이 필요하다고 볼 수 있다.

1) 협동학습의 유형

협동학습의 유형은 성취과제 분담학습, 팀 경쟁학습, 지그소 Ⅱ, 팀 보조개별 학습, 함께 학습하기, 집단 탐구 모형 등으로 나눌 수 있다.

(1) 성취과제 분담학습 모형

성취과제 분담학습 모형(STAD: Stuedent Teams Achievement Division)은 수업 절차가 간단해서 널리 사용되고 있으며, 협동학습을 처음 만나는 접하는 교사들에게 적합하다. 사실에 관한 지식, 이해, 기본 기능 등에 대한 학습에 적절하며, 초등학교 2학년부터 고등학교 3학년까지, 교과로는 국어와 수학, 과학 등에 널리 적용되고 있다(전성연 외, 2010).

수업 안내	• 주요 개념과 학습목표를 제시하고, 학습할 자료와 과제 알림 • 도입, 전개, 연습 순으로 수업을 안내 • 단순한 설명보다는 다양한 시청각 매체를 사용해 학생의 주의를 집중시킴 • 학생의 개별점수는 집단의 점수에 가산되며, 집단의 점수로 보상받게 된다고 안내 • 학생들의 향상될 잠재력을 설명하며, 집단에 점수를 가장 많이 올릴 수 있는 방법 등에 대해서 제시

↓

소집단 학습	• 성취도가 높은 학생 1명과 평균 수준의 학생 2~4명, 학습의 성취가 어려운 학생 1명 등 이질적인 집단으로 구성 • 팀이 구성되면 팀 학습의 의미가 무엇인지 설명하고, 집단규칙을 정해줌 • 구성원들은 자료들을 5함께 공부하고, 문제를 집단으로 토의하며 답을 비교하며 문제를 함께 해결

↓

형성평가	• 소집단 활동 후 개별적으로 형성평가를 실시 후 개인점수로 계산됨 • 학생들은 개별문제를 풀어야 하기에 집단원끼리 서로 돕지 못하며 개별점수로 계산됨.

↓

개인별· 팀별 점수	• 개인점수는 초기에 정해진 각 학생의 기본점수보다 향상된 점수를 의미 • 집단 점수는 팀원의 개별 향상점수의 총합을 평균낸 점

↓

팀 점수와 보상	• 수업 이후 즉시 팀 점수와 개인점수를 제시하고 점수가 높은 개인이나 소집단에게 보상을 제공 • 보상의 방법은 칭찬이나 스티커, 사탕 등으로 보상하는 방법, 점심시간을 먼저 보내게 하는 방법 등이 있음

(2) 팀 경쟁학습 모형

팀 경쟁학습 모형(TGT: Teams Game Tournaments)은 Johns Hopkins 대학교의 사회과학연구에서 고안된 협동학습 모형 중 하나로 수학계산 문제와 응용, 철자법, 구구단, 지리, 과학 개념 등과 같은 단답형 개념 학습에 적절하다. 팀 경쟁학습 모형은 형성평가 대신 토너먼트 과정이 들어간다는 것에서 성취과제 분담학습 모형과 차이가 있다(신진숙, 2013).

수업 안내	• 학습 전체를 대상으로 주요 개념 및 학습목표를 제시하고, 학습할 자료와 과제 알림 • 도입, 전개, 연습 순으로 수업을 안내 • 단순한 설명보다는 다양한 시청각 매체를 사용해 학생의 주의를 집중시킴 • 학생의 개별점수는 집단의 점수에 가산되며, 집단의 점수로 보상받게 된다고 안내 • 학생들의 향상될 잠재력을 설명하며, 집단에 점수를 가장 많이 올릴 수 있는 방법 등에 대해서 제시

↓

집단 구성	• 성취 과제 분담 학습처럼 유사하게 집단을 구성함 • 성취도가 높은 학생 1명과 평균 수준의 학생 2~4명, 학습의 성취가 어려운 학생 1명 등 이질적인 집단으로 구성 • 동일한 수업방법과 연습문제 등을 이용해 협동학습을 실시함

토너먼트 게임	• 각 팀에서 비슷한 수행을 보이는 학생 3명이 나와 한 학생이 문제를 읽고, 다른 학생들은 순서대로 문제를 풂 • 문제에 적힌 카드가 섞이며 게임이 시작되고, 문제를 읽고 도전자가 답을 다 적으면 문제를 읽은 학생이 답을 말하게 됨 • 처음 도전자의 답이 맞으면 통과, 틀리면 재도전을 하게 되며 처음 도전자의 답이 맞으면 점수를 얻게 되고, 나중에 점수 합계를 냄 • 경기는 문제가 다 끝날 때까지 문제를 읽는 학생과 맞추는 사람이 역할을 바꿔가며 진행하고, 문제를 많이 맞춘 팀 순으로 점수가 계산됨

팀 점수 및 보상	• 가장 많은 점수를 얻은 팀을 알리고 상장을 주거나 그 결과를 부모나 보호자 등에게 통보할 수 있음

(3) 지그소 Ⅱ 모형

지그소 Ⅱ 모형(Jigsaw Ⅱ)은 학생들의 상호의존성을 향상시키기 위해서 개발되었다. 학생 각자가 모든 교재를 혼자서 공부하는 대신 팀으로 나눠 각자에게 부여된 과제를 학습하고 해당 주제에 전문가가 되어 자신이 배운 학습 내용 및 결과를 자신이 속한 원래의 집단에게 다시 가르쳐 주어 집단원들이 알 수 있게 하는 모형이다.

수업 안내	• 교사는 학습 팀을 만들어 학습지도를 하고, 각 학생은 하나의 주제를 부여받고, 같은 주제를 가진 학생들(전문가)이 모여 토론하고 공부한 뒤 학습 내용 및 결과를 학습팀에 돌아와 다른 구성원에게 가르치게 됨을 미리 알림 • 개인별로 점수가 매겨지고, 팀 점수로 계산되며 가장 많은 점수를 받은 팀이 얻는 보상 등에 대해서 미리 안내함

원집단 구성 및 개인별 전문과제 부여	• 학생의 능력이나 성, 민족 등 다른 주요 요인을 살펴 이질집단으로 구성 • 팀이 정해지면 사전에 모임을 갖게 되고, 팀 이름과 구성원에 대해서 이야기를 나눔 • 집단 구성원들은 전문가 집단에서 학습할 내용 등에 대해서 각자의 과제를 부여 받음 • 각자의 과제는 전체 학습과제를 팀원의 수로 나눈 것 중 하나로, 학습할 단원을 집단 구성원 수에 맞게 한 부분씩 할당함

전문가 집단에서 협동학습	• 과제분담 학습 집단으로 나누어 때문에 각 집단에서 같은 부분을 담당하는 학생들이 따로 모여 전문가 집단을 형성하고 분담된 내용을 토의하고 학습함 • 각 팀원은 최상의 답을 위한 토론을 이어가고, 답을 도출하며 이후 원집단으로 돌아가 다른 팀원에게 가르칠 전략도 계획하게 됨

원집단에서 협동학습	• 전문가 집단에서 학습을 마친 팀원은 다시 원집단으로 돌아가 다른 구성원들에서 자신이 학습한 내용 등을 가르침

개별 및 팀별 점수	• 개인 점수는 초기 정해진 각 학생의 기본 점수보다 향상된 점수를 말하며, 팀 점수는 팀원의 개별 향상점수 총합의 평균 점수를 의미함

팀 점수 게시와 보상	• 전문가의 수업을 마치면, 즉시 개인 점수와 팀 점수를 게시하고 우수한 수행을 보인 개인이나 집단을 선정해 보상을 제공함

(4) 팀 보조 개별학습 모형(

팀 보조 개별학습 모형(TAI: Team Assisted Individualization)은 Slavin, Madden와 Leavy이 1974년에 개발한 수업모형으로 '수학과목'에의 적용을 위한 협동학습과 개별학습의 혼합모형이다. 4~6명으로 구성된 집단으로 구성원은 이질된 능력을 가지고 있다. 이 모형은 정해진 진도에 따라 이뤄지던 기존의 협동학습모형과 달리 각각 학습자의 학습속도에 따라 학습을 진행해 간다는 특징이 있다(한국교육심리학회, 2000). 즉, 개별적인 진단검사를 실시하고, 학습자 각자의 학습속도에 따라서 개별학습을 진행하게 된다.

집단 구성과 배치검사	• 수업 시작 전, 사전 검사를 통해 각 학생의 수준에 적합한 수준을 평가해 집단을 구성함

학습 안내지와 문항지 배부	• 학생들이 집단에서 학습할 절차와 학습내용 등을 학습 안내지에 적고, 기능 훈련 문항지와 형성평가지도 배부하며 단원평가 문항지와 정답지 등을 배부함

⬇

집단학습	• 집단원들은 자신의 집단 내에서 서로의 학업을 점검하기 위한 짝을 정해 먼저 기능훈련지로 문제를 해결함 • 각 문제를 해결하고 나면, 정답지를 가지고 가서 또래의 점검을 받음. 모두 맞으면 형성평가로 넘어가고, 틀리면 또 다른 문제를 받아서 풀며, 기능 훈련 문제지를 다 맞출 때까지 계속함 • 만약 이 과정에서 어려움이 있으며 또래에게 도움을 요청하고 그래도 안 되면 교사의 도움을 받음 • 형성평가에서 80% 이상 도달하면 통과되고, 단원평가를 봄

⬇

집단교수	• 교사는 아동이 학습하는 동안 5~15분간 각 집단에서 동일한 수준으로 학생을 직접교수함

⬇

집단점수와 집단보상	• 교사는 주 단위로 집단점수를 계산함 • 집단 점수를 각 집단원이 해결한 평균 단원의 수와 단원 평가의 점수를 기록해 계산하는 방법을 취하며, 각 결과에 따라서 집단 보상을 함

(5) 함께 학습하기 모형

함께 학습하기 모형(LT: Learning Together)은 협동학습에서 집단 형성을 강화시키는 것을 목적으로 집단원들의 결속과 원활한 상호작용을 통해서 학습효과를 높이는 전략으로 사용할 수 있다. 해당 모형은 집단 구성원의 상호작용 기술을 배우는 중요한 기회를 제공해준다.

집단구성	학습능력을 본다면 집단 간 동질집단이 되고, 각 집단 내에서는 상이한 차이를 보이는 이질집단으로 구성해 팀을 꾸림

⬇

역할부여	개별적인 책임을 강화하도록 하고, 상호의존적인 관계를 할 수 있도록 구성원이 역할을 분담할 수 있으며, 역할은 팀장, 관찰자, 기록자, 격려자, 연구자 등으로 나눌 수 있음
교사의 직접지도	해당 교사가 단원의 개요 및 학습활동에 필요한 기본적인 내용 등을 직접 교수함
집단학습	집단별로 학습지를 나누어주고 구성원을 두 팀으로 나눠 상호 협력해 문제를 해결할 수 있도록 한 뒤 집단원 모두 협력해 학습결과물을 제출 협동학습이 이뤄지는 동안 교사는 학생들의 행동 등을 관찰하며 기록함
집단보상	개별적으로 형성평가를 실시한 뒤 집단의 평균에 따라 팀 가산점을 집단 구성원 모두에게 동일하게 부여 집단의 점수는 개인 점수를 합산해 계산하고 집단을 보상함

4. 또래교수

또래교수는 교사의 역할을 하는 또래 교수자 혹은 Tutor가 학습에 어려움을 겪는 다른 또래학습자 혹은 Tutee를 교수하고 학습활동을 도와주며 함께 학습해가는 교수체계를 의미한다. 또래교수법은 교수자(Tutor)와 학습자(Tutee)에게 모두 많은 도움이 되며, 학습과정에서 상호작용도 원활하게 된다. 학습과정에서 서로를 도우며 교사로부터 배우는 것보다 또래의 비슷한 눈높이의 의사소통 체계를 통해서 학습자의 입장에서 더 이해할 수 있도록 연습 및 반복 설명이 가능하게 된다(윤광보, 2010).

또래교수법은 통합교육을 실행하기 위해 교실에서 중재할 수 있는 다양한 방법을 충족시킬 수 있는 중재법 중 하나로 보는데 그 이유는 다음과 같다. 통합교육이 실시되기 위해서는 이질적인 학습집단의 특성에 효율적이어야 하고, 학급의 모든 학생이 수행 가능해야 하며, 프로그램 수행에 담임, 학생들의 보호자 등이 이를 수용해야 한다. 이때 또래교수는 이러한 준거를 충족시킬 수 있는 근거를 제시할 수 있으며, 이를 통해서 적극적인 통합교육을 촉진시킬 수 있다. 또 Salend와 Duhancy(1999)는 또래교수법이 물리적 · 사회적 · 교수적 측면에서의 문제를 어느 정도 해결할 수 있다고 보았다. 대부분의 사람들은 장애학생이 일반학급에 물리적으로 통합되는 것이 쉬우리라 생각하지만, 사회적인 통합 즉, 장애학생과 비장애학생의 사회적 상호작용과 일반학급에서 전체를 위해 적절한 수업이 제공되는 수업의 통합을 제공하기에는 한계가 있다. 아무리 물리적 통합이 이루어지고, 모두가 수용적인 태도를 보이며 통합교육을 위한 법적인 장치가 마련되었다고 해도 장애학생을 위한 사회적 또는 학업적인 통합이 되었다는 근거가 다소 부족한 편이다. 그러나 또래교수는 이러한 문제와 관련해서 해결책을 제시하였다. 그러나 교실환경에서 모든 학생들이 수업목표에 도달하는 똑같은 기회를 주기란 현실적으로 어려울 수 있다. 따라서 학생들이 동등한 기회를 보장받도록 하는 재구조화가 필요하며, 이를 위한 지원적이고 한 차원 높은 보조적 환경이 제공되어야 한다.

(1) 동급학생 또래교수

동급학생 또래교수(Same-age peer tutoring)법은 학생이 1대1 상황에서 교사는 수업 관리자의 역할에서 벗어나며, 필요시 또래교수의 절차를 확인하며 또래교수자의 역할을 희망하는 학생을 선발하면 된다. 또래교수자는 더 적절하고 의미 있는 어휘, 예시 등을 사용하며 가르칠 수 있도록 하며, 같은 교재로 학습하는 학습자로서, 또래 학생들의 실수와 문제에 익숙하다. 몇몇 과목에서의 학습과정을 극대화하기 위해서 다양한 방법으로 또래관계를 구조화시킬 때 사용할 수 있으며, 학업적 · 사회적 혹은 재정적인 측면에서 효율성을 가지고 있다.

(2) 상급학생 또래교수

상급학생 또래교수(Cross-age peer tutoring)법은 말 그대로 상급학생 즉, 나이가 더 많은 상급학생이 또래교수자가 되어 나이가 적은 학생들을 교수하는 방법을 의미한다. 대부분 또래교수자의 연령을 또래학습자의 연령보다 2세 이상 높은 학생으로 하며, 1:1 혹은 1:집단 등으로 팀을 구성해 실시할 수 있다. 이때 또래학습자는 자신보다 우수한 또래교수자로부터 많은 것을 배울 수 있으며, 또래보다 유능한 또래교수자와의 상호작용은 인지발달에 중요한 역할을 하기도 한다. 또, 또래학습자는 이를 통해서 도전적 행동 등을 줄일 수 있고, 상급자로부터 개별화된 교수를 받을 수 있다는 것, 또래학습자의 동기부여를 돕고, 다양한 학습적 기술을 배울 수 있고, 상급학생의 풍부한 경험 등을 얻을 수 있다는 장점이 있다. 상급생 또래교수자도 또래학습자의 학습을 지도하기 위해서 자신이 가지고 있는 능력을 최대한 발휘하려고 노력하며, 자신이 직접교수하며 이해의 폭을 넓히고, 책임감 등을 배울 수 있다(Utley et al., 1997).

그러나 또래교수자와 또래학습자의 연령과 학년이 다르기에 학습시간을 맞추기 어렵다는 현실적인 제한점이 있다. 또 항상 나이가 많은 또래교수자가 또래학습자에게 효과적인 이득이 된다고 할 수 없다.

(3) 전 학급 또래교수

전 학급 또래교수(CWPT: Class-wide peer tutoring) 법은 교실에 있는 모든 학생들이 이 또래교수에 참여할 뿐 아니라 모든 학생들이 또래교수자면서 동시에 또래학습자의 역할을 수행하게 된다. 이 교수법은 전 학급에 높은 만족도를 제시하고, 사회적 상호작용의 발달과 긍정적 자아개념의 형성에도 도움이 되는 장점이 있다. 전 학급 또래교수법은 과목, 나이, 수업환경 등 여러 변인에서 효율적이라고 보고되고 있으며, 모든 환경에서 위험요인을 많이 가진 학생을 대상으로 실시했을 때도 유의미한 효과성을 보이고 있다(신진숙, 2001).

5. 보조공학

미국의 「장애인교육법(IDEA)」에 따르면 보조공학은 '상업적인 목적이든, 개인의 특성에 맞춰졌든 간에 장애학생의 기능적 능력을 향상시키고, 유지하는 데에 사용되는 모든 물건, 장비, 생산체제'를 의미한다. 이에 따르면 장애학생을 위한 보조공학은 광범위하며, 물리적인 장치뿐 아니라 장애학생에게 제공되는 서비스까지도 포함된다. 따라서 보조공학은 '장애인의 신체적 · 인지적 기능을 유지 또는 향상시키기 위한 목적으로 지원되는 보조공학 장치와 보조공학 서비스'라고 정의할 수 있다(김남진, 김용욱, 2010). 보조공학에 대한 구체적인 내용은 다음과 같다.

- 보조공학 장치 선정을 위한 장애의 기능적 평가
- 보조공학 장치를 구입 시 제공되는 서비스(구매, 임대 등)
- 보조공학 장치의 선택(디자인, 맞춤, 개조, 대체, 응용, 유지, 수리, 교체 등)
- 현재의 교육재활 계획과 프로그램에 관련된 보조공학 장치의 활용(치료, 중재, 서비스 조정, 사용 등)
- 장애인 및 가족을 대상으로 하는 기술적 교육 및 보조 등
- 사업주, 전문가, 서비스 제공자를 대상으로 하는 기술적인 교육 및 지원 등

1) 통합교육 상황에서 보조공학의 역할

장애학생들은 학교에서 원활한 적응을 위해서 학교의 다양한 장소나 시간에 따라 반복적으로 훈련하는 것이 필요하다. 비장애학생에게는 단순하고 자연스러운 일상의 일과 절차들이 장애학생들에게는 상당한 도전과 어려움이 될 수 있기에 성공적인 학교생활을 위해서는 다양한 도움 등이 필요하다.

통합교육에서 보조공학의 역할을 크게 학생의 요구 반영, 학습에 대한 접근성 보장, 이동성 및 자세의 유지, 생활의 안전과 편의 증진, 의사소통 매개, 인지 및 학업 기능 보조 등으로 제시된다(박현옥, 김정현, 2007). 이들을 구체적으로 살펴보면 다음과 같다.

(1) 학생의 보조공학적 요구 반영

현재 통합교육에서 보조공학적 서비스를 요구하는 학생의 수가 늘고 있으며, 「장애인복지법」, 「장애인고용촉진법」, 「정보격차 해소와 관련된 법률」 등에서 장애인에게 보조공학을 지원하는 것 등이 제시되었다. 이는 통합교육 상황에서 장애학생의 보조공학적 요구를 학생의 교육적 요구로 인정하고, 학교와 담임교사와 특수교사 등의 협력적 역할이 필요하다는 실질적인 법적인 변화를 의미하기도 한다.

(2) 학습에 대한 접근성 보장

보조공학은 기술적 수준이나 적용의 형태가 중요한 것이 아니라 교육적 욕구를 가진 학생들의 독립성을 증가시키고, 학급에서의 활동도 학업적인 진보를 가져올 수 있다. 이를 위해서는 기술적 수준에서의 적용 형태뿐만 아니라 교사들의 접근성과 이용에 대한 용이성 등이 갖춰져야 한다. 따라서 교사에게는 쓰기, 작문, 읽기, 수학, 학습과 공부, 컴퓨터 등에 대한 보조공학기술을 이해해야 하며, 보조공학 전문가들에게는 쓰기, 작문, 읽기, 수학, 학습과 공부, 컴퓨터뿐 아니라 의사소통, 환경관리, 여가와 레저, 일상생활의 지원, 자세, 시·청각적 자료 제공, 이동성 등의 보조공학적 지식이 요구된다. 교사에게는 통합교육 환경 속에서 장애학생과 비장애학생 등 다양한 특성을 가진 학습자의 지도에 필요한 교육과정 설계에 도움을 주고, 관련된 정보와 교수법 등을 안내하는 데 유용하다.

(3) 이동성 및 자세의 유지

현재 대부분의 일반학교는 보행이 불편한 학생의 이동에 어려움을 겪을 수 있는 구조로 설계되었다. 우리나라도 보조공학과 관련된 서비스를 제공하려고 하지만, 학교 내 보행에 불편함을 겪고 휠체어를 사용하는 장애학생의 이동을 용이하게 하고, 자세를 유지할 수 있는 여러 방면의 지원이 필요하다.

(4) 일상생활과 학교생활의 안전 및 편의 증진

보조공학은 장애학생의 일상을 보조하고 학교환경을 조절해 안전과 편의를 도모하는 중요한 역할을 한다. 그러나 지체장애 학생 등을 위해 만들어진 교육용 텔레비전, 스테레오 오디오, 비디오 등 복잡한 장비들은 장애학생 혼자 이용하지 못하는 경우가 빈번하다. 따라서 장애학생이 손으로 간단하게 밀거나 터치함으로써 사용할 수 있는 장치들을 개발 및 사용해 통합교육을 원활하게 할 필요가 있다.

(5) 의사소통의 매개

보조공학은 음성이나 언어적 어려움이 있는 장애뿐 아니라 지적 수준 및 의사소통에 한계를 가진 지적장애, 정서장애, 자폐스펙트럼 장애학생 등을 위한 의사소통 즉, 보완대체의사소통의 중요한 역할을 하기도 한다. 이와 관련해서는 보다 여러 분야의 적극적이고 활발한 지원 및 개발이 과제로 남았지만, 의사소통은 장애학생 등의 수업 및 학습을 위한 중요한 수단으로 널리 사용될 필요가 있다.

(6) 인지 및 학업 기능의 보조

실제적인 정보를 처리하고 재생하는 것을 돕는 것은 물론, 음성으로 교과서의 내용을 바꿔주는 프로그램, 쓰기나 셈하기 등의 학업 기능을 돕는 보조공학의 개발 및 지원은 장애학생들의 실질적인 어려움을 해결할 수 있는 중요한 열쇠가 된다. 더불어 장애학생들의 인지적이고 학업적인 기능상의 문제를 해결하도록 도와 더 원활한 통합으로 가능하게 한다.

2) 통합교육 상황에서 보조공학의 적용 범위

보조공학적 장치들을 읽기, 쓰기, 수학, 과학, 예체능 등 다양한 교과 영역에서 사용할 수 있으며, 보조공학의 쓰임을 이해하기 위한 지식적인 접근이 필요하다. 각각의 내용은 다음과 같다(오길승 외, 2009).

표 5-3 통합교육 상황에서 교과 영역

영역	내용
읽기	• 운동기술 : 학습을 위한 자료를 적당한 곳에 위치하고 페이지 등을 넘기며 그와 유사한 과제를 수행하도록 함 • 감각기술 : 시각 시스템을 제대로 잘 활용할 수 있어야 읽는 것을 통한 정보 파악이 가능함 • 인지기술 : 글을 읽고 쓸 줄 아는 것(단어를 파악하고 철자를 알고 이해하는 것 등)과 관련됨
쓰기	• 원활하게 손으로 작업하는 것에서 어려움을 겪을 때, 이러한 작업을 성공적으로 수행하기 위해 여러 가지 대안적 방법을 고안 • 스크린에 필기한 것을 인식해 문서로 저장해 편집하는 워드프로세서를 활용한 컴퓨터 보조기구, PDA, 개조된 펜이나 연필, 음성을 인식해 문서로 변환하는 시스템 등이 도움이 됨 • 운동기술 : 소근육 운동의 조절을 도움

영역	내용
	• 감각기술 : 기본적으로 무엇이 쓰였는지 모니터링하는 것(시각), 청각적 혹은 촉각적으로 점검하는 것, 약자사용 등 • 인지기술 : 습작 또는 브레인스토밍, 초안작성이나 구성 및 작문, 편집, 출판을 도움
수학	• 수학적 사고를 위해서는 사고하는 과정을 기록하는 것이 필요하며, 시각적 표상이 어려울 때는 다른 전략이 개발되어야 함 • 실제 물체를 조작하기 어려운 경우 컴퓨터 등을 활용해 그래픽으로 실제 구체물을 대신해 줄 수 있음 • 수학문제를 풀 때는 글자 쓰기와는 다른 작업이 필요하고, 이를 위해서는 특별한 커서의 이동이 필요함. • 반복과 연습을 돕는 컴퓨터 그래픽, 게임, 흥미 있는 이야기 등으로 구성된 단어문제를 사용해 개념발달도 가능함.
과학	• 과학은 이론적이고 실험적인 교과목이나 컴퓨터 그래픽의 질과 해상도가 발달함에 따라서 모의적인 실험실 상황을 구현하는 것이 가능함 • 장애학생의 경우 직접 말하거나 보완대체 의사소통 기구를 통해 동료나 보조자, 교사의 도움을 받아 조작을 필요로 하는 실험에 어느 정도 참여가능함 • 물체의 독립적인 조작은 전자식 일상생활 보조기구 EADL이나 로봇 시스템의 도움을 받을 수 있음 • 적합한 컴퓨터 적응장치를 확보해 장애학생도 학습에 필요한 컴퓨터 모의장치, 개념발달 소프트웨어, 인터넷 기반 과학교수법 등은 비장애학생들도 동일하게 이용할 수 있음
음악	• 장애로 인해 악기를 사용할 수 없는 경우 적응장치를 사용할 수 있으며, 디지털화된 언어를 사용하는 보완대체 의사소통 기구를 통해 음악이나 성악곡 등을 저장할 수 있음 • 디지털 악기에 악기 디지털 교류장치가 부착되면, 악보를 저장하는 데 사용할 수 있는 악기나 사운드 카드를 통해 재생될 수 있음
미술	• 그림을 그리는데 필요한 소근육 운동기술이 부족한 경우 헤드포인터나 마우스 스틱에 부착될 수 있는 펜이나 연필, 붓 등 적응장치의 도움을 받을 수 있음 • 연필과 종이로 그림을 그리는 대신 디지털 이미지를 조작하는 것으로 대체할 수 있음. 그림 그리기용 컴퓨터 소프트웨어가 교육 상황에서 사용될 수 있음 • 스캐닝을 통해 자신이 원하는 색을 선택하고 그림의 부분을 채우는데 교사나 보조자의 도움을 받을 수 있음

표 5-4 통합교육에서 보조공학장치의 활용

장치		내용
읽기	녹음교재	교재의 녹음과 교재나 연습장의 물음에 답하기
	의미 도식 소프트웨어	도표 설명을 통해 이야기나 서술적인 쓰기 요소를 이해하기 위해 독자들이 읽기가 쉽도록 만든 소프트웨어
	전자 단어 인식장치와 정의	현재 단어의 정의
	폐쇄회로 텔레비전	읽기 교재 확대나 제시된 것을 한 번에 제한해서 읽기
	문장입력음성합성장치	입력한 내용 또는 컴퓨터가 처리한 결과를 음성으로 출력하는 회로 카드
	문자인식 프로그램	인쇄물을 스캐너를 이용하여 음성이나 기계로 읽을 수 있는 형태로 변환시켜 주는 장치
	독해력 증진 지원 프로그램	컴퓨터를 통해 소리로 직접 읽어주거나 이야기와 관련된 컴퓨터 프로그램 내용을 멀티미디어를 통해 제시함
쓰기	연필 고정기	연필을 잡아주는 쥐기 보조 도구
	대체하드웨어 입력장치	조이스틱, 터치스크린, 트랙볼, 특별 주문된 키보드
	의미 도식 소프트웨어	쓰기의 개요와 조직을 위한 소프트웨어
	녹음기	주어진 글의 탐색을 위한 표준 녹음기
	단어예견 프로그램	문장 구조와 문법을 도와주는 프로그램
	음석인식장치	모든 음성언어를 문자나 화상으로 변환하여 화면에 제공해 줌
	전자철자장치	말하고 나타내는 장치
	워드프로세스 철자확인 소프트웨어	기준 철자 확인 선택 프로그램 소프트웨어
	음성합성장치	워드프로세스 프로그램으로 음성을 합성시킴
	쓰기능력 증진 지원프로그램	학생의 쓰기 능력 향상을 위해 구조화된 자료 및 관련 환경 제공
수학	메모지, 형광펜	조직화 기술을 향상시킴
	그래프용지	숫자를 정렬하기 위한 센티미터 눈금 표시 용지
	계산기	답의 확인 장치, 말하는 계산기, 확대 키 계산기
	말하는 시계	구두로 시간을 말해주는 특별히 설계된 시계
	시간 장치	시간을 알리기 위한 다양한 장치

출처: 신진숙(2005). 경도정신지체 학생의 협동학습 지원을 위한 보조공학 장치의 활용

3) 장애 영역별 학생을 위한 보조공학

장애학생들이 통합된 상황에서 적용할 수 있는 보조공학 기술은 다양하다. 각 장애 영역에 따라 개별 학생의 학습 특성을 최대한 살리면서도 교육 프로그램 및 학습을 수행하는 것에서 경험되는 여러 어려움 등을 도와주기 위해서 학생의 현재 능력과 기능적인 제한성 등을 점검해 볼 필요가 있다. 장애학생의 기능성을 평가하는 것은 개인이 과제를 수행하는 데 필요한 능력을 말한다. 장애학생의 기능성과 함께 고려되어야 할 점은 기능적 제한성을 파악하는 것이다. 이는 학업적 수행을 제한하고 수업 상황 속 요구를 충족시키기 위한 능력을 방해하는 장애와 관련된 제한성이다. 이러한 제한성은 학습 및 활동에 참여하는 것을 방해하기 때문에 기능성과 함께 제한성을 탐색해 장애학생에 적합한 보조공학 기구를 선택하는 것이 적절하다.

표 5-5 장애에 따른 보조공학기구

장애영역	보조공학 장치
지체장애	음성이나 모르스 부호(Morse code), 다른 키보드를 통한 특수한 음력 장치를 가진 컴퓨터, 보완대체 체제와 의사소통판과 같은 기초공학기기, 확장 또는 축소 키보드, 발이나 손으로 움직이는 마우스, 터치스크린, 헤드포인터, 조이스틱, 화면키보드 프로그램, 확대모니터 등
시각장애	적절한 스크린 색 적용과 이미지 조정을 위한 소프트웨어 및 이미지를 크게 하는 현미경과 TV 모니터, 시각적 보조를 통해 들을 수 있도록 하며 오디오 테이프, 점자 전기적인 텍스트, 음성 출력 컴퓨터, 그래픽 자료가 촉각적으로 제시되는 기구 등
청각장애	실시간 자막기 및 FM 시스템, 통역기 및 수화 통역, 발화기록장치, 전자 메일, 시각적 보조 도구, 위급 상황에 대한 시각 경고 시스템, 보청기 등
학습장애	테이프 리코더와 노트 필기자(note-taker), 음성 출력 컴퓨터와 철자법 체크를 위한 전문적인 소프트웨어, 다양한 웹사이트, 이메일, 채팅, 블로그 등 인터넷 등

출처: Salend(2011). reating inclusive classroom

트랙볼 가능한 마우스

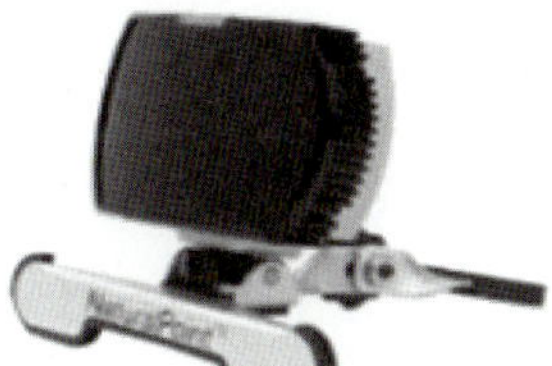

헤드포인터

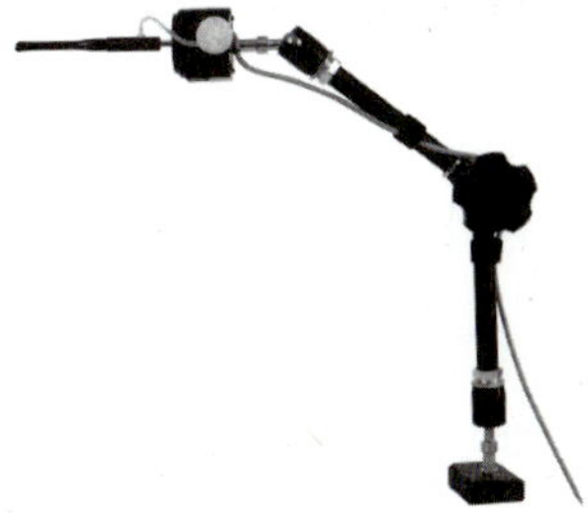

조우스

그림 5-2 지체장애를 위한 보조공학장치

출처: 교육부 국립특수교육원

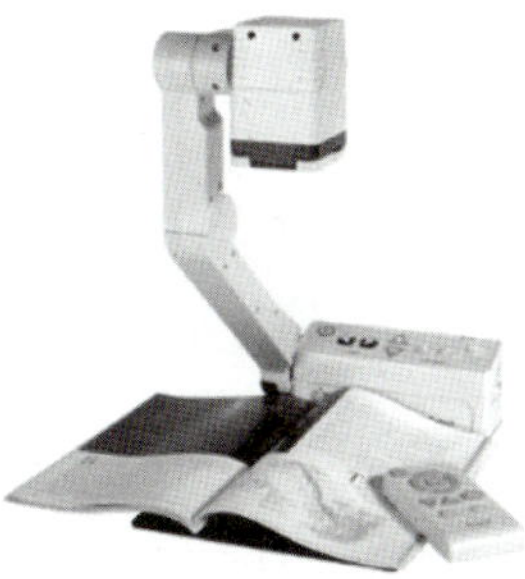

독서확대기

화면낭독기

화면확대기

그림 5-3 시각장애를 위한 보조공학장치

출처: 한국시각장애인연합회

청각정보용 적외선 시스템

모바일 네트워크 전화기

전자통신/컴퓨터 송신 소프트웨어

그림 5-4 청각장애를 위한 보조공학장치

출처: 중앙보조기기센터

6. 물리적 환경

장애학생의 통합교육을 위한 물리적 환경에서 중요한 것은 안전성, 독립성, 청결성이라고 할 수 있다. 이는 장애학생이 가지고 있는 장애와 상관없이 안전하고, 독립적으로 환경 및 체계에 접근할 수 있어야 하는 동시에 물리적 환경의 배치와 청결의 정도가 중요함을 의미한다. 장애학생의 독립적인 접근이 가능하고 안전한 동시에 청결한 물리적 구성은 다음과 같은 필수요소를 가지고 있다(양명희, 2021).

1) 사회적 밀도

사회적 밀도(social density)란 일정한 크기의 교육환경 내에 있는 학생의 수를 말한다. 한 공간에 학생이 많을수록 개별적 학생에게 주어지는 교사의 관심은 적어질 것이다. 이뿐만 아니라 사회적 밀도가 높을수록 학생들 간의 긍정적 · 사회적 상호작용의 수준은 낮아지고(Evans, 2001), 또래 간의 협력 수준도 더 낮아지며(Rimm-Kaufman, Laparo, Downer, & Pianta, 2005), 개별학생의 스트레스는 올라간다(Legendre, 2003). 그 외에도 좁은 공간에 많은 학생이 함께하면 서로가 이동할 때 부딪히거나 의자가 넘어지거나, 책상 위 물건 등이 떨어지는 일이 빈번하다. 따라서 통합교육을 위한 공간은 적정 수준의 사회적인 밀도를 유지할 필요가 있다.

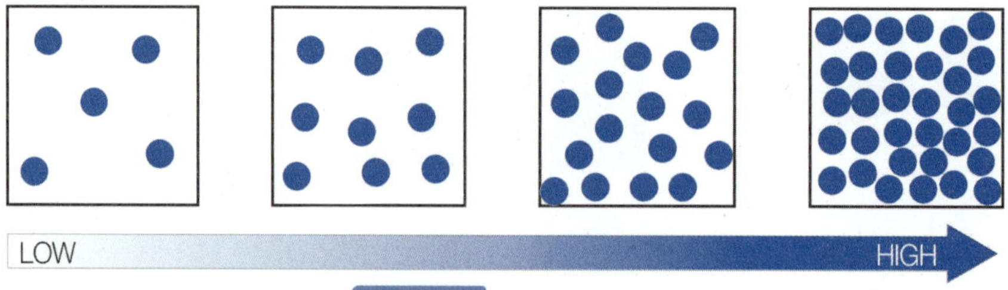

그림 5-5 사회적 밀도

출처: 나무위키

2) 쾌적성

쾌적성(amenity)은 교실의 조명, 소음, 온도, 습도 등의 변수로 학생들의 행동에 영향을 미치므로, 이러한 변수 등을 신중하게 고려할 필요가 있다(Weinstein, 1979). 하나씩 살펴보면, 교실의 소음을 조절함으로써 교사의 지시에 학생들이 불이행하는 행동이 감소한다는 보고가 있다(Maag & Anderson, 2006). 따라서 소음은 방음 타일, 카펫, 커튼 등을 사용하여 감소시킬 수도 있다. 조명은 가능하면 백열등을 설치하거나 채광창을 설치하는 것이 학생들의 스트레스를 줄일 수 있다. 쾌적성은 교실 내에 학생들의 행동 및 스트레스에만 영향을 주는 것이 아니라, 학생들의 건강과도 연결된다. 청소된 교실, 소독된 책상 등은 학생들의 건강을 유지하는 데 필요하다.

2019년부터 시작된 코로나19와 관련해서 장애 유형이나 정도에 따라서는 바이러스 감염에 더 취약한 경우도 있기에 관련 개인위생을 위한 교육을 병행할 필요가 있다. 교사도 손을 자주 씻고, 손 소독제 등을 비치하고, 교실의 쾌적함을 위한 조성이 필요하다.

3) 접근 가능한 환경구조

교실 내의 공간에 장애학생을 배치할 때 장애학생의 독립성(independency)이 고려되어야 한다. 이는 장애학생의 장애 유형과 상관없이 교실환경 속에서 공간이나 자료, 수업활동 등에 스스로 쉽게 접근할 수 있음을 의미한다. 접근이 가능하다는 것은 비장애학생과 동등한 교육의 기회를 제공받는다는 것과 같은 의미로, 접근할 수 없으면 학습의 기회를 잃는 것이라고 할 수 있다. 안전하고 독립적인 접근이 가능한 환경을 구성하기 위해서 고려할 점은 다음과 같다(Klein, Cook, & Richardson-Gibbs, 2007).

- ▸교실의 문은 휠체어나 목발을 사용하는 학생이 자유롭게 교차할 수 있으며, 문을 열고 닫기가 쉬워야 하며, 열어 놓기도 쉬워야 한다.
- ▸통로는 휠체어나 목발을 사용하는 학생이 자유롭게 교차해 다닐 수 있어야 한다.
- ▸경사로는 휠체어 두 대가 지나갈 수 있을 만큼 넓어야 하고, 경사는 비교적 완만해야 한다.

- 실내의 바닥 높이가 다른 공간이 있다면 휠체어를 사용하는 학생이 접근할 수 있도록 수정되어야 한다.
- 화장실 칸막이는 학생이 휠체어에서 변기로 이동하기 쉽게 넓어야 하고 변기 높이는 다양하게 준비되어야 한다.
- 학생의 다리가 바닥에 닿을 수 있는 높이이고, 근긴장도가 낮은 학생을 위한 팔걸이 및 등받이가 있는 의자가 있어야 한다.
- 저시력 학생이 구별할 수 있도록 통행로에 놓인 장애물, 계단, 교실 등은 명확한 영역 표시 및 경계가 있어야 한다.
- 저시력 학생, 걸음이 불안정한 학생들을 위해서 통로에 손으로 잡을 수 있는 난간이 있어야 한다.
- 자세가 불안정한 학생은 가구 등에 의지할 수 있기에, 가구 등을 비교적 견고하고 안정될 필요가 있다.
- 날카로운 모서리보다는 둥근 모서리가 적절하고, 날카로운 모서리가 있다면 고무나 스펀지 등으로 감싸야 한다.
- 소음 수준을 통제할 수 있는 환경이 필요하다. 이는 보청기 등을 사용하는 학생, 자폐스펙트럼 장애가 있는 학생 등에게 필요한 것으로, 학생에게 스트레스가 될 수 있는 소음이 있는 곳이라면 코르크, 카펫, 커튼 등을 사용해 소음을 최소화할 필요가 있다.

4) 교실에서의 자리 배치

교실 내에 장애학생의 자리 배치 시에는 공격적인 행동을 보이는 장애학생은 가능하면 교사와 가까운 자리에 앉히는 것이 좋다. 또 다른 학생과 함께하는 활동을 할 때는 서로가 가까이 앉으면 갈등이 생기기 쉽기에 서로 너무 가까이 앉지 않도록 자리배치를 할 필요가 있다. 모든 학생이 적절한 거리를 두고 앉을 수 있게 하되, 모두가 앉은 상태에서 수업을 잘 볼 수 있도록 배치하여 자리에 대한 다툼을 최소화할 수 있다. 시각적으로 산만해지기 쉬운 학생은 시각적인 방해를 덜 받는 자리에 앉히는 것이 좋다. 주변에 방해를 최소화할 수 있는 곳에 위치하고, 학생에게 시각적인 신호를 주거나 학생의 손이 쉽게 닿는 곳에는 수업에 필요한 최소한의 물건만 두는 것이 좋다. 만약 근처에 시각적인 방해를 초래하는 공간이 있다면, 천이나 덮개를 씌워 시각적으로 차단하는 것도 유용할 수 있다.

5) 교실의 공간 배치

교실 내에 교실 공간과 자료의 배치, 책상과 의자 등의 배치는 질서가 있어야 한다. 질서 있는 환경은 학생들에게 그 환경을 예측할 수 있게 해 안정감을 준다. 신체적이고 심리적으로 안정감을 느낄 때 학생들의 학습에 대한 능률이 향상된다. 반면 예측이 어려운 환경에 있는 학생은 불편감, 불안감을 느끼고, 그러한 심리적인 부적응이 부적절한 행동을 유발하게 할 수 있다. 따라서 교실의 공간을 질서 있게 배치하는 방법으로, 자료 등은 정해진 자료에 보관하고, 유사한 영역 및 자료끼리 함께 모아 놓고, 서로 다른 자료 등은 구분할 수 있도록 하고, 크기가 작은 것은 바구니 등을 사용해 볼 수 있게 제시하는 것이 좋다.

교실의 공간을 배치할 때 교사는 학생의 수, 소집단 구성 등을 고려하며 교사나 보조인력이 쉽게 다가갈 수 있도록 책상과 의자를 배치해야 한다. 즉, 교사의 눈이 미치지 못하는 사각지대가 없도록 하는 것이 중요하다. 또 장애학생이 사용하는 보조기구가 있다면 이를 고려해 세심하게 공간을 구성할 필요가 있다. 청소도구나 세제 등이 있는 교실의 경우는 청소도구 등 위험한 물건 등 잠재적인 위험을 초래할 수 있는 자료나 장비 등을 넣을 수 있는 함을 준비하고, 자물쇠로 잠그고 따로 보관하는 것이 안전사고를 예방할 수 있는 방법이다. 사물함이 있는 경우, 학생들이 몰릴 수 있는 공각은 서로 밀집되지 않도록 배치하며, 신체적인 제한점 등을 고려해 위치를 선정하고, 여닫이 형태로 편하게 사용할 수 있도록 하는 것이 좋다.

6) 일과 계획표(시간표)

일과표 혹은 시간표는 학생들에게 언제 어떤 활동 및 수업이 있는지 알려주는 역할을 한다. 매일 정해진 순서대로 일과 및 수업이 진행되면 학생들은 활동 및 수업을 예측할 수 있어 안정감을 느낀다. 일관성 있는 일과 계획표(시간표)의 운영은 학생들의 도전적 행동 등에 대한 예측과 예방에 도움이 된다. 효율적인 일과 계획표(시간표)의 사용은 학생들과 교사들이 하루 생활을 순조롭게 진행하는 것을 돕고, 학교, 교실 생활에 질서를 부여할 수 있다. 시각적으로 일과 계획표(시간표)를 제시하는 것은 지금 그리고 다음에 어떤 일이 있을지 시각적으로 상기시켜 주는 것으로, 일련의 상징(예: 사진, 글자 등)을 사용해 만들 수 있다.

참고문헌

교육부(2017). **초·중등학교 통합교육 실행 가이드북 Ⅰ**. 세종: 세종특별자치시교육청.

김남진, 김용욱(2010). **특수교육공학**. 서울: 학지사.

김동일, 이태수, 정광조, 박춘성, 홍성두(2005). 다시 생각해 본 직접교수. **아시아교육연구**, 6(1), 1-23.

박승배, 부재율, 설양환, 이미자, 조주연(공역)(2006). **효과적인 교수법**. 서울: 아카데미 프레스.

박현옥, 김정현(2007). 통합교육 상황에서 보조공학의 역할. **시각장애연구**, 23(1), 133-145.

신진숙(2001). 전학급 또래지도가 경도정신지체 학생의 곱셈구구 외우기에 미치는 효과. **초등특수교육연구**, 3(1), 167-183.

신진숙(2005). 경도정신지체 학생의 협동학습 지원을 위한 보조공학 장치의 활용. **특수아동교육연구**, 7(3), 163-178.

신진숙(2013). **통합교육**. 경기: 양서원.

양명희(2021). **장애유아 통합교육**. 서울: 학지사.

오길승 외 공역(2009). **보조공학의 원리와 실제**. 서울: 학지사.

윤광보(2010). **특수교육 교과 교재연구 및 지도법**. 경기: 양서원.

전성연, 최병연, 이흔정, 고영남, 이영미(2010). **협동학습 모형 탐색**. 서울: 학지사.

한국교육심리학회(2000). **교육심리학 용어사전**. 서울: 학지사.

Cohen, S. B.(1983). Assigning report card grades to the mainstreamed child. *Teaching Exceptional Children*, 15(2), 86-89.

Evans, G. W.(2001). Environmental stress and health. In A. Baum, T. Revenson, & J. Singer(Eds.), *Handbooks of health*(Vol. 4., pp. 365-385). Hillsdalte, NJ: Erbaum.

Hargreaves, A.(1994). *Changing teachers. Changing times*. New York: Teachers College Press.

Johnson, D. T., & Johnson, R. T.(1986). Mainstreaming and cooperative learning strategies. *Exceptional Children*, 52, 553-561.

Klein, M. D., Cook, R. E., & Richardson-Gibbs, A. M.(2007). **영유아 교육현장 장애유아 통합교육 전략**(*Strategies for including children with special needs in early childhood*).(유수옥, 문연심, 김호연, 송미선, 김혜경, 심성경, 박주희 공역). 서울: 창지사.(원서는 2001년에 출판).

Legendre, A.(2003). Environmental features influencing toddlers bioemotional reactions in day care centers. *Environmental and Behavior*, 35, 523-549.

Maag, J. W., & Anderson, J. M.(2006). Effects of sound-field amplification to increase compliance of students with emotional and behavior disorders. *Behavioral Disorders*,

31(4), 378-393.

Rimm-Kaufman, S. E., Laparo, K. M., Downer, J. T., & Pianta, R. C.(2005). The contribution of classroom setting and quality of instruction to children's behavior in kindergarten classrooms. *Elementary School Journal*, 105(4), 377-394.

Salend, S. J.(2011). *Creating inclusive classroom*(7th ed.). Upper Saddle River, NJ: Merrill/Pearson Education.

Salend, S. J., & Duhancy, L. M.(1999). The impact of inclusion on students with and without disabilities and their educators. *Remedial and Special Education*, 20, 114-126.

Slavin, R. E.(1990). *Cooperative learning: Theory, research, and practice*. Englewood Cliffs, NJ: Prentice Hall.

Utley, C. A., Mortwwet, S. L., & Greenwood, C. R.(1997). *Peer-mediated instruction and intervetions: Focus on exceptional children*. Denver, CO: Love.

Vaughn, S., Bos, C. S., & Schumm, J. S.(2011). *Teaching Students*. Upper Saddle River, NJ: Merrill/Person Education.

Weinstein, C. S.(1979). The physical environment of the school: A review of research. *Review of Educational Research*, 49(4), 57-610.

PART

6

개별화교육 프로그램

1. 개별화교육 프로그램의 정의
2. 개별화교육 프로그램의 기능
3. 개별화교육 프로그램의 구성요소
4. 개별화교육 프로그램의 진행과정
5. 개별화교육 프로그램의 실제

1. 개별화교육 프로그램의 정의

「장애인 등에 대한 특수교육법」 제2조(정의) 제7항에는 개별화교육에 대하여 다음과 같이 정의하고 있다.

> **개별화교육(IEP: Individualized Education Program)**
> 각급 학교의 장이 특수교육대상자 개인의 능력을 계발하기 위하여 장애 유형 및 장애 특성에 적합한 교육목표 교육 방법 교육내용 특수교육 관련 서비스 등이 포함된 계획을 수립해 실시하는 교육을 말한다.
> 즉, 특수교육 대상자의 학업 성취를 위하여 적절한 교육계획을 수립해 교육하여야 함을 의미하는데, 이는 특수교육 대상 학생들을 위하여 국가 수준의 교육과정, 학교 수준의 교육과정, 학급 수준의 교육과정과 함께 이 학생만을 위한 교육계획이 별도로 작성 제시되어야 함을 의미한다.

개별화교육계획은 특수교육 대상 학생의 능력을 계발하기 위해 제공되는 교육과 지원을 포함하는 실행 계획 및 과정, 결과에 대한 평가를 기록한 문서로서 학생의 장애 특성, 능력, 교육적 요구, 선호 및 관심 등을 종합적으로 고려하여 최상의 교육 및 생활 지원을 제공하기 위한 절차와 방법을 포함한다. 개별화교육계획은 학생에게 필요한 교육뿐만 아니라 장애와 관련된 각종 지원방안을 포함하는 종합적인 교육 지원 계획으로서 교과 및 비교과, 특수교육 관련서비스, 행동지원, 전환지원 등을 포함할 수 있다.

이러한 점에서 볼 때, 개별화교육계획은 특수교육대상 학생의 개별화교육을 위해 필요한 교육 및 생활 지원 계획의 수립 및 운영, 평가와 관련된 제반 사항을 기록한 개인별 문서인 동시에 계획의 실행 및 과정을 기록한 성장과 변화에 관한 개인별 포트폴리오로서 의의를 지닌다(국립특수교육원, 2019).

장애학생이 가진 개인차와 장애 등으로 인해서 단일한 교육과정에서는 그들의 필요를 충분하게 충족시킬 수 없으므로 각 장애학생의 발달에 맞는 프로그램을 계획하고 시행하는 것이 필요하다. 여기서 '개별화(individualization)'란 장애학생에 맞춰지는 것을 의미한다(이창미 외, 2009). 즉, 특수교육대상자인 장애학생의 개별성에 초점을 두어 개인의 독특한 요구와 특성을 반영함을 의미한다. '교육(education)'은 교육 목표, 교육내용, 교육법, 평가계획 등을 포함한 교육과정 및 관련된 서비스를 제공하는 것을 의미한다. 여기엔 해당 학생의 효율적인 교육을 지원하는 심리상담사, 가족, 의료인 등의 인적 자원뿐만 아니라 보조공학기기 등의 물적 자원도 포함한다. 마지막으로 '계획(program)'은 특수교육대상인 장애학생의 특성이나 요구에 맞는 교육과정과 서비스를 계획하고 작성하는 것을 가리킨다.

표 6-1 개별화교육 프로그램의 정의

개념	핵심 개념	내용
개별화 (individualized)	개별성에 초점	특수교육대상 학생의 개별적인 요구·특성을 반영
교육 (education)	교육과정 및 관련 서비스	교육목표, 교육내용, 교육방법, 그리고 평가계획 등을 포함한 교육과정 및 관련 서비스
계획 (program)	교육과정 및 관련 서비스에 대한 진술	특수교육대상자의 특성이나 교육적 요구에 맞는 교육과정 및 관련 서비스를 진술한 문서

출처: 전경원, 권미은(2019). 예비교사를 위한 장애유아 통합교육의 이해. 경기: 정민사

2. 개별화교육 프로그램의 기능

장애학생은 특별한 분야의 전문가에 의해서만 교육되고 치료받아야 한다는 생각 이전에 비장애학생들이 교육받는 환경에 참여하는 기회가 반드시 제공될 필요가 있다. 단순한 물리적인 배치가 아니라 프로그램에 의미 있게 참여함으로써 한 명의 구성원으로서 역할을 수행하는 것이 진정한 통합교육의 목표가 된다. 따라서 개별화교육 프로그램은 장애학생이 비장애학생의 프로그램에 통합되는 것과 함께 장애학생의 개별성이 보장되는 것에 초점을 둘 필요가 있다. 또 현재 장애학생의 표현되는 성취능력과 이들의 잠재능력 간에는 차이가 있을 수 있기에 현재 하지 못하는 기술적인 지도에만 국한되는

것이 아닌 장애학생의 발달상의 필요한 강점과 관심이 고려되어야 하며, 특정 행동이나 능력 등의 교정보다는 형성의 관점으로 프로그램을 전개할 필요가 있다. 즉, 통합교육에서 개별화교육 프로그램의 목표는 장애학생의 개별화교육이 진행되는 동시에 일반 교육과정의 참여를 촉진하는 방향으로 구체화될 필요가 있다(김수진, 이정화, 2013).

개별화교육 프로그램은 장애학생의 개별적인 특성과 요구를 반영하여 교육내용, 교육법, 교육평가 등을 포함한 적절한 교육과정 및 관련된 서비스를 구체적인 용어로 진술하고, 교육목표를 점검하고 평가하는 기초자료를 제공함과 동시에 개별화교육 프로그램을 계획하고 실행하는 과정에서 교사와 부모, 학생과 관련된 전문가들 간의 의사소통의 매개체로서의 역할을 하고 있다. 이러한 개별화교육 프로그램은 장애학생에게 적절한 교육의 기회를 제공하는 것으로 몇 가지 기능을 가지고 있다(권미은, 2019: 교육과학기술부, 2009: 보건복지부, 2008: 이소현, 2020: 이지연, 한수진, 2020).

1) 교육 참여로서의 기능

장애학생에게 개별화교육 프로그램을 계획하고 시행하기 위해서는 다양한 사람이 참여한다. 이 중에는 특수교육을 받는 장애학생과 부모, 교육 서비스를 제공하는 교사 등이 포함된다. 먼저 장애학생은 개별화교육 프로그램을 통해 자신이 가지고 있는 독특한 요구에 따른 교육목표와 내용, 방법, 평가 등을 제공받고, 자신을 위해 특별히 고안된 교육과 이와 관련된 서비스를 보장받는 것을 통해서 특수교육대상자로서 자신의 권리를 존중받는다. 다음으로 부모 또는 보호자의 경우, 개별화교육 프로그램을 통해서 장애학생에 대한 정보를 공유하고, 장애학생의 교육 지원을 요구하는 등의 부모 또는 보호자로서의 발언권을 보장하는 등의 권리를 보장받는다. 마지막으로 교사는 개별화교육 프로그램을 통해서 이를 계획하고 작성, 실행하는 과정에서의 책무성을 강화하며, 협력적인 의사소통의 발달을 가져올 수 있다. 또 장애학생의 요구에 관심을 기울여 개별적인 학생을 위한 수업과 교육과정의 수정, 학습수행에 대한 평가 등을 하면서 지속적인 전문성을 향상시킬 수 있다.

표 6-2 교육 참여자로서의 기능

특수교육대상 (장애학생)	• 장애학생의 독특한 요구에 따른 교육 방향성 제시 • 장애학생을 위한 특별히 고안된 교육 보장 • 장애학생의 학습권과 교육권 보장
부모 및 보호자	• 부모 혹은 보호자로서의 발언권 보장 • 특수교육 및 관련 서비스의 비용부담에 대한 보호장치 제공 • 가족의 특수교육에 대한 이해도 향상 • 장애학생의 진보에 대한 정보 제공
교사	• 개별화교육 프로그램 계획 및 실행에 대한 책무성 강화 • 특수교육을 제공하는 데 이용할 수 있는 자료 제공 • 학습수행에 대한 전문성 향상 • 다양한 전문인력과의 연계 가능

출처: 권미은(2019). 장애유아 통합교육의 이해. 경기: 정민사.

2) 도구로서의 기능

개별화교육 프로그램은 보호자나 전문가 및 행정가가 장애학생에게 어떤 교육적 서비스 등이 시행되고 실시되고 있는지를 파악하게 하는 관리도구로서의 역할, 장애학생이 진보한 상황을 알아보는 평가도구로서의 역할, 부모와 교사, 전문가 등이 장애학생에게 제공하는 교육과 절차를 알게 해주는 의사소통으로서의 역할 등을 수행한다. 첫째, 관리도구로서의 역할은 개별화교육 프로그램이 장애학생에게 어떤 교육적인 서비스가 시행되고 있는지를 알게 해줌으로써 각 학생마다 영역별로 장·단기 목표, 교수 및 서비스, 주의사항, 평가 절차 등을 명시해 장애학생에게 체계적인 교육이 제공되는 것을 가능케 함을 의미한다. 둘째, 평가도구로서의 역할은 개별화교육 프로그램을 통해서 장애학생의 진보 등을 확인해 교육의 적절성을 평가에 사용함을 설명한다. 장애학생의 경우 교육환경에서 사용하는 집단평가가 어렵거나 무의미한 경우가 많기에 개별화교육 프로그램에 명시된 목표와 평가기준을 통해서 평가가 이루어지는 것이 적절할 수 있다. 셋째, 의사소통 도구로서의 역할은 개별화교육 프로그램이 장애학생을 판별하고 배치하며, 이들에게 적절한 교육 프로그램을 만들어 장애학생에게 제공하고 있다는 것을 부모 혹은 교사 등에게 알리는 기능을 함을 의미한다. 장애학생에게 알맞은 교육 프로그램을 만들어 제시하는 절차에서 부모, 교사 및 전문가가 참여해 의견을 제시하고 결정하는 합당한 절차를 가능하게 한다. 다시 말해, 개별화교육 프로그램을 공유하는 것은 교사와 부모, 전문가 등이 장애학생에 대한 의견을 제시하고, 어떠한 결정을 내리는 과정에서 시간을 할애해 만나고 회의하는 것보다 경제적이며 효율적임을 의미한다.

표 6-3 도구로서의 기능

기능	내용
관리도구	장애학생에게 필요한 특수교육 및 관련 서비스의 영역과 내용이 제공되고 있는지 파악함
평가도구	장애학생에게 필요한 목표가 적절한지, 제대로 실행되는지, 계획된 목표가 달성되었는지 평가함
의사소통 도구	장애학생에 대해 교사, 부모. 관련 서비스 전문가 간 의사소통해 협력할 수 있게 함

출처: 권미은(2019). 장애유아 통합교육의 이해. 경기: 정민사.

3. 개별화교육 프로그램의 구성요소

개별화교육 프로그램에서 '개별화'란 교사와 장애학생의 일대일 교육을 넘어 교육 프로그램이 장애학생에게 맞춰서 제공됨을 의미한다. 통합과 개별화교육 프로그램은 진행되는 모든 과정에 참여할 수 있도록 하는 것에서 나아가 장애학생에게 적절한 방식으로 수정해 제시하는 것을 포함한다. 개별적인 접근을 통해서 여러 가지 상황을 경험함과 동시에 장애학생의 개별 목표의 진보를 이룰 수 있게 된다. 따라서 개별화교육 프로그램의 내용에는 주된 활동목표 안에 장애학생에게 적합한 목표를 삽입(embedding)할 수 있다. 이는 수업 및 활동 안에서 장애아동의 목적이 확장 및 수정되며 의미 있는 방법으로 적용되도록 함을 뜻한다. 교사는 진행 중인 활동에 장애학생의 개별 목표가 포함될 수 있도록 하고, 다양한 기회를 제공해 목표를 습득하고 연습해 일반화될 수 있도록 할 필요가 있다. 개별화교육 프로그램에 포함되어야 한 내용은 다음과 같다.

1) 장애학생의 인적사항

장애학생의 인적사항은 학생에 대한 개인적인 정보로 이름, 생년월일, 장애진단 및 평가 결과에 대한 정보, 개별화교육 프로그램 시작날짜와 교육시간 등이 포함된다. 이름, 생년월일뿐 아니라 주소, 연락처, 학교 · 학년 및 배치학급을 포함하고, 가족력과 발달력 등 기본적인 배경정보가 포함되어 있다. 인적사항을 파악할 때는 장애학생 개인정보 수집 · 이용에 관한 고지와 동의를 구하는 동의서를 작성해야 한다.

- 이름, 성별, 생년월일, 학교급, 배정학급 구분, 학년-반, 주소, 전화번호
- 보호자명, 주양육자, 학생과의 관계
- 장애 유형 및 정도, 특성
- 개별화교육 프로그램의 시작일과 종료일
- 장애인 등록 여부, 통학 수단, 통학 시간, 순회교육 지원 여부
- 학생의 흥미 및 강점, 약점 내용, 보호자의 희망사항, 기타 사항
- 진단평가 영역, 도구 명, 검사 결과, 평가자

표 6-4 장애학생의 인적사항 예시

개별화교육 프로그램 (Individualized Education Program)	학교	담임	특수교사	보 호 자
	(인)	(인)	(인)	(인)

이름	홍 ○ ○ (남)	교육 시작 및 종료 날짜		
생년월일	2013년 08월 15일 (만 8세)	2022. 03. 01. ~ 2023. 02. 28.		
학년/반	초등학교 3학년 1반	장애진단명	자폐스펙트럼장애	
주소	○○시 □□구 △△동			
보호자 성명	김 ○ ○	학생과의 관계	모	☎ 010-1234-5678

진단평가

검사명	검사일	검사 결과
K-WISC	20XX. (△△병원)	전체지능 54
사회성숙도	20XX. (△△병원)	SA 2.8 SQ 45

시간표

요일 / 시간	월	화	수	목	금
1교시	열린반	열린반	열린반	열린반	열린반
2교시	열린반	열린반	열린반	열린반	열린반
3교시	3-☆	3-☆	3-☆	3-☆	3-☆
4교시	3-☆	3-☆	3-☆	3-☆	3-☆
점심시간	3-☆	3-☆	3-☆	3-☆	3-☆
5교시	3-☆	3-☆	3-☆	3-☆	3-☆
6교시		3-☆			

평가활동 계획

평가영역	국어, 수학	개별화교육계획에 준하여 평가
학교단위평가 참여방법	-	

방과후 교육현황

교육기관	교육내용	교육시간(요일)
□□연구소	언어치료	16:00-16:50 (월)
□□발달센터	놀이치료	16:20-17:10 (화)
	사회성 프로그램	18:00-19:10 (금)

발 달 력 /병 력

- 유·아동기에 언어발달의 지연이 있었음.
- 7세 초등학교 입학을 앞두고 검사를 실시하였고, 진단됨.

특이사항

- 뜻대로 되지 않을 시에 자신의 머리를 때리는 모습(자해행동)이 있어 주의를 요함.
- 견과류 알러지가 있음.
- 행동지원) 시청각 학습자료에 높은 집중력과 참여도를 보임. 정해진 일과 및 규칙에

	서 벗어나게 되면 불안해하고 우는 행동을 보임. • 신변처리) 식사, 씻기, 화장실 이용하기 등 신변처리기술이 많이 미흡해 생활 전반에 지원이 필요함. • 보조인력) 영어 수업, 과학실 수업 참여를 지원. • 치료지원) 보건복지부 바우처, 교육청 바우처 카드 사용 가능.

2) 현행수준

현행수준은 장애학생의 발달 영역에 대한 현재 수준을 기록하는 것으로, 발달 영역에 대한 약점 및 장애, 강점 등을 기술하는 것을 의미한다. 강점을 기술하는 것은 장애학생의 장애뿐만 아니라 교육적인 가능성이나 장점을 살피는 것으로 긍정적인 관점에서 장애학생을 파악할 필요가 있음을 의미한다. 장애학생의 현행수준을 파악하는 것은 교육목표를 설정하는 데 도움이 된다. 또 교육 프로그램 이후에 장애학생의 진보 정도를 비교해 평가할 수 있는 기초선의 역할을 할 수 있다. 이러한 장애학생의 현행수준은 형식적 · 비형식적 사정, 행동 특성의 기술, 체크리스트 등을 통해서 파악할 수 있다.

- ▸개별화교육계획 수립 교과목 또는 생활 지원 영역에 관한 평가 정보
- ▸교육목표와 관련된 출발점 행동 수준

현행수준을 구체적으로 명시하는 데 Strickland와 Turnbull(1993)이 제시한 작성요령 및 기준은 다음과 같다(이지연 외, 2020 재인용). 첫째, 개별화교육 프로그램의 다른 요소들과 적절한 직접적인 인과관계가 있다. 둘째, 결점뿐 아니라 강점을 보는 긍정적 관점에서의 서술이 필요하다. 셋째, 명확하고 간결하게 서술한다. 넷째, 개별화교육 프로그램을 작성하는 시점에서의 현재 수행능력이 기술된다. 이를 토대로 현행수준을 묘사할 때 '~을 할 수 없다, ~이 안 된다, ~을 못한다'라는 표현보다는 '~하는 데 어려움이 있다, ~하는 데 제한이 있다' 등의 표현으로 기술하는 것이 바람직하다.

3) 교육목표

교육목표는 개별화교육 프로그램에 방향성을 알려주는 것으로 대개는 교수과제의 선택을 위한 안내를 제공한다. 개별화교육 프로그램의 목표 작성을 위해 다음과 같은 숨겨진 목표 등을 고려해 목표 설정을 할 필요가 있다.

표 6-5 개별화교육 프로그램의 목표 작성을 위해 잠재적으로 고려해야 할 기준

1. 장기목표와 연계해야 한다.
2. 다양한 환경과 활동을 연계해야 한다.
3. 학년수준과 일반 교육과정과 연계해야 한다.
4. 학생의 현재 환경과 현행수준과 연결되어야 한다.
5. 상징을 사용해서 표현하는 능력에 기초해야 한다.
6. 건강 또는 체력, 의료적 요구를 향상해야 한다.
7. 현재와 미래에 빈도가 높은, 의미 있는 활동에서 독립적이기 위한 핵심기술이 포함돼야 한다.
8. 사회적 상호작용과 관계를 촉진하는 의미 있는 행동 등을 늘려야 한다.
9. 학생의 독립성을 늘리고 타인의 의존도를 줄여야 한다.
10. 해당 학년도에 습득하기 쉬운 혹은 적절한 난이도부터 시작되어야 한다.
11. 가족이 최우선시하는 것을 살펴봐야 한다.
12. 학생이 가장 우선시하거나 선호하는 것을 살펴야 한다.
13. 학생의 또래가 높은 가치를 두는 것을 살펴야 한다.
14. 학생의 나이와 문화, 강점과 요구 등을 반영해야 한다.

출처: Rachel & Martha(2017). 장애학생을 위한 통합교육: 교육과정 통합 및 교수학습 지침서 제3판. 서울: 시그마프레스

위에 잠재적으로 고려되어야 할 사항 등을 토대로 진술된 교육목표는 일반적인 용어로 서술되는 것이 중요하며, 장애학생이 배울 필요가 있는 내용들을 위한 방향을 제시해 준다는 면에서 효과적이다. 또한 교육목표를 진술하는 것은 장애학생의 진보 등을 점검하며 프로그램의 효과성을 측정하는 도구가 된다. 교육목표의 효과적인 진술은 다음과 같다.

표 6-6 교육목표의 효과적인 진술

- 가능한 한 간단명료하게 진술되었는가?
- 교육목표는 교육의 결과를 분명하게 알 수 있도록 진술되었는가?
- 교육목표는 목표 행동, 조건, 기준의 세 가지 요소를 포함하는가?
- 가능한 한 긍정적인 용어로 진술되었는가?(이는 장애학생이 할 수 있는 것을 진술하는 것을 의미함)
- 관찰 가능하고 측정 가능한 용어로 진술하였는가?
- 목표행동이 조작적인 용어로 진술되었는가?

출처: 이지연, 한수진(2020). 유아교사를 위한 특수교육학개론. 경기: 양서원.

교육목표는 세 가지의 단계를 거쳐 기록된다. 첫째, 현행수준 등을 평가해 장애학생에게 필요한 기술 및 활동 등을 결정한다. 평가과정에는 장애학생의 부모 및 보호자, 교사 등을 포함한 팀 구성적인 접근법으로 이뤄지며, 평가를 통해 학급, 가정 등에게 교육이 필요한 내용을 결정하게 된다. 둘째, 교육할 기술 등이 평가되면 장기목표를 기술한다. 이때 장애학생의 현행수준, 선호도, 유용성, 우선순위 등을 고려해 가능한 적절한 장기목표를 설정한다. 셋째, 장기목표에 대해 관찰 가능하고 기록할 수 있도록 세분화한 단기목표를 기술한다. 단기목표는 보호자 및 부모, 교사뿐만 아니라 제3자가 봤을 때도 관찰 가능할 정도로 구체적이고 행동적인 용어로 기술해야 한다. 정확한 목표 기술을 설정하는 것을 통해서 장애학생을 지도하고 교육하는 인적 구성원들에게 일관성을 유지할 수 있는 지침이 된다.

이렇듯 교육목표는 장애학생의 현행수준을 파악해 개인에게 필요로 하는 것 등을 포괄적으로 제시하는 장기목표와 장기목표를 이루기 위한 세부 목표인 단기목표로 나뉜다. 장기목표는 현재 학습수행 수준 즉, 현행수준에 기초해 장애학생이 1년 동안 성취해야 할 내용을 포함한다. 1년 동안 성취 가능한 목표라는 의미에서 '연간목표'라고도 한다. 장기목표는 측정 가능한 용어로 기술되어야 하며, 1년이라는 시간이 제한 동안 성취 가능한 현실적인 목표여야 한다. 과목마다 포괄적인 문장으로 기술하며, 이와 연계된 두세 가지의 단기목표를 포함한다.

다음으로 단기목표는 장기목표에 연계된 하위목표로서 장기목표의 성취를 위한 전략이며, 세부목표라는 의미에서 '학기목표'라고도 한다. 3개월에서 학기별로 성취할 수 있는 세분화된 목표가 이에 포함된다. 장기목표에 대해서 단기목표를 나눌 때는 주로 과제분석(task analysis)을 하는데, 주어진 과제를 수행하기 위해 우선적으로 갖춰야 할 선행기술들을 탐색하고 분석해 해당 과제를 구성하고 있는 하위 단계들을 순차적으로 교수하는 방법이 효과적이다(이소현, 2020). 과제분석의 순서는 먼저 가르쳐야 할 목표를 세우고, 그 다음에 장애학생의 현행수준을 파악한다. 그리고 나서 현재 수준에서 목표까지 장애학생이 수행할 수 있는 작은 수준의 단계로 나눠 행동을 수행하는 시간적 순서나 반응의 난이도 순으로 단계를 나눠 제시할 수 있다. 과제분석을 통해 수립된 단기목표는 장기목표와 마찬가지로 구체적이고 관찰 가능한 행동적 목표로 작성되어야 하며, 이를 토대로 개별 학생의 진보를 평가하고 점검할 수 있다. 또한 단기목표는 교사뿐만 아니라 보호자 및 부모, 관련된 전문가들이 장애학생의 목표행동에 대한 교수활동 및 삽입교수를 일관된 방향으로 지도할 수 있도록 한다. 포괄적인 문장으로 진술된 장기목표와 달리 단기목표는 장애학생의 진보 정도를 평가해야 하기에 관찰 가능하고 측정 가능하게 서술동사로 진술되어야 한다. 여기에는 장애학생이 성취해야 할 행동, 행동이 발생될 조건, 행동의 성취 여부를 결정할 기준이 포함되어야 한다. 따라서 '~를 고려한다, 발달시킨다, 격려한다' 등의 모호한 동사보다는 '~라고 대답한다, 색칠한다, 자른다, 잡는다' 등이 적절하다. 단기목표를 작성할 때는 행동(behavior), 조건(condition), 기준(criteria) 등이 포함되어야 한다. '행동'은 관찰 가능하고 측정할 수 있는 행동적 용어로 기술해야 함을 의미한다(예: 친구가 인사를 하면 손을 흔든다 등). '조건'은 특정한 행동이 발생하도록 기대되는 상황을 포함하는 것으로 학습상황, 교재, 장소, 대상자 등을 포함한다(예: 등교했을 때 친구에게 손을 흔들다 등). '기준'은 특정 행동이 성취되어야 할 기준과 수준을 행동적 특성에 따라서 비율, 빈도, 지속시간, 강도 등으로 사용하는 것을 말한다(예: 친구가 인사할 때 10번 중 8번은 손을 흔든다 등).

개별화교육 프로그램의 목표는 각 장애학생의 자연스러운 생활 안에서 의미 있고, 가치 있어야 한다. 이를 토대로 작성된 목표들 가운데 바람직한 것들을 토대로 개별화교육 프로그램에 기술되고 서술될 필요가 있다. 바람직한 목표 선정의 기준은 다음과 같다(송영선 외, 2017).

- ▸발달수준에 적합해야 한다.
- ▸장애학생의 현재 수행 수준을 고려한다.
- ▸기능적인 교육목표를 선택한다.
- ▸각 장애학생의 독특한 행동양식, 감정, 과제해결 전략을 고려한다.
- ▸장애학생의 관심, 선호도, 능력에 따른 목표이다.
- ▸부모의 의견이 포함된다.
- ▸환경 안에서 적절히 상호작용하면서도 장애학생과 만나는 모든 사람들과 함께 교육목표 성취를 위한 지원이 가능하다.
- ▸통합된 환경에서도 참여할 수 있는 목표이다.
- ▸한 기술 등을 학습함으로써 다른 기술 등으로 전이하거나 일반화 등이 가능하다.
- ▸장애에 대한 낙인을 최소화하는 것이 목표이다.
- ▸다양한 환경에서 유용하다.

4) 교육내용 및 방법

장애학생의 장·단기 목표를 설정하고, 이를 성취하기 위한 교육내용과 교육방법을 구체적으로 기술할 필요가 있다. 학교에서 대부분의 활동은 비장애학생을 위한 교육환경에 기초해서 수행되고 있기에 장애학생의 독특한 특성과 개별적 요구를 반영할 수 있는 교육내용 및 방법이 필요하다. 또한 자연발생적인 상황에서 장애학생이 수업에 참여하고 활동하는 데 필요한 발달적인 기술 등도 포함될 필요가 있다. 이때 교사는 장애학생과 관련된 사람들, 즉 특수교사, 보호자, 통합학급교사, 관리자, 보조인력 등으로 구성된 개별화교육팀과 의견을 공유하고 협력하는 것을 통해서 장애학생에게 적절한 교육내용과 방법을 고려해야 한다. 이를 통해서 또래와 함께 공부할 수 있는 최선의 실제를 제공할 수 있고, 장애학생에게 가장 적합한 교육과 서비스를 제공할 수 있으며, 변화하는 교육환경에 대한 이해와 사회생활을 준비할 수 있는 교육을 제공할 수 있다(교육부, 2017).

교육방법은 교사가 교육내용을 교수하는 과정을 좀 더 자세하고 구체적으로 기술해야 하는데, 장애학생이 학습하는 구체적 활동 형태로 행동을 기술한다. 단순하게 수업 모형이나 교수 전략명을 제시하는 것을 지양하고, 장애학생이 학습하는 과정에서 교사가 사용하는 구체적인 교수전략을 교육내용과 결합하여 교육(학습)활동이 드러나도록 기술한다. 이때 장애학생이 자신의 주된 학습양식을 사용하여 스스로 의미 있는 학습 활동에 참여할 수 있도록 다중적이고 다양한 학습 참여 방식을 포함한 교수 자료 및 매체, 교수 집단 등을 활용한 교수-학습 방법을 제시하여야 한다.

5) 평가

개별화교육 프로그램은 장·단기 목표를 달성하였는가에 대한 평가가 포함되며, 평가에 대한 결과는 부모 및 보호자에게 정기적으로 공지해야 한다. 평가계획에는 담당자, 평가시기, 평가방법 및 기준, 평가결과 등에 대해서 제시되어야 한다. 2018년에 시행된 「장애인 등에 대한 특수교육법 시행규칙」 제4조(개별화교육팀의 구성 등)에 의하면 매 학기 개별화교육 프로그램에 따른 장애학생의 학업성취도 평가를 실시하고, 그 결과를 대상자 즉 장애학생 또는 그 보호자에게 통보하도록 명시하고 있다. 평가방법은 표준화된 검사, 관찰, 수행평가 등 대상자의 성취수준을 점검하기 위한 다양한 측정도구 및 방법을 사용할 수 있다. 평가기준은 장·단기 목표가 수행 성취되었는가 등을 살펴보는 것이며, 평가일정 및 시기는 장·단기 목표 성취 수준을 얼마나 자주 평가할 것인지 정하는 것이다.

또한 필요하다면 평가조정을 할 수 있는데, 이는 평가의 본래 목적을 해치지 않는 범위 내에서 문항의 제시 형태, 반응 형태, 검사시간, 검사환경 등을 조정하는 것과 같이 평가 전, 중, 후에 이뤄지는 노력을 의미한다(국립특수교육원, 2016). 평가조정의 방법은 다음과 같다(교육부, 2017).

표 6-7 평가조정 방법

장애 유형과 특성, 교과목표를 고려한 평가조정 요구 파악
↓
평가조정 요구를 토대로 평가조정 계획 협의
↓
협의 내용을 토대로 학업성적관리규정에 장애학생을 위한 평가조정 내용 반영

장애학생의 평가조정 요구를 확인한 후에는 이를 토대로는 다음과 같은 내용을 주의하여 평가조정 계획을 협의할 수 있다. 첫째, 평가 시작 전에 학급, 반, 이름 쓰는 칸 구분하기, OMR카드에 표시하기 등 평가를 위해 요구되는 기본적인 사항을 점검한다. 정규평가 외에 수업시간에 복습을 위해서 실시하는 쪽지시험의 경우에는 사전연습이 가능한 경우에는 미리 특수학급에서 시험지를 풀며 연습할 기회를 제공할 수도 있다. 둘째, 평가 형태의 조정과 평가실행 방법의 조정 등으로 평가를 조정할 수 있다. 평가 형태의 조정은 장애학생의 현행 수준을 고려하고 개별화교육 프로그램에 따른 평가 시 평가목표, 내용, 범위, 문항 수 등을 조정하는 것을 의미한다. 평가실행 방법의 조정은 시험시간을 조정하는 것, 시험보는 장소를 수정하는 것, 시험을 제시하는 방법을 조정하는 것, 시험문제에 답하는 반응방법을 조정하는 것 등을 포함한다. 셋째, 특수교사는 통합학급 교사나 교과교사와 함께 장애학생의 능력 평가 및 성적처리 방법과 수행평가 결과, 성적 입력 방법을 협의할 수 있다.

평가조정이 학급 구성원 간의 형평성을 고려해 합리적으로 이루어졌는지 윤리적 측면을 고려해야 하고, 장애 경중에 따라서 평가 조정의 다양한 방법을 사용해야 하며, 평가를 마친 후 비장애학생의 평가와 장애학생의 평가를 어떻게 보고하는 것이 적절한지 행정적·제도적 측면에서 고려해야 한다. 평가조정 시에는 장애학생의 개별화교육 프로그램과 연계될 수 있도록 하는 것이 필요하고, 모든 장애학생이 평가조정이 필요한 것은 아니므로, 가능한 최소한의 조정을 할 수 있도록 한다. 평가의 목적을 손상하지 않는 범위 내에서 평가조정을 고려해야 한다. 수업시간에 적용된 조정전략을 평가에서 반영해 장애학생이 평가 조정방법에 익숙할 수 있도록 해야 한다.

6) 특수교육 관련서비스

「장애인 등에 대한 특수교육법」 제2조에서는 "특수교육 관련 서비스란 특수교육대상자의 교육을 효율적으로 실시하기 위하여 필요한 인적 · 물적 자원을 제공하는 서비스로서 상담지원, 가족지원, 치료지원, 보조인력지원, 보조공학기기지원, 학습보조기기지원, 통학지원 및 정보접근지원 등을 말한다"고 명시하고 있으며, 동법 시행령 제23조에서 제29조까지에서는 가족지원을 비롯한 특수교육 관련서비스에 관한 지원 방법을 명시하고 있다.

개별화교육계획의 담당자는 특수교육 관련서비스 담당 인력으로부터 학생의 특수교육 관련서비스의 내용과 방법, 평가에 관련된 자료를 제공받아 개별화교육계획 내에 기재할 수 있다. 가능하다면 특수교육 관련서비스 담당 인력이 학생의 개별화교육지원팀 회의에 참여하는 것을 권장한다.

특수교육 관련서비스의 내용과 방법란에는 학생에게 제공되는 서비스명, 시작일과 종료일, 장소, 참여 요일 및 시간, 특기사항 등을 입력한다. 특수교육 관련서비스와 관련된 목표나 평가 계획 및 결과 등의 구체적인 내용을 기술하고자 할 때는 특기사항에 기술할 수 있다.

4. 개별화교육 프로그램의 진행과정

개별화교육은 장애학생, 즉 특수교육대상 학생의 교육적 요구에 적합한 교육을 제공하기 위해 보호자, 특수교사, 학급교사, 진로 및 직업교육 담당교사, 특수교육 관련서비스 담당자 등으로 구성된 팀별 접근법을 취하고 있다. 이들은 개별화교육지원팀으로 불리며, 개별화교육 프로그램의 수립과 특수교육대상 학생의 선정 취소, 배치 변경, 기타 특수교육대상자의 교육 및 학교생활과 관련된 여러 사안에 대해 함께 문제를 해결하게 된다.

개별화교육지원팀 주요 구성원과 그 역할은 다음과 같다. 먼저 특수교사는 개별화교육지원팀을 구성하기 위한 구성원 확보 및 섭외, 결정 등의 역할을 수행한다. 특수교육대상자에 대한 기본적인 정보를 제공하고, 특수학급 운영계획 수립 및 내용을 공유한다. 개별화교육지원팀의 회의의 전반적인 흐름을 조율하고 조정하며, 보호자, 교사, 전문가 등과의 지속적인 의사소통을 유지하고 협력하는 역할을 맡는다. 다음으로 통합학급의 교사는 특수교육대상 학생에 대한 전반적인 정보를 제공한다는 점에서 특수교사와 유사한 역할을 수행하지만, 담당학급에 대한 운영계획을 수립하고 그 내용을 공유하며, 특수교육대상 학생에 대한 지원을 고려한 교육 목표, 교육방법, 평가계획 수립 및 실행방법 등을 고민해야 한다. 마지막으로 보호자는 특수교육대상 학생에 대한 전반적인 정보를 제공하며, 특별히 필요한 교육지원에 대한 의견을 제공하며, 학교에서의 원

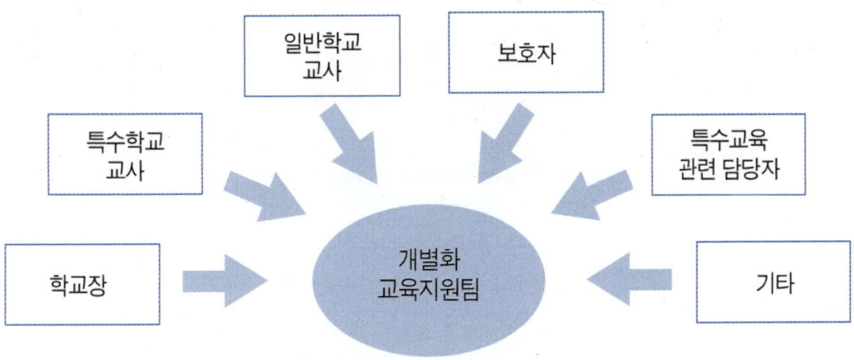

그림 6-1 개별화교육지원팀의 구성

만한 교육활동 실행을 위해서 적극적인 역할을 할 필요가 있다.

장애학생을 위한 구성된 개별화교육지원팀은 법정위원회로서 매 학년 시작 후 2주 이내에 구성하며 해당 학생의 교육적 요구에 적합한 개별화교육계획을 수립해야 한다. 이들은 최소 학기별 1회 회의를 열어 교육계획을 수립해야 하며, 참석하지 못한 보호자는 서면으로 의견을 받도록 한다. 팀 구성원 각각 자기의 영역의 교육 목표, 교수방법 및 평가내용 등을 초안으로 잡고 회의 중 조율할 수 있다. 특수교육대상자의 담임교사가 각 영역의 초안을 잡고, 나머지 개별화교육지원팀은 특별한 문제를 해결하는 방안을 중점적으로 논의할 수 있다. 이렇게 회의 등을 통해 정해진 개별화교육 프로그램 최종 계획안은 보호자에게 송부해 서명을 받도록 해야 한다. 개별화교육지원팀 구성 및 회의 절차를 통해 개별화교육 프로그램을 작성하는 방법은 다음과 같다.

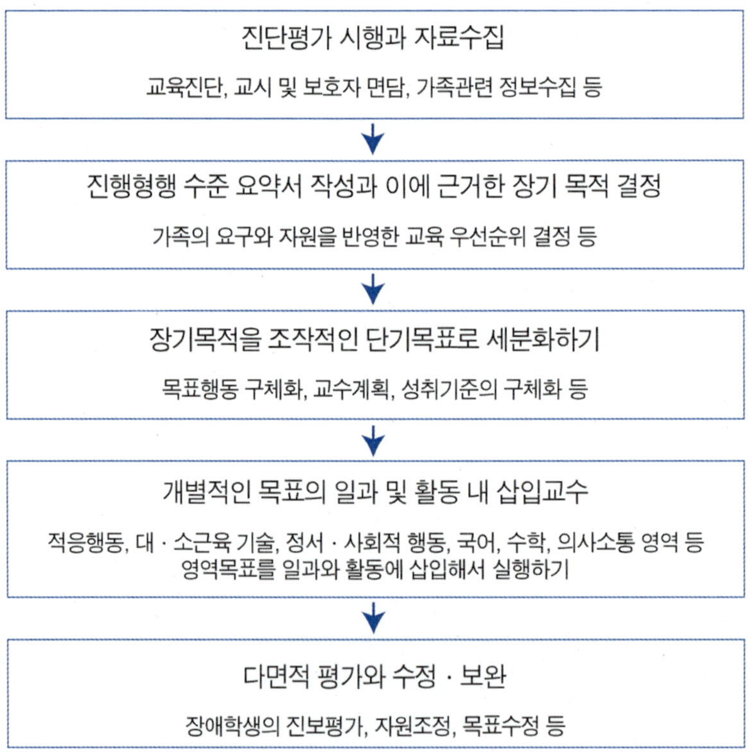

그림 6-2 개별화교육 프로그램의 개발과정

개별화교육지원팀은 「장애인 등에 대한 특수교육법」 제22조, 동법 시행규칙 제4조에서 제시하는 구성원을 중심으로 구성한다. 개별화교육팀의 구성은 학생의 요구에 맞게 팀 운영의 실행 가능성을 높이기 위해 학생의 교육적 배치 형태에 따라 달리해야 한다. 지원팀의 구성원은 기본 구성원과 선택 구성원으로 나뉘며, 기본 구성원은 특수교육대상 학생의 학교 구성원과 보호자를 포함하며 지원팀의 구성과 운영에 있어 필수적인 인원이며, 선택 구성원은 특수교육대상 학생의 교육적 요구를 토대로 기본 구성원의 협의와 학교장의 최종 결정을 거쳐 구성원 가운데 필요한 인원으로 구성한다.

	절차	내용
1	개별화교육지원팀 구성	관련 부장과 관리자의 협의 → 개별화교육지원팀, 팀원구성 → 회의 일정 확인
2	개별화교육지원팀 회의 안내	• 지원팀 및 각 구성원의 역할 안내 • 회의 일시 및 장소 사전 안내
3	개별화교육지원팀 회의 사전 준비	• 회의 2~3일 전 협의 내용 사전 통보 • 미참석자에게는 의견서 약식 송부 및 회수 등
4	개별화교육계획 초안작성	• 각자 영역에 대한 기초 자료 작성 • 협의 내용 준비 등
5	개별화교육지원팀 회의 실시	특수교육대상자 관련 기본사항 안내 → 협의사항 심의 및 의결 → 기타 안건 토의
6	협의 및 결정	• 교육목표, 교육내용, 교육방법, • 특수교육관련 서비스 내용, 지원 및 평가방법 협의, 결정
7	최종 기록 및 서명	• 협의된 내용을 다시 정리, 작성해 서명

그림 6-3 개별화교육팀에 의한 개별화교육 프로그램 작성 절차

표 6-8 교육적 배치에 따른 학급의 구성과 개별화교육지원팀의 구성 형태 및 구성원

<table>
<tr><th>구분</th><th>기본 구성원</th><th>선택 구성원</th></tr>
<tr><td>특수학급 설치학교</td><td>• 개별화교육지원팀장
• 특수교육 교원
• 일반교육 교원
• 보호자</td><td rowspan="2">• 부담임교사
• 교과전담교사
• 보건교사
• 상담교사
• 영양교사
• 학교의 진로·직업교육 담당 교원(전문가)
• 행정실장</td></tr>
<tr><td>특수학급 설치학교 (순회교육 대상자)</td><td>• 개별화교육지원팀장
• 특수교육 교원
• 일반교육 교원
• 순회교사
• 보호자</td></tr>
<tr><td>특수학급 설치학교 (순회학급 설치학교)</td><td>• 개별화교육지원팀장
• 특수교육 교원(순회학급 교사)
• 일반교육 교원(담임/교과담당교사)
• 보호자</td><td rowspan="4">• 특수교육 관련서비스 담당인력
• 시·군·구 주민센터 사회복지사
• 학생의 기타 가족
• 교육(지원)청 특수교육 담당자
• 방과후 교실 강사
• 돌봄교실 강사
• 학교담당 경찰관</td></tr>
<tr><td>특수학급 미설치교 (순회교육 대상자)</td><td>• 개별화교육지원팀장
• 순회교사
• 특수교육 업부 담당 일반교육교원
• 일반교육 교원(담임/교과담당교사)
• 보호자</td></tr>
<tr><td>특수학급 미설치교</td><td>• 개별화교육지원팀장
• 특수교육업무 담당 일반교육교육
• 일반교육 교원(담임교사)
• 보호자</td></tr>
<tr><td>특수학교</td><td>• 개별화교육지원팀장
• 특수교육교원
• 보호자</td></tr>
</table>

또한, 각 교육적 배치 형태에 따른 구성원의 권한과 책임에 따른 역할은 〈표 6-9〉와 같으며, 각 구성원은 효율적인 팀 구성과 운영을 위해 개별화교육계획의 수립, 실행, 평가에 참여하고 협력적 지원팀으로서 역할을 수행한다(이지연 외, 2022).

구성원의 일반적 역할로서 개별화교육팀장인 학교장 또는 교감(특수학교의 경우 교장의

권한을 위임받은 부장 교사)은 개별화교육계획의 수립과 실행, 평가와 관련하여 학생의 교육 및 생활지도에 관하여 관리 · 감독한다. 특수교육 교원은 「장애인 등에 대한 특수교육법」 제22조 4항에 따라 개별화교육계획 업무를 주로 담당하며, 교육활동을 실제 수행하는 특수교사, 일반교사, 순회교사가 개별화교육계획의 실행을 담당한다.

표 6-9 개별화교육지원팀 구성원의 역할

구성원	역할
개별화교육 지원팀장	• 학교장 또는 교감 • 개별화교육지원팀의 운영 • 개별화교육계획 수립/실행에 관한 책임자 • 학생의 교육/생활지도를 관리 및 감독
	▶ 특수학교 • 학교장, 교감, 수석교사, 기타 교장이 권한을 위임한 부장급 교사 • 개별화교육지원팀의 운영 • 개별화교육계획 수립/실행에 관한 책임자 • 학생의 수업 및 생활을 관리 및 감독
특수교육 교원	▶ 특수학급 설치학교 • 특수학급 교사 • 개별화교육계획의 수립, 실행, 평가 담당자 • 완전통합된 학생의 개별화교육계획 수립 담당자 • 학생의 통합학급 및 특수학급에서 교육 및 생활 지원에 관한 조정자
	▶ 특수학급 설치학교(순회교육 대상자) • 특수학급 교사 • 순회교육대상 학생의 개별화교육지원팀 구성/운영 담당자 • 순회교육대상 학생의 개별화교육계획 수립 담당자(순회교사로부터 순회교육 대상 학생의 개별화교육계획 내용과 방법, 평가 결과를 받아 개별화교육계획을 수립) • 순회교육대상 학생의 개별화교육계획 실행 및 평가에 관한 업무 지원
	▶ 특수학급 설치학교(순회학급 설치학교) • 순회학급 특수교사 • 순회학급 학생의 개별화교육계획의 수립, 실행, 평가 담당자
	▶ 특수학급 미설치학교(순회교육 대상자) • 순회교육대상 학생의 개별화교육지원팀 구성 및 운영 담당자 • 순회교육대상 학생의 개별화교육계획 수립 담당자

<table>
<tr><td rowspan="2"></td><td>• 필요에 따라 2인 이상의 교원이 참여(예: 담임교사와 특수교육담당 일반교육교원, 특수교육담당 일반교육교원과 교과 담당 교사 등)</td></tr>
<tr><td>▶ 특수학교
• 담임교사, 교과담당 교사, 생활 지원 담당 교사
• 개별화교육계획의 수립, 실행, 평가 담당자
• 필요에 따라 2인 이상의 교원이 참여(예: 담임교사와 교과 담당교사, 교과 담당 교사 2인 등)</td></tr>
<tr><td rowspan="5">일반교육교원</td><td>▶ 특수학급 설치학교
• 개별화교육계획의 수립, 실행, 평가에 대한 업무지원
• 통합학급에서 학생의 교육 및 생활지도, 평가 담당자
• 완전통합된 학생의 경우 개별화교육계획의 실행 및 평가 담당자</td></tr>
<tr><td>▶ 특수학급 설치학교(순회교육 대상자)
• 담임교사, 교과 담당 교사 등
• 개별화교육계획의 수립, 실행, 평가에 대한 업무지원
• 통합학급 내에서 개별화교육계획의 실행, 평가 담당자
• 통합학급 내에서 학생의 교육 및 생활지도에 대한 담당자</td></tr>
<tr><td>▶ 특수학급 설치학교(순회학급 설치학교)
• 순회학급 학생의 개별화교육계획의 수립, 실행, 평가에 대한 업무 지원</td></tr>
<tr><td>▶ 특수학급 미설치학교(순회교육 대상자)
• 특수교육대상 학생의 담임교사 또는 교과(생활지원) 담당 교사
• 순회학급 학생의 개별화교육계획의 수립, 실행, 평가에 대한 업무 지원
• 순회교육대상 학생의 통합학급에서의 교육/생활지원 담당자</td></tr>
<tr><td>▶ 특수학급 미설치학교
• 특수교육대상 학생의 담임교사 또는 교과(생활지원) 담당 교사
• 특수교육대상 학생의 개별화교육계획 수립, 실행, 평가 담당자
• 특수교육 업무 담당 일반교육 교원과 협력해 개별화교육계획을 수립, 운영, 평가
• 특수교육대상 학생의 통합학급 교육 및 생활에 관한 주된 담당자</td></tr>
<tr><td rowspan="2">순회교사</td><td>▶ 특수학급 설치학교(순회교육 대상자)
• 순회교육대상 학생의 개별화교육계획 내용 및 방법 수립 담당자
• 순회교육대상 학생의 개별화교육계획 실행, 평가 담당자(순회교사는 학생의 개별화교육계획 내용과 방법, 평가 결과를 작성해 순회교육대상 학생의 개별화교육계획 수립 담당자에게 제공)
• 통합학급에서 개별화교육계획의 실행과정에 대한 업무지원</td></tr>
<tr><td>▶ 특수학급 미설치학교(순회교육 대상자)
• 순회교육대상 학생의 개별화교육계획 내용 및 방법 수립 담당자</td></tr>
</table>

	• 순회교육대상 학생의 개별화교육계획 실행, 평가 담당자 • 순회교육대상 학생의 통합학급에서의 교육/생활지원에 대한 업무지원
특수교육 업무담당 일반교육교원	▶ 특수학급 미설치학교(순회교육 대상자) • 순회교육대상 학생의 개별화교육지원팀 구성 및 운영담당자 • 순회교육대상 학생의 개별화교육계획 수립 담당자 • 필요에 따라 2인 이상의 교원이 참여(예: 담임교사와 특수교육담당 일반교육교원, 특수교육담당 일반교육교원과 교과담당 교사 등)
	▶ 특수학급 미설치 학교 • 개별화교육지원팀의 구성 및 운영 담당자 • 특수교육대상 학생의 개별화교육계획 수립, 운영, 평가 담당자 • 특수교육대상 학생의 담임교사와 협력해 개별화교육계획을 수립, 운영, 평가
보호자	• 특수교육 대상 학생의 개별화교육계획 수립, 실행, 평가 과정에서 학생의 대리인 • 학교와 가정 간의 지속적인 협력 관계 유지

출처: 정명철 외(2021). 통합교육으로 통하는 통로. 서울: EBS.

5. 개별화교육계획의 실제

개별화교육계획에 대한 실제 사례는 학교와 장애학생 및 교사 모두 가명으로 작성을 하였으며, 예시된 사례는 지적장애 초등 4학년 학생으로, 1학년부터 개별화교육계획을 누적 작성한 것을 보여주기 위한 것이다.

2022학년도

2학기-개별화교육계획

THE SECOND SEMESTER INDIVIDUALIZED EDUCATION PROGRAM

학교명	학년 반	이름
통합초등학교	4학년 1반	한수민

2학기 개별화교육계획 기간	2022년 9월 5일 ~ 2023년 2월 28일

개별화교육 지원팀	특수학급교사	통합학급교사	학부모
성 명	이시원	남수경	한장수

통합초등학교

인적사항

성명	한수민	생년월일	2012.12.06.	성별	남
주소					
연 락 처	본인 : 주연락처 : 010-1234-5678 (부) 010-2345-6789(모)				
장애등록 유형	지적장애	장애등급	중증	장애등록일	2018.09.01
특수교육 대상유형	지적장애	특수교육대상자 최초선정일	2019.03.01	현배치형태	특수학급

이력 사항	연도	학교명	학년반	통합담임	특수담임	기 타
	2019	통합초등학교	1-1	남수경	이시원	특수학급 배치
	2020	통합초등학교	2-2	남수경	이시원	
	2021	통합초등학교	3-3	남수경	이시원	
	2022	통합초등학교	4-4	남수경	이시원	

진단 평가	영역	도구명	검사일자	검사자	검사결과
	지능				
	사회성				
	학습				
	적응 행동				
	종합 의견				

가족 사항	관계	성명	나이	직업	연락처	기타
	부	한장수	44세	회사원	010-1234-5678	
	모	김민희	41세	회사원	010-2345-6789	

기타	◦2018.09.01. 언어장애 4급 ◦2020.08.31. 지적장애 2급(질환명: 대뇌난치성간질/원인: 결절성경화증) - 연세세브란스병원

행동특성 및 현재수준 / 지원방안

구분		강점/약점 및 특이사항	지원방안
일상생활	수면	2019-2. 수면 상태 양호함. 2021-1. 처음 잘 때 뒤척이기도 하지만 보통 잘 잠. 2022-1. 오후 10시 20분 취침, 오전 7시 40분 기상. 주말에 많이 피곤하면 낮잠을 30분~1시간 정도 잠(부와의 상담). 낮과 밤이 바뀌는 경우가 있음.	2022-1. 가정에서 낮과 밤이 바뀌지 않도록 노력.
	식사	2019-1. 식사 시 한 가지 음식만 먹으려고 함. 20192. 수저 사용이 능숙하지 않음. 편식이 심하지 않으나 먹기 싫어하는 음식은 거의 먹지 않음. 2020-1. 식사 시 음식을 뱉어 던지거나 바닥에 뱉는 경우가 있음. 2020-2. 스스로 배식하는 데 어려움이 있으나 정리는 할 수 있음. 2021-1. 편식 없이 음식을 골고루 먹는 편이나 먹기 싫은 음식은 뱉어 버림. 자신의 양보다 많이 먹는 경우가 있음. 2021-2. 주로 숟가락을 사용하려고 하지만 숟가락 젓가락을 바르게 사용함. 2022-1. 김치를 엄청 좋아함. 한 가지를 다 먹고 다른 걸 먹음(부와의 상담). 2022-1. 채소를 잘 먹음. 에디슨 젓가락 사용. 숟가락을 사용하여 음식을 퍼서 먹을 수 있으나 모으지 못함. 밥을 국에 말아 먹음. 식사 시 고기류는 씹다가 자주 뱉음. 먹기 싫은 음식 또는 다른 것을 먹고 싶을 때 입 안의 음식을 뱉음.	2022-1. 음식을 꼭꼭 씹어서 꿀꺽 삼켜서 먹으라고 안내 및 잘 먹고 있을 때 칭찬.
	화장실	2019-2. 2020-1. 소변은 잘 가리나 대변 가리기는 연습이 더 필요함. 2021-1. 소변은 혼자서 바지를 내리고 볼일을 보나 옷을 입으면서 화장실 밖을 나오는 경우가 종종 있음. 화장실 보고 뒤처리가 미흡할 때가 있음(소변은 정확해진 편이나 대변은 훈련이 더 필요함). 2021-2. 추석 이후 신변처리가 갑자기 안 되는 경우가 있음. 2022-1. 물을 많이 마셔서 화장실을 자주 감. 1년에 한 번 실수하는 시기가 있음.	2022-1. 화장실 이용 사전 안내.
	위생 및 성	2020-1. 스스로 손 씻기, 양치하기 등의 연습이 더 필요함. 2021-1. 손 씻고 말리기는 가능하나 양치 시 양치물을 입에 넣으면 그냥 마셔버리는 습관이 있음. 언어적 촉구로 세수와 양치 가능함. 2022-1. 손 닦기, 세수하기, 샤워하기 교육 중. 소변을 가지고 장난을 많이 함(부와의 상담) 2022-1. 치약을 짤 때 과하게 힘을 주어 힘 조절이 필요함. 칫솔을 입 안에 넣고 칫솔을 깨묾. 칫솔을 움직여 이를 잘 닦지 못함. 헹굴 때도 물을 입에 머금고 있지 못함. 손에 거의 힘을 주지 않고 흐르는 물에 손을 대는 정도로 손을 닦음.	2021-2. 위생지도 2022-1. 대체 활동 및 대체(감각볼 등) 도구 활용.
일상생활	이동	2021-1. 혼자 등하교하기 힘들지만 교문까지 손을 잡지 않고 이동해도 이탈하지 않음. 화장실과 도움반은 스스로 이동 가능함. 2021-2. 활동지원사와 함께 도보로 등하교-10분 거리에 위치함. 2022-1. 초기에 이동 시 갑자기 손을 빼서 멀어지거나 침을 뱉는 행동을 할 때가 있었음. 사전에 바른 행동과 주의를 주면 바르게 이동할 수 있음.	2022-1. 이동 시 사전 안내 - 행선지, 바른 이동 모습 등.

구분		강점/약점 및 특이사항	지원방안
	안전	2020-2. 초기에는 마스크 자꾸 벗었으나 지금은 마스크를 입까지 가리고 쓰고 있음. 혼자서 마스크를 벗을 수 있으나 착용하지 못하여 도움이 필요함. 2021. 위험 요소를 인지하고 대처하는 능력을 더 길러야 함. 버스나 택시 탑승 시 안전 벨트를 스스로 매는 훈련이 필요함. 싫다는 표현을 인지할 필요가 있음. 2022-1. 위험에 대한 인지는 있으나 이동하는 차량에 대한 위험인지는 못함.	2022-1. 수시로 안전 사항 지도.
	자기관리	2021. 몸단장을 하는 데 언어적 도움과 약간의 신체적 도움이 필요함. 스스로 간단한 실내화, 외투 정리, 장난감 정리를 할 수 있음. 맡은 일에 책임을 수행하는 데 언어적 촉구가 필요함. 2022-1. 얼굴이나 몸에 묻은 걸 인지 못 했으나 최근에 인지하여 닦음(부). 2022-1. 주로 장난감은 통에서 꺼내거나 빼서 펼쳐놓음. 책도 꺼내서 쭉 펼쳐보고 꺼내 놓음. 가까이 가서 정리하기를 하나씩 지시하면 통에 담거나 책꽂이에 책을 꽂을 수 있음.	2021-1. 내 물건이라는 인지 인식 지도 바람 2022-1. 언어적 촉구 및 모델링.
	신체	2022.5.4. 키 : 127cm 몸무게: 37.5kg	
놀이 및 사회성		2019-2. 급우들과의 사회적 상호작용이 많지 않음. 2021-1. 친구들이 인사를 건네면 손을 흔들고 같이 인사함. 혼자 웃는 일이 잦음. 머리카락을 손으로 뜯어서 놀이행위로 삼는 경우가 있음. 2021-2. 친구와의 놀이에 흥미를 느끼지 않으며 혼자서 원하는 활동에만 집중함. 칭찬을 좋아함(머리 쓰다듬어 주기). 2022-1. 혼자 놀기를 좋아함. 책보기를 좋아했으나 최근 tv 유튜브를 좋아함. 사운드 북을 좋아함. 까꿍 놀이를 좋아함. 아빠랑 걷기를 좋아함. 공 주고 받기 등 특수체육으로 상호작용이 향상되었으나 지속시간이 짧음(부). 2022-1. 음악과 함께하는 키즈 유튜브 영상 시청을 잘 함.	2022-1. 놀이지도, 모델링.
정서행동		2019-1. 주의집중 시간이 짧고 지속적인 착석이 어려움. 물건을 집어 던지는 행동을 종종 보임. 2019-2. 간혹 감정조절에 어려움이 있어 크게 웃거나 울화를 보이는 경우가 있음. 2020-1. 반복적으로 보이는 행동이 있으며 교실에서 다양한 소리를 냄. 2020-2. 교실 탁자 및 선반 위에 올라가서 위험한 행동을 보임. 2021. 장난이 많으며 관심을 받고자 행동하는 경우가 많음. 2021-2. 관심받고자 하는 행위 : 물건 던지기, 소리내기, 책상 치는 행동에 반응을 크게 해주면 더 좋아해서 더 많이 행동함. 2022-1. 좋아하는 것 : 김치 먹기. 동치미 먹기. 물놀이(수영, 샤워 등). 짜증 날 때 음식을 잔뜩 입에 넣거나 넣은 상태이면 뱉음. 짜증이 나거나 화가 나면 소리를 지름(부). 머리를 쓰다듬어 주는 것을 좋아함. 새로운 것에 대한 호기심이 높음. 동생의 행동에 대한 모방이 생김. 손가락을 입에 넣거나 침을 묻혀 얼굴에 문지르기를 잘함. 특정 장소나 화장실에서 소변보는 것을 좋아함. 2022-2. 침을 뱉거나 묻히기(3~5회), 물건이나 책 등을 바닥이나 책상 밑으로 내려놓거나 던지기, 창틀이나 서랍장 위에 올라가기, 수돗물 틀기, 물을 첨벙첨벙하거나 뿌리기, 갑자기 바지 벗기, "점, 점, 음, 음" 등과 같은 소리내기 등의 행동 문제가 있음.	2022-1. 자연발화 및 표현 지도 위생개념(부) 2022-2. 상반 행동에 대한 적극적인 칭찬과 반응. 대체 활동 제공.

구분		강점/약점 및 특이사항	지원방안
교과학습수준	국어	2021-1. 간단한 단어나 동사 위주의 발화를 하며, 자신의 이름을 쓸 수 있음. 2021-2. 수용 언어에 비해 표현언어가 부족함. 주로 단어 위주로 말함. 2022-1. 단어와 그림으로 명사 이해도는 높으나 동사에 대한 이해도가 낮아 표현하는 데 어려움. 지시이행에 대한 반응은 높으나 언어에 대한 표현이 잘 안됨. 최근 자기 의사를 표현하기 시작하였으나 '이거','손짓' 등이며 tv를 보고 티비, 물이 마시고 싶으면 '물'이라고 함. 치료실에서 동사 표현에 대한 언어 수업 진행 중(부). 2022-1. 연필을 잘 잡지 못하고 의미 있는 쓰기 활동이 안 됨. 2022-2. 연필을 잡고 간단한 선들을 따라 그릴 수 있음.	
	수학	2021. 5까지 말하나 부정확하며 수의 개념 형성이 필요함. 2022-1. 숫자 1~20 읽기는 가능하나 쓰거나 연산 활동 안 됨(부). 2022-2. 기계적으로 1~10까지의 수를 순서대로 말할 수 있으나 사물의 수를 세지 못함. 숫자를 쓰지 못함. 여러 가지 구체물 중에서 제시한 것과 같은 것을 고를 수 있으나 다른 것을 찾지 못함.	
	기타	2017-1. 그림책에 관심이 많으며 종이를 가지고 하는 활동이나 스티커에 흥미를 보임. 악기, 컴퓨터 소리, 소리북 등 청각 매체에 흥미를 보임. 2019-1. 예체능 과목에 높은 흥미와 관심을 보임. 2019-2. 활동적인 과목을 좋아함(체육, 음악 등). 2020-1. 같은 색과 모양을 분류 안 됨. 2020-2. 모양 또는 색깔 한가지 기준을 제시하였을 경우 분류할 수 있음.	

안전 및 건강 상태

<table>
<tr><th rowspan="2"></th><th rowspan="2">구분</th><th rowspan="2">병명</th><th rowspan="2">발병시기 및 기간</th><th rowspan="2">증상</th><th colspan="3">복용약물 및 지원</th></tr>
<tr><th>약명/복용량</th><th>복용방법</th><th>지원방안</th></tr>
<tr><td rowspan="5">건강</td><td rowspan="2">과거</td><td></td><td></td><td></td><td></td><td></td><td></td></tr>
<tr><td></td><td></td><td></td><td></td><td></td><td></td></tr>
<tr><td rowspan="2">현재</td><td></td><td>-</td><td>-</td><td></td><td></td><td></td></tr>
<tr><td>알레르기 (우유,은행)</td><td>수시</td><td>가려움</td><td></td><td></td><td>금지</td></tr>
<tr><td>특이사항</td><td colspan="6">*없음</td></tr>
<tr><td colspan="2">기 타</td><td colspan="6"></td></tr>
</table>

교육활동 지원계획

교육 지원 / 학급	담당교사	주당 지원 시간	교과	교육평가	기타
통합학급	남수경	17	전교과	평가에 참가, 통계반영은 제외	
특수학급	이시원	12~14	국어, 수학 + 교과 대체 활동	개인별 절대 평가	

특수학급 교과 대체 활동			
활동명	활동시간	장소	참가여부
진로직업교육(요리)	월 1회	학습도움실	참가
현장체험학습	월 1회	외부	참가
문화예술활동(미술)	월 1회	학습도움실	참가
체육활동(뉴스포츠)	월 2회	학습도움실	참가

학부모 의견 및 요구 사항

구분	내용
생활면	2019-1. 스스로 용변 처리를 할 수 있으며 바르게 착석하여 식사를 골고루 끝까지 먹을 수 있었으면 함. 스스로 세수를 하고, 양치질 후에 물을 삼키지 않고 뱉을 수 있었으면 함. 2019-2. 2020-1. 학교생활에 잘 적응하여 2학기를 잘 보내길 바람. 대소변 가리기 및 양치하기 등 자조 기술이 더 개선되길 바람. 2020-1. 화장실 이용, 식사, 착석, 이동 등 생활기술들이 향상되길 바람. 2021. 친구들과 사이좋게 지내기를 희망함. 2022-1. 손 닦기, 세수하기, 대변 후 뒤처리 하기. 동기들과 어울림 활동 향상
학습면	2019-1. 수용언어 분만 아니라 표현언어가 향상되고, 한글 습득이 되었으면 함. 스스로 이름을 쓰고 부모님 연락처 외우기, 구구단 외우기를 희망함. 2019-2. 2020-1. 주의집중 및 착석이 잘 되길 바람. 수용언어 및 표현언어가 향상되길 바람. 숫자 읽기 및 수 세기가 향상되길 바람. 2020-2. 단어 습득하기, 수 세기 및 다양한 활동들에 적극적으로 참여하길 바람. 2021. 국어-동사 사용을 많이 사용하여 수민이가 동사를 말할 수 있길 희망함. 2022-1. 자발어 향상, 분노 조절, 인지력 향상
기 타	2020-1. 성교육은 학생과 학부모가 병행하여 가정에서도 수시로 전파 교육이 되길 바람. 일상생활에 도움이 되는 교육이 수시로 진행되길 바람. 체험학습 시 다양한 주제를 마련하여 진행되길 바람. 2021. 스스로 할 수 있는 능력이 신장되길 바람. 2021-2. 장애이해교육 시 천천히, 느리게 배우는 아이로 소개해 주시길 바람. 2022-1. 통합학급 - 친구들이 수민이에 대한 이해도 향상, 도움실과 원반을 오가는 친구를 배정해서 친구에 대한 인지 감정을 알 수 있게 했으면 함. 4학년이면 주위 친구들이 1~2학년 같지 않게 수민이를 괴롭히거나 장난을 치는 경우가 생길까 우려됨

보조인력 지원 계획

지원교과	지원시간	지원내용	기타
이동시	수시	학생의 안전 및 건강 관리	
신변처리	수시	학생의 안전 및 건강 관리	
국어, 수학 외	매 2~3시간	교과 수업, 착석 및 참여 지원	

관련 서비스 및 기타 지원 계획

구분	내용	장소	시간	서비스 지원		기타
				항목	기간	
방과후 교육활동	언어	우리아이	주 2회 화 18:00~ 금 17:00~	특수교육 방과후 교육비 지원	8개월 (월10만원까지)	40분 수업
	특수체육	희망나라	주 1회 토 11:40~			40분 수업
	수영	국민 체육센터	주 1회 토 13:10~			아빠와 같이
치료교육활동	감각통합	소리나라	주 2회 월 16:20~ 목 17:20~	교육청 참좋은 카드	2020년 3월 ~2021년 2월	40분 수업
통학	보호자 동행 등하교	-	-	-	-	
보조공학기기	-	-	-	-	-	
가족지원	상담	학습도움실 (2)	필요시	가족지원상담	2019년 3월 ~ 2020년 2월	
기타	-	-	-	-	-	

2학기 국어과 개별화교육계획

학반	4학년 4반	이름	한수민	작성자	이시원

영역	현행수준	교육목표	적용 및 활용 교육 과정	평가기준	평가 방법
듣기 · 말하기	간단한 행동을 요구하는 말을 듣고 행동할 수 있음. "이건 뭐야"와 같이 사물의 이름을 묻는 말을 듣고 단어로 대답할 수 있음 원하는 물건이 있을 때 알고 있는 단어의 경우 말로 하거나 상대방의 신체 일부(예. 팔, 손, 옷자락 등)를 건드리거나 잡음. 또는 원하는 사물을 손가락으로 가리킬 수 있음. "티브"라고 말을 하며 손가락을 가리켜 영상을 틀어달라고 함. 두 손을 모아 '주세요'라고 말 할 수 있음. 하기 싫은 일을 시키거나 짜증이 나면 소리를 지름.	원하는 물건과 행동을 낱말로 표현할 수 있다.	기본 [2국어 01-04]	1. 먹고 싶은 것 2. 갖고 싶은 것 3. 필요한 것 4. 좋아하는 것 5. 싫어하는 것 6. 도움이 필요할 때 7. 화장실을 가고 싶을 때 8. 하고 싶은 것이 있을 때 - 80% 이상 낱말로 따라 말하면서 표현한다. - 60% 이상 스스로 낱말로 표현한다.	구술 관찰 수행
읽기 + 문법	여러 가지 동물이나 물건 등의 그림을 보고 이름을 말 할 수 있음. 그림을 단서로 낱말을 소리 내어 읽을 수 있음. 몇 가지 단어들은 통문자로 인지하여 읽을 수 있음 ㄱ, ㄴ, ㄷ 등 몇 개의 자음자의 이름을 말할 수 있음. 여러 가지 색깔 중에서 같은 색깔끼리 분류하여 통에 담거나 같은 부분에 스티커를 붙일 수 있음, 여러 가지 물건, 동물모형, 과일 모형 중에 똑같은 물건을 집을 수 있음.	여러 가지 모양 중에서 같은 그림, 모양, 자모음 글자를 찾을 수 있다.	기본 [2국어 02-01]	1. 여러 가지 물건 중에서 같은 물건 2. 여러 가지 그림 중에서 같은 그림 3. 여러 가지 모양 중에서 같은 모양 4. 여러 가지 기호 중에서 같은 기호 5. 전체 그림 속에서 같은 그림 6. 전체 그림 속에서 같은 모양 7. 전체 그림 속에서 같은 기호 8. 같은 모양의 모음자나 자음자 - 가리킨다. - 선으로 연결한다. - 붙임딱지를 붙인다.	구술 관찰 지필

영역	현행수준	교육목표	적용 및 활용 교육 과정	평가기준	평가 방법
쓰기	색연필, 연필을 주면 세워 잡음. 연필을 바르게 잡을 수 있게 수정하여 주면 그 상태로 직선, 곡선 등 점선을 따라 그릴 수 있음.	다양한 도구를 사용하여 여러 가지 선을 그린다.	기본 [2국어 03-01 -01]	1. 실선을 따라 여러 가지 선(수평선, 수직선, 사선, 곡선 등)을 그린다. 2. 점선을 따라 여러 가지 직선을 그린다. 3. 점선을 따라 여러 가지 곡선을 그린다. 4. 여러 가지 그림의 테두리 선을 따라 그린다. 5. 점과 점을 연결하여 여러 가지 선을 그린다. 6. 여러 가지 선을 보고 따라 그린다. 7. 여러 가지 선을 자유롭게 그린다. 8. 자음과 모음을 따라 쓴다. 10. 단어를 한 획씩 따라 쓴다.	지필 관찰
문학	영상을 시청할 수 있음.- 신나는 음악과 함께 제시되는 핑크퐁, 뽀로로 영상 등을 관심 있게 시청함. 책에 관심이 있으며 책을 골라 책장을 넘기며 볼 수 있음.	-	-		-

2학기 국어과 교육과정 지도계획

학반	4학년 4반	이름	한수민	작성자	이시원

월	주	기간	수업일수	단원명	교육내용	교육방법/자료
9	1	05-09	4	독서단원	내가 좋아하는 책 읽기	반응중심 창의성 계발 /e학습터 영상자료 교과서 학습지
	2	12-16	5	1. 이어질 장면을 생각해요	만화 영화 감상하기 화면 속 단어 및 표현 어휘 따라 말하기 자음 따라 쓰기 단어 한 획씩 따라 쓰기	
	3	19-23	5	1. 이어질 장면을 생각해요		
	4	26-30	5	2. 마음을 전하는 글을 써요	마음을 나타내는 어휘 따라 말하기 모음 따라 쓰기	
10	5	03-07	4	3. 바르고 공손하게	예, 아니요 대답하기 도움이 필요할 때 도움 요청하는 표현 알기 하기 싫을 때 바르게 표현 하는 방법 알기	직접교수 문제해결 /e학습터 영상자료 교과서 학습지
	6	10-14	5	3. 바르고 공손하게		
	7	17-21	5	4. 이야기 속 세상	동화책이나 영상 보기 관련 어휘나 단어 알기 한 획씩 단어 따라 쓰기	
	8	24-28	5	4. 이야기 속 세상		
11	9	31-04	5	5. 의견이 드러나게 글을 써요	2어절 문장을 따라 말하기 한 획씩 단어 따라 쓰기	직접교수 지식탐구 /e학습터 영상자료 교과서 학습지
	10	07-11	5	5. 의견이 드러나게 글을 써요		
	11	14-18	5	6. 본받고 싶은 인물을 찾아봐요	대상의 호칭 알기 호칭 따라 말하기 한 획씩 호칭 단어 따라 쓰기	
	12	21-25	5	6. 본받고 싶은 인물을 찾아봐요		
12	13	28-02	5	7. 독서 감상문을 써요	동화책이나 영상 보기 관련 어휘나 단어 알기 한 획씩 단어 따라 쓰기	반응중심 창의성 계발 문제해결 /e학습터 영상자료 교과서
	14	05-09	5	7. 독서 감상문을 써요		

월	주	기간	수업일수	단원명	교육내용	교육방법/자료
	15	12–16	5	8. 생각하며 읽어요	동화책이나 영상 보기 관련 어휘나 단어 알기 한 획씩 단어 따라 쓰기	학습지
	16	19–23	5	8. 생각하며 읽어요		
1	17	26–30	2	9. 감동을 나누며 읽어요	동화책이나 영상 보기 관련 어휘나 단어 알기 한 획씩 단어 따라 쓰기	
2	18	06–10	5	9. 감동을 나누며 읽어요		
	19	13–15	3	정리	4학년을 마무리하며 정리 및 소감 발표하기	
2학기 수업일수 합계			88			

2학기 수학과 개별화교육계획

학반	4학년 4반	이름	한수민	작성자	이시원

영역		현행수준	교육목표	적용 및 활용 교육과정	평가기준	평가 방법
수		1-1. 기계적으로 1~10까지의 수를 순서대로 말할 수 있으나 사물의 수를 세지 못함, 숫자를 쓰지 못함.	여러 가지 구체물 중에서 제시한 것과 같은 것 또는 다른 것을 찾을 수 있다.	기본	1. 여러 가지 구체물 중에서 제시한 것과 같은 것을 찾는다. 2. 여러 가지 구체물 중에서 제시한 것과 다른 것을 찾는다.	관찰 수행
			구체물 중에서 같은 것이나 서로 관계있는 것을 찾아 일대일로 짝지을 수 있다.	기본	1. 구체물 중에서 같은 것을 찾아 일대일로 짝짓는다. 2. 구체물 중에서 서로 관계있는 것을 찾아 일대일로 짝짓는다.	관찰 수행 지필
			사물의 수를 10까지 셀 수 있다. 1부터 50까지의 수를 읽을 수 있다.	기본	1. 사물의 수를 10까지 센다. 2. 1부터 50까지의 수를 읽는다.	구술 지필
화폐		–	여러 가지 구체물 중에서 화폐를 찾을 수 있다. 주어진 화폐와 모양, 색상, 크기가 같은 화폐를 찾을 수 있다.	생활 기본	1. 여러 가지 구체물 중에서 화폐를 찾는다. 2. 주어진 화폐와 모양, 색상, 크기가 같은 화폐를 찾을 수 있다. - 100, 500, 1000원 화폐를 읽는다.	구술 수행
연산	덧셈	–	9 이하의 수의 범위에서 모으기와 가르기를 할 수 있다.	1-1	1. 수의 합성과 분해에서 적절한 구체물이나 그림을 이용하여 여러 가지 경우를 찾는다.	지필
	뺄셈	–				지필
	곱셈	–	-	-	-	-
	나눗셈	–	-	-	-	-

영역		현행수준	교육목표	적용 및 활용 교육과정	평가기준	평가방법
	분수	–	-	-	-	-
	소수	–	-	-	-	-
도형		기본. ■, ▲, ● 모양을 말할 수 있음. 같은 모양을 찾을 수 있음.	모양이 같거나 모양이 다른 사물을 찾는다.	기본	1. 모양이 같은 사물을 찾는다. 2. 모양이 다른 사물을 찾는다.	수행 포트폴리오
측정		–	측정 가능한 속성으로서 크기, 길이, 들이, 무게 등을 감각적으로 탐색한다.	기본	1. 측정 가능한 속성으로서 크기를 감각적으로 탐색한다. 2. 측정 가능한 속성으로서 길이를 감각적으로 탐색한다. 3. 측정 가능한 속성으로서 들이를 감각적으로 탐색한다. 4. 측정 가능한 속성으로서 무게를 감각적으로 탐색한다.	수행
규칙성		–	1:1 규칙을 이해하고 배열할수 있다.	기본	1. 1:1 규칙을 이해하고 배열한다.	수행 지필
자료와 가능성		기본. 모양 또는 색깔 한가지 기준을 제시하였을 경우 분류할 수 있음.	2~3가지 기준에 따라 분류할 수 있다. 2~3가지 기준에 따라 분류하고 그 수를 셀 수 있다.	기본	1. 기준에 따라 분류한다. 2. 기준에 따라 분류하고 그 수를 센다.	구술 지필

2학기 수학과 교육과정 지도계획

학반	4학년 4반	이름	한수민	작성자	이시원

월	주	기 간	수업일수	단원명	교육내용	교육방법/자료
9	1	05–09	4	1. (분수의) 덧셈과 뺄셈	10 이하의 구체물 가르기 모으기	직접교수 개념학습 문제해결 원리탐구 / e학습터 영상자료 구체물 도형모양 수막대 학습지
	2	12–16	5	1. (분수의) 덧셈과 뺄셈	10 이하의 구체물 가르기 모으기	
	3	19–23	5	1. (분수의) 덧셈과 뺄셈	10 이하의 구체물 가르기 모으기	
	4	26–30	5	2. 삼각형 수	모양 맞추기 1~10 수 표현하기, 1~50까지의 수	
10	5	03–07	4	2. 삼각형 수	모양 맞추기 1~10 수 표현하기, 1~50까지의 수	
	6	10–14	5	2. 삼각형 수	모양 맞추기 1~10 수 표현하기, 1~50까지의 수	
	7	17–21	5	3. (소수의) 덧셈과 뺄셈, 수	10 이하의 구체물 가르기 모으기 1~50까지의 수	문제해결 원리탐구 / e학습터 영상자료 수막대, 구체물 학습지
	8	24–28	5	3. (소수의) 덧셈과 뺄셈, 수	10 이하의 구체물 가르기 모으기 1~50까지의 수	
11	9	31–04	5	3. (소수의) 덧셈과 뺄셈, 수	10 이하의 구체물 가르기 모으기 1~50까지의 수	
	10	07–11	5	4. (사각형) 수와 화폐	1~50까지의 수, 모양이 같은 화폐 찾기	직접교수 개념학습 / e학습터 영상자료 화폐모형 수막대 학습지
	11	14–18	5	4. (사각형) 수와 화폐	1~50까지의 수, 모양이 같은 화폐 찾기	
	12	21–25	5	4. (사각형) 수와 화폐	1~50까지의 수, 모양이 같은 화폐 찾기	
12	13	28–02	5	5. (꺾은선그래프) 분류하기	기준에 따라 분류하고 세기	직접교수 개념학습 문제해결

<table>
<tr><td></td><td>14</td><td>05-09</td><td>5</td><td>5. (꺾은선그래프)
분류하기</td><td>기준에 따라 분류하고 세기</td><td rowspan="6">원리탐구
/
e학습터
영상자료
도형모양
수막대
교과서
학습지</td></tr>
<tr><td></td><td>15</td><td>12-16</td><td>5</td><td>5. (꺾은선그래프)
분류하기</td><td>기준에 따라 분류하고 세기</td></tr>
<tr><td></td><td>16</td><td>19-23</td><td>5</td><td>6. 다각형
수와 연산</td><td>여러 가지 규칙에 따라 배열하기
1~50까지의 수, 한 자리 수 덧셈과 뺄셈</td></tr>
<tr><td>1</td><td>17</td><td>26-30</td><td>2</td><td>6. 다각형
수와 연산</td><td>여러 가지 규칙에 따라 배열하기
1~50까지의 수, 10 이하의 구체물 가르기 모으기</td></tr>
<tr><td rowspan="2">2</td><td>18</td><td>06-10</td><td>5</td><td>6. 다각형
수와 연산</td><td>여러 가지 규칙에 따라 배열하기
1~50까지의 수, 10 이하의 구체물 가르기 모으기</td></tr>
<tr><td>19</td><td>13-15</td><td>3</td><td>정리</td><td>전체 복습 및 정리</td></tr>
<tr><td colspan="3">2학기
수업일수 합계</td><td>88</td><td colspan="3"></td></tr>
</table>

2학기 교과 대체 활동 및 생활지도계획

주제	시수	활동 내용		
진로직업 교육 (요리)	월 2시간	공통 교육 요소		요리명과 재료 이름 알고 말하기 요리 도구 안전하게 다루기 요리할 때 위생 및 안전 주의 사항 알기 다른 사람의 이야기를 경청하고 순서 지키기 ⇒ 순서 지키기, 바르게 듣기, 자기 자리 및 주변 정리하기
현장체험 학습	월 1회	공통 교육 요소	사전	현장학습 가는 날, 장소, 활동 내용, 준비물 안내 사전 교육 및 안전교육 ⇒ 당일 일정 및 준비물 기억하기
			당일	짝꿍 알고 찾기, 활동 참여하기 자기 물건 챙기기, 친구 도와주기 의사 표현하기, 안전하게 행동하기 이동 수단 바르게 이용하기, 지시 따르기 공공장소에서의 예절과 질서 지키기 ⇒ 단체 활동 시 지켜야 할 예절 알고, 즐겁게 활동 참여하기
			사후	누가, 언제, 어디서, 무엇을, 어떻게, 활동 소감 이야기하기 ⇒ 사진과 연관 지어 경험 표현하기
문화예술활동 (미술)	월 2시간	공통 교육 요소	활동	색칠하기 오리기 붙이기 그리기 만들기 도구 사용하기
체육활동 (뉴스포츠)	주 2시간	공통 교육 요소		기본 동작 따라 하기 질서 지키기 활동 규칙 알고 참여하기
생활 안전 교육	수시	공통 교육 요소		안전하게 생활하기 깨끗하게 생활하기 사이좋게 생활하기 건강하게 생활하기 바르게 생활하기 즐겁게 생활하기

개별화교육지원팀 협의록

<table>
<tr><td>학년반</td><td colspan="2">4-4</td><td>학생명</td><td colspan="2">한수민</td></tr>
<tr><td>일시</td><td colspan="3">2022년 09월 16일(금) 15:20~17:00</td><td>장소</td><td>학습도움실</td></tr>
<tr><td rowspan="2">참석자</td><td>특수교사</td><td colspan="2">통합학급교사</td><td colspan="2">학부모</td></tr>
<tr><td>이시원</td><td colspan="2">남수경</td><td colspan="2">한장수</td></tr>
<tr><td>안건</td><td colspan="5">개별화교육계획, 관련 서비스 지원 등</td></tr>
</table>

<table>
<tr><td rowspan="20">협의사항</td><td colspan="3">세부안건</td><td>협의내용</td></tr>
<tr><td rowspan="9">특수학급활동</td><td colspan="2">학습지도</td><td rowspan="9">▹분류하기, 같은 것 찾기, 쓰기 도구 사용, 색칠하기, 선긋기 등 기초 학습 준비 기술이 조금씩 향상되고 있음.</td></tr>
<tr><td colspan="2">생활지도</td></tr>
<tr><td rowspan="6">교과대체활동</td><td>체험학습</td></tr>
<tr><td>진로직업</td></tr>
<tr><td>문화예술 활동</td></tr>
<tr><td>체육활동</td></tr>
<tr><td>기타</td></tr>
<tr><td colspan="2"></td></tr>
<tr><td colspan="2"></td></tr>
<tr><td rowspan="4">통합학급활동</td><td colspan="2">학습지도</td><td rowspan="4">▹수민이의 루틴에 맞게 시간표 조정
영어, 과학 전담 1교시, 미술, 음악 등 3교시~4교시 수민이가 많이 참여할 수 있는 활동 수업 위주로 참여
▹온라인 학급 과제 수민이가 할 수 있는 차원에서 참여하는 것 매우 바람직.</td></tr>
<tr><td colspan="2">생활지도</td></tr>
<tr><td colspan="2">또래지원</td></tr>
<tr><td colspan="2">기타</td></tr>
<tr><td rowspan="2">평가</td><td colspan="2">통합학급</td><td rowspan="2">▹학생의 성취 정도를 평가</td></tr>
<tr><td colspan="2">특수학급</td></tr>
<tr><td rowspan="4">특수교육서비스지원</td><td colspan="2">치료지원</td><td>▹참 좋은 카드 이용. 보건복지부는 소득 초과로 지원 못 받음.</td></tr>
<tr><td colspan="2">방과후</td><td>▹개인별 방과 후 지원 받음</td></tr>
<tr><td colspan="2">지원인력</td><td>▹실무사 부재로 특수교사가 통합학급 수업 지원
학교 방역 안전 도우미 활용하여 수업 지원</td></tr>
<tr><td colspan="2">기타(등하교 등)</td><td>▹활동지원사와 함께 등하교</td></tr>
<tr><td>비고</td><td colspan="4">▹특수학급 돌봄 꾸준히 참여
▹수민이가 등하교 시 항상 담임선생님께서 반갑게 인사해주셔서 반 친구들에게나 수민이에게 많은 도움이 됨.
▹생활지도계획 별첨!</td></tr>
</table>

2학기 생활지도계획

학반	4학년 4반	이름	한수민	작성자	이시원

영역	생활지도 교육 내용		기타
생활 목표 어휘	~ 주세요 - 도와주세요 - 들어주세요 - 휴지주세요 - 써주세요	아니요 하지마세요 그만해요	
식사	수저통 들어달라고 표현하기 자기 식판 들기 음식 바르게 받기 식판 들고 걸어서 이동하기	음식 뱉지 않기 - 꼭꼭 씹어 꿀떡 밥과 반찬 같이 먹기 음식 다른 곳에 옮기지 않기 자리에 바르게 앉아서 먹기	
이동 시	바르게 걷기 다른 사람 건드리지 않기 바르게 서서 기다리기		
화장실	소변 바르게 누기 - 변기 속에 소변 손으로 만지지 않기		
양치	치약 짜기 칫솔 움직여 이닦기 헹굴 때 물 머금고 뱉기 - 옴~ 퉤!		
생활	침 안 묻히기 침은 꿀꺽!	마스크 코까지 올려 쓰기 바르게 기다리기	
놀이 활동	앉아서 책보기 성기 문지르지 않기 짐볼 타기	블록 끼우기 단어 카드 맞추기 탭 영상자료 보기	
교육 활동 팁!	1. 행동문제에 대한 원인 파악 중요! - 피해를 주는 행동과 그렇지 않은 행동 구분 필요! 2. 행동 문제를 보였을 때 일관성 있게 단호하게 제지 3. 행동을 제지할 경우 대체 행동을 알려주어야 함 4. 잘하고 있을 때 관심과 칭찬 필수! 5. 행동이 발생한 후 후속 조치보다 예방에 신경 써서 사전에 바른 행동에 대해 안내해주면 더욱 효과적 6. 후속 조치도 혼내기만 하면 안 됨! 꼭 바른 행동을 다시 할 수 있게 지도		

2022년 2학기 개별화교육 평가

학반	4학년 4반	이름	한수민	작성자	이시원

교과	영역	교육 목표	평가 내용	평가		
				상	중	하
국어	듣기·말하기	한 글자 낱말이나 자주 사용하는 낱말을 소리 내어 발음할 수 있다.	한 글자 낱말이나 자주 사용하는 낱말을 소리 내어 발음할 수 있음. 3글자 이상의 단어를 소리 내는 경우 한 글자씩 짚어주면 발음의 정확도가 증가함. 원하는 물건이나 음식을 요구할 때, 도움을 요청할 때 "00 주세요"라고 이야기함. 정확한 명칭을 모를 경우에는 "이거 주세요"라고 말을 함.	○		
	읽기 + 문법	일상생활에서 자주 볼 수 있는 글자에 관심을 가진다.	음식, 동물, 사물, 과일, 채소 등 150가지 정도의 통문자 단어를 읽고 단어와 그림을 연결할 수 있음. 한 글자 낱말이나 자주 사용하는 낱글자를 읽을 수 있음.	○		
	쓰기	쓰기 도구를 사용하여 자유롭게 표현한다.	연필을 바르게 잡고 선이나 동그라미를 그릴 수 있음. 시범을 보이면 점과 점을 연결해서 선을 그을 수 있음. 보조선을 따라 1~2획으로 구성된 자음과 모음 덧쓰기를 할 수 있음. 연필을 함께 잡고 시작점을 알려주면 글자 덧쓰기를 할 수 있음.		○	
	문학	영상을 주의 깊게 시청할 수 있다.	신나는 음악과 함께 제시되는 핑크퐁, 뽀로로 영상 등을 관심 있게 시청함. TV나 탭 영상이 보고 싶을 때 "티비 주세요"라고 먼저 요청함. 탭에 저장되어 있는 교육 영상 중 자신이 보고 싶은 영상을 골라 시청할 수 있음.	○		
수학	수	1부터 50까지의 숫자를 읽을 수 있다.	1,2,3,6,7,9,0,숫자는 혼자 덧쓸 수 있음. 4,5,8 숫자는 덧쓰기 할 때 약간의 신체적 촉구를 주면 덧쓸 수 있음. 1~20까지의 숫자를 순서대로 소리 내서 읽을 수 있음. 30~50까지의 숫자는 읽을 때 '십'의 언어적 표현이 확실하지 않음.		○	
	화폐	주어진 화폐와 모양, 색상, 크기가 같은 화폐를 찾을 수 있다.	주어진 화폐와 모양, 색상, 크기가 같은 화폐를 찾아 같은 곳에 붙일 수 있음.	○		
	덧셈 뺄셈	10 이하의 수의 범위에서 모으기와 가르기를 할 수 있다.	수의 합성과 분해에서 수를 함께 세고 알맞은 숫자를 찾아 동그라미 할 수 있음.		○	

	도형	여러 가지 입체도형의 모양을 이용하여 여러 가지 모양을 만들 수 있다.	입체도형 모양을 일정한 방식으로 쌓거나 나열할 수 있음.		○	
	규칙성	시각적, 청각적, 운동적 표현을 통해 반복되는 규칙을 따라할 수 있다.	ABAB, AABB , ABB 규칙대로 리듬 혹은 소리, 동작을 한 동작씩 따라 할 수 있음.		○	
	자료와 가능성	2~3가지 기준에 따라 분류할 수 있다. 2~3가지 기준에 따라 분류하고 그 수를 셀 수 있다.	모양과 색깔 2가지 기준에 따라 같은 것끼리 분류하여 담거나 모을 수 있음.	○		

2022년 2학기 개별화교육 평가

학반	4학년 4반	이름	한수민	작성자	이시원

교과	영역	활동 주제	행동 특성	행동 지원 방법 및 평가 내용
생활	안전 위생	마스크 쓰기	초기에는 마스크를 자꾸 벗었었음. 1학기 말 마스크를 입까지 가리고 쓰고 있음. 마스크를 코까지 올릴 경우 입을 움직여 코 밑으로 마스크를 내림. 마스크를 혼자 착용하지 못함.	마스크를 온전하게 쓰고 있을 수 있음. 마스크가 코 밑으로 내려왔을 때 '마스크 올리세요'라고 말하면 마스크를 올려 쓸 수 있음. 거울 보고 마스크 쓰는 연습 실시. 목에 걸린 마스크를 혼자 착용할 수 있음.
		손 씻기	물을 틀고 손에 물을 묻히거나 물을 손바닥에 받아 다른 곳에 뿌림.	손 씻기 영상시청. 양손을 잡고 손을 씻는 방법을 직접 알려줌. 물을 틀고 약하게나마 손을 비벼 손을 씻음.
		양치하기	치약을 짤 때 과하게 힘을 주어 치약이 많이 나와 힘 조절이 필요함. 치약을 칫솔에 묻히지 못함. 입을 벌리고 칫솔을 입 안에 넣고 칫솔을 깨물음. 칫솔을 움직여 이를 잘 닦지 못함. 헹굴 때도 물을 입에 머금고 있지 못함.	모델링과 반복 연습 지도. 치약을 짜서 칫솔에 묻히고 치약 뚜껑을 닫을 수 있음. 치약이 잘 안 나오면 "치약 (짜) 주세요"라고 먼저 말을 하고 도움을 요청함(도움을 말로 요청할 경우만 도와줌). 입을 벌리고 칫솔을 넣은 후 좌우로 움직이며 이를 닦음. 입 모양 따라 하기, 마시는 물로 머금고 있다가 뱉기 연습. 헹굴 때 타이밍을 맞추어 턱에 손을 대주고 옴~이라고 하며 물을 머금고 있다고 퉤! 라고 이야기하면 뱉을 수 있음. 점심을 먹고 오면 자동으로 양치 준비를 하고 양치가 끝나면 선생님 것과 자기 것을 구분하여 정리 후 제자리에 가져다 놓음.
		침 삼키기	잠깐 하는 사이 여기 저기 침을 뱉거나(1일 3~5회) 손가락에 침을 묻혀 다른 곳에바르는 행동(1일 5~7회)을 함.	언어적 지시(침은 꿀꺽!)와 동작을 보여 줌. 침을 뱉는 빈도는 월 0~1회, 직접적으로 침을 바르지는 않지만 마스크 위에 손가락으로 침을 묻혀 다른 곳에 바르는 행동을 1일 1회~2회 정도 함.
		성교육	매트에 자꾸 엎드려 성기를 문지름. 벽 모서리나 가구 모서리 부	매트에서 엎드리지 않고 앉아 있게 함. 짐볼, 시지각 촉감볼 세트(젤리볼 바나나, 물뱀

			분에 성기를 문지름. 성기 끝에 직접 손가락을 대었다가 다른 곳에 묻히는 행동을 함.	스퀴즈, 촉스볼)를 구입하여 감각자극 제공. 다른 놀이 활동 제공.
		화장실 이용하기	소변을 변기 외에 다른 곳에 누거나 소변을 누면서 손에 소변을 묻힌 후 벽에 찍어 바름. 잔뇨 처리 시간이 김. 7월에는 변기에 앉아 음경을 만짐. 손 씻을 때 물장난을 하거나 마지막에 비누를 만짐. 대변 후 뒤처리를 도와주어야 함.	성인용 소변기에 소변을 보게 하고 소변을 누는 곳을 정확하게 지정. 미리 미리 계속 바른 행동에 대한 언어적 지시를 하고 소변을 잘 보고 있을 때 칭찬. 손 씻기 지도. 2학기에는 학교에서 대변을 보지 않았음.

2022년 2학기 개별화교육 평가

학반	4학년 4반	이름	한수민	작성자	이시원

교과	영역	활동 주제	행동특성	행동 지원 방법 및 평가 내용
생활	이동	바르게 이동하기	이동 시 한쪽 손을 잡고 있어도 다른 손으로 다른 물건을 집어 던지거나 침 바르기, 버튼이 보이면 누르기, 다른 사람 건드리기 등의 행동을 함. 잡고 있는 손을 빼고 도망가서 침 뱉기, 문 뒤에 숨기, 바지를 갑자기 내리는 행동들을 함.	목적지를 정확하게 알려줌. 바르게 이동하고 있을 때 계속 칭찬과 언어적 지시(예쁘게 잘 걷네. 다른 사람은 건드리면 안 돼요 등). 손뼉을 함께 두드리거나 좋아하는 노래나 숫자 세기를 실시하여 주의가 다른 곳으로 흘러가지 않도록 방지. 점퍼를 입고 있을 경우 잡고 있는 손 말고 다른 손은 점퍼 속에 손을 넣으라고 함. 목적지를 듣고 인지하며 이동 시 먼저 팔짱을 먼저 끼거나 손을 잘 잡고 이동.
	식사	바르게 식사하기	자신의 수저통을 가방에서 꺼내 들고 식당에 가는 동안 집어 던짐.	상대방에게 수저통을 내밀며 '들어주세요'라고 말하거나 자신의 조끼 주머니에 넣어서 가지고 감.
			배식 할 때 자신의 식판을 잡고 이동하지 않고 손가락에 침을 묻혀 여기 저기 찍음.	자기 식판에 양손을 잡고 이동할 수 있게 신체적 촉구 및 언어적 지시함.
			식판을 들고 이동 시 터덜터덜 걸어서 국물이 넘쳐 식판 잡기를 도와주면 자신의 식판을 안 들고 도망을 감.	교사용 국그릇에 국을 담아 달라고 하고 천천히 걸어 자기 식판 혼자 들고 갈 수 있게 함.
			먹고 싶은 반찬을 먼저 다 먹은 후 밥은 국물에 모두 말아서 먹고 나중에 남은 반찬 들 중 먹고 싶은 반찬을 먹음.	자신이 먹고 싶은 반찬을 먼저 다 먹어야 하는데 다른 반찬을 먹으라고 하면 짜증을 내며 소리를 지름. 나온 반찬을 골고루 한 번씩 밥과 반찬을 같이 먹을 수 있게 한 후 국물에 말아 먹는 것을 허용.
			음식을 먹을 때 먹기 싫거나 다른 음식이 먹고 싶거나 혹은 웃으면서 음식을 바닥이나 자기 식판에 뱉음. 뱉은 음식을 본인이 다시 주워 먹음.	음식을 꼭꼭 씹어서 꿀꺽 삼키는 것이라고 말하며 잘 먹고 있을 때 칭찬과 언어적 촉구를 계속함.

			숟가락에 국물을 떠서 여기 저기 나르거나 반찬도 다른 자리로 이동시킴.	음식은 제자리에 예쁘게 먹으라고 언어적 지시와 함께 칭찬.
			'점,점,점' 등과 같은 소리를 내기, 몸 흔들기, 박수치기, 옆자리로 옮기기, 옆으로 누운 듯 턱을 괴는 자세, 종이 가림판 흔들기 등의 행동을 함.	언어적 지시(조용히 먹어요, 바르게 앉아요 등)와 함께 잠깐이라도 바르게 앉으면 칭찬.
			식사 후 식판에 남은 음식물을 배식구에 잘 버리지 못함. 배식구에 손을 넣거나 땅에 떨어진 음식 등을 손으로 만짐.	신체적 촉구와 함께 시범을 보이고 잘했을 경우 칭찬.
			먹고 싶다는 간식을 주어도 먹으면서 쏟거나 뱉고 또 다시 먹음.	적당량을 조금씩 담아주고 꼭꼭 씹어 꿀꺽하라고 언어적 지시를 함. '더 주세요' 언어적인 요청을 할 경우 더 줌.

2022년 2학기 개별화교육 평가

<table>
<tr><th>학반</th><td>4학년 4반</td><th>이름</th><td>한수민</td><th>작성자</th><td>이시원</td></tr>
</table>

<table>
<tr><th>교과</th><th>영역</th><th>활동 주제</th><th>행동특성</th><th>행동 지원 방법 및 평가 내용</th></tr>
<tr><td rowspan="4">생활</td><td>착석</td><td>바르게 앉기</td><td>통합학급에서 교실에 5분이 상 앉아 있지 못하고 갑자기 일어나서 교실 사이를 돌아다님.</td><td>영상시청이나 만들기, 그리기, 음악 감상 등의 활동할 수 있는 통합학급 수업에 1~2교시 참여하며 수업 동안 잘 앉아있다고 계속적인 칭찬을 해줌.</td></tr>
<tr><td rowspan="3">자기 관리</td><td rowspan="2">가방 정리</td><td>통합학급 교실 책상 옆에 가방을 걸지 못함.</td><td>가방 걸이에 가방을 걸어야 함을 알고 가방을 걸 수 있음.</td></tr>
<tr><td>가방 지퍼를 한 번에 열지 못하고 계속적인 언어적 촉구를 해주면 3~5회 걸쳐 가방 지퍼를 열거나 닫을 수 있음.</td><td>가방에서 무언가를 꺼내고 넣은 후 "지퍼 열어요, 지퍼 잠그세요"라고 말하면 혼자 지퍼를 열거나 잠글 수 있음.</td></tr>
<tr><td>점퍼 지퍼 잠구기</td><td>점퍼의 지퍼를 잠그지 못함.</td><td>지퍼를 잠글 때, 처음에 잘 안 끼워지면 '잠가주세요, 도와주세요'라는 말을 하면 끼우는 과정만 신체적 도움을 줌. 5회 중 2~3번 정도는 혼자 지퍼를 잠글 수 있음.</td></tr>
<tr><td rowspan="2">생활</td><td rowspan="2">사회성</td><td>놀이하기</td><td>장난감을 하나씩 꺼내 나열했다가 집어 던지거나 전부 부었다가 다시 하나씩 담음.
책을 꺼내 그림을 보다가 침을 뱉어 놓거나 책을 던지고 또 다른 책을 꺼내서 반복.
책에 나온 그림이 뭐냐고 물어보면 간혹 대답은 하지만 자세를 돌리고 도망감.</td><td>블록 끼우기 놀이, 짐볼 타기, 감각볼 가지고 놀기, 단어 카드와 그림 매칭하기, 사운드북, 탭 활용하여 교육 영상 시청하기 등의 놀이 활동 제공
다운받아놓은 영상에서 자신이 보고 싶은 영상을 골라 시청할 수 있음. 짐볼을 타고 여기저기 이동하거나 책이나 다른 물건을 가지고 놀이 가능. 자신이 좋아하는 짧은 동화책을 함께 읽자고 하면 교사를 따라 단어를 소리 내서 1권 정도 함께 읽을 수 있음.</td></tr>
<tr><td>수용하기</td><td>자신이 원하는 것을 주지 않거나 못하게 할 경우 소리를 지르고 울면서 바닥에 눕고 주변 물건들을 발로 차면서 집어 던짐.</td><td>언어로 정확하게 "~ 주세요" 라고 요청하도록 함. 안되는 것에 대해서는 단호하게 말하고 허용하지 않음.</td></tr>
</table>

종합평가
음식, 사물, 과일, 동물 등 많은 단어를 통 문자로 인식하여 단어를 읽고 그림과 매칭 할 수 있으며 연필을 바르게 잡고 받침 없는 글자 덧쓰기를 70% 정도 가능해짐. 학교생활 중에 필요한 기본적인 지시사항(실내화 갈아신기, 옷 입고 벗기, 이동하기, 가방 정리 등등)들을 듣고 행동으로 실천할 수 있으며 외부의 자극에 관심을 가지고 반응하는 횟수가 증가하고 모방하는 행동도 증가함. 학교에서 하루 일과 패턴을 인지하여 패턴대로 움직이며 일과 변동에 따른 유연한 대처가 아직 많이 부족 하지만 점차 좋아지고 있음. 그러나 자신과 함께하는 대상이 누구냐에 따라 나타나는 행동 문제들의 강도와 빈도가 많은 차이가 남으로 일반화될 수 있도록 꼭 연계 지도가 필요함.

통합학급 교육활동 및 평가

학반	4학년 4반	이름	한수민	작성자	이시원

영역		활동 내용	평가		
			상	중	하
학습면		수업시간 종이 울리면 수업시간을 알고 자리에 앉기		○	
		교과서와 필기도구 등 수업 준비하기		○	
		교사의 언행이나 자료에 주의 집중하기		○	
		필요할 경우 수업내용 교과서나 노트에 적기			○
		수업에 필요한 활동에 스스로 참여하기			○
		질문에 알맞은 대답하기			○
		수업 시간에 착석하기		○	
		바른 자세로 앉기		○	
		조용히 수업 참여하기		○	
		체육 활동 참여하기		○	
		음악 활동 참여하기		○	
		미술 활동 참여하기	○		
		기타 교과 시간 수업 참여하기			○
		온라인 수업 참여하기		○	
생활면	의사소통	일상적인 대화하기			○
		필요한 것을 요구하기		○	
		도움 요청하기		○	
		자신을 항변하기		○	
	쉬는 시간	놀이 활동을 스스로 선택하여 놀기			○
		친구와 사이좋게 지내기			○
		화장실 바르게 이용하기			○
	점심 시간	규칙과 질서를 지키며 차례대로 줄서기		○	
		자신의 식판과 수저 챙겨 배식 받기			○
		음식 골고루 먹기		○	
		바른 자세로 조용히 먹기			○
		식사 후 정리하기			○
	하교 시간	자기 자리 및 가방 정리하기		○	
		안내장 챙기기 등			○
		목적지(집, 학원 등)로 하교하기			○

	기타	교사 지시 따르기		○	
		학급 규칙과 질서 지키기		○	
		교내시설을 알고 혼자서 이동하거나 찾아가기			○
		깨끗하게 생활하기		○	
		양보하고 배려하기			○
종합평가		눈을 맞추며 인사하거나 인사말의 시작을 도와주면 뒷부분은 스스로 발음하며 인사하기도 하는 등 학년 초보다 상호 의사소통이 많이 좋아짐. 정해진 패턴을 인지하고 패턴에 따라 움직이며 일과 변동에 따른 유연한 대처는 부족하지만 좋아지고 있음. 상황에 대한 인식은 빨라 함께하는 사람이 누구인지에 따라 대처가 다름.			

참고문헌

교육과학기술부(2009). **개별화교육계획 수립·운영자료**. 교육과학기술부.

교육부(2017). **초·중등학교 통합교육 실행 가이드북 I**. 세종: 세종특별자치시교육청.

국립특수교육원(2016). **장애학생 평가조정 매뉴얼**. 아산: 국립특수교육원.

권미은(2019). **장애유아 통합교육의 이해**. 경기: 정민사.

김수진, 이정화(2013). **장애 영유아 통합교육**. 경기: 공동체.

보건복지가족부(2008). **장애아 보육프로그램 운영매뉴얼**. 서울: 육아정책개발센터.

송영선, 류미희, 배성현, 조경서(2017). **현장중심의 장애통합 길라잡이**. 경기: 공동체.

이소현(2020). **유아특수교육**. 서울: 학지사.

이지연, 한수진(2020). **유아교사를 위한 특수교육학개론**. 경기: 양서원.

이창미, 장혜성, 김수진(2009). **장애아 통합보육론**. 서울: 교육과학사.

전경원, 권미은(2019). **예비교사를 위한 장애유아 통합교육의 이해**. 경기: 정민사.

전선주, 권용덕, 김민정, 김병련, 김윤성, 김은주, 김정은, 김태선, 박선혜, 박성하, 박소영, 박주리, 유장순, 이진, 이경신, 이만석, 이명숙, 이해영, 이효성, 장은주, 전제욱, 한상록, 홍영숙, 손영선, 유효정(2014). **아하! 통합교육**. 서울: 학지사.

정명철, 한경화, 이수경, 박진수, 박송희, 정예설, 강정원(2021). **통합교육으로 통하는 통로**. 서울: EBS.

PART 7

행동지원

1. 도전적 행동
2. 긍정적 행동지원

1. 도전적 행동

교육 현장에서 교사들의 가장 큰 어려움 중의 하나는 도전적 행동을 할 경우 적절하게 지도하는 것이다. 특히 장애가 있는 학생은 장애의 특성 때문에 도전적 행동 문제가 두드러지게 나타나기도 한다. 그러므로 장애학생이 도전적 행동을 교사에 대한 단순한 개인적 감정으로 받아들이지 말고 장애학생의 겪는 어려움으로 이해할 필요가 있다. 근육이나 신경발달의 문제가 있는 장애학생이 걷기나 대근육 발달에 어려움을 보일 수 있듯이 장애학생은 장애의 특성으로 인해 생겨나는 행동에 어려움을 나타낼 수 있음을 이해하고 도우려는 태도를 지녀야 한다는 것이다.

도전적 행동(Challenging Behaviour)은 영국에서 King's fund 보고서에서 처음으로 도입되어 사용되었다. Blunden과 Allen(1987)은 문제행동으로 불리던 용어를 도전적 행동(Challenging Behaviour)으로 사용할 것을 제안하였다. 또한 Emerson(1988)은 도전적 행동이라는 것은 '행동을 하는 본인이나 타인에게 신체적으로 안전을 심각하게 해칠 수 있는 강도, 빈도, 기간 측면에서의 행동 또는 지역사회에서 생활하는 데 심각한 사회적인 제약을 주거나 접근을 불가능하게 하는 행동'으로 구체적인 정의를 제시하고 있다. 장애학생이 자신 혹은 다른 사람에게 해가 되는 행동을 하는 경우를 말하며 과거에는 주로 문제행동이라는 용어를 사용하였다. 도전적 행동의 종류로는 타인에게 해를 끼치는 위험한 행동, 자해하는 위험한 행동, 자신의 안전 또는 타인의 안전을 위협하는 행동, 심각하게 물건을 파손하는 행동 등이 속한다. 이러한 도전적 행동의 예로는 교실 상황 속에서 자리 이탈, 소리 지르기, 또래와의 놀이나 학습 방해하기, 주변인 때리기 혹은 싸우기, 교사의 말 무시하기, 주변 사람들에게 불평하기, 지나치게 논쟁하기, 물건 훔치기, 거짓말하기, 물건 파괴하기, 지시에 대한 불이행, 또래 활동 참여 거부, 숙제 불이행 등이 있으며, 이러한 도전적 행동은 학교나 사회 적응에 필요한 심각한 문제를 보이게 한다. 그리고 타인과의 사회적 상호작용이 거의 없는 상태를 말하는 내면화 도전적 행동 문제는 타인을 위협하지는 않지만 자신의 신체 · 심리 · 정서적인 발달에 심각한 문제를 일으킬 수 있다.

도전적 행동 문제는 장애학생뿐만 아니라 연령이나 학년, 장애 유무, 장애 유형과 관계없이 모든 학생에게서 나타날 수 있다. 교사는 학교 및 교실에서 학생의 행동을 통제하고 도전적 행동 문제를 교정하기 위해 시간과 노력을 지속적으로 투자하게 된다. 장애학생을 통합교육하기 위한 저해 요인 중의 하나는 장애학생이 보이는 도전적 행동 문제이다. 일반교사와 비장애학생은 장애학생의 장애 정도보다는 도전적 행동 문제에 더 많은 영향을 받기도 한다. 장애학생의 도전적 행동 문제는 수업을 방해하고, 다른 학생들과의 사회적 관계 형성에도 역시 부정적인 영향을 미칠 수 있다. 따라서 도전적 행동 문제는 개인 내적인 고정불변의 특성이 아니라 적절한 조치를 통해 변화 가능성이 있고, 적절히 지원하고 도와주는 방향으로 이루어져야 한다. 이는 행동수정(behavior modification), 행동관리(behavior management), 긍정적 행동지원(positive behavior support) 등과 같은 행동 지도에 대한 용어 변화를 보면 알 수 있다. 문제행동이라는 용어 역시 'problem behavior' 에서 'challenging behavior'로 변한 영어 표현에 잘 드러나 있다(이대식 외, 2011).

도전적 행동의 양상을 살펴보면 관심 끌기를 위한 수업 방해 활동, 과제나 자극 회피를 위한 다양한 행동, 자기조절을 위한 자기자극 행동, 원하는 것을 얻기 위한 공격 행동, 놀이로 알고 하는 기타 행동을 들 수 있다. 전선주 외(2014)는 도전적 행동 관찰 결과를 〈표 7-1〉과 같이 제시하였다.

표 7-1 도전적 행동 관찰 결과

행동 유형	행동 특성	행동 기능	중재 전략 및 중심 가설
방해 행동	• 친구 건드리기 • 친구의 과제 뺏기	관심 끌기	• 타인의 관심을 얻으려는 목적으로 인사하기, 함께 있기를 요구하기, 자신에게 시선 집중하기, 자신에게 말 걸어 주기 요구하기 등의 기능
도전 행동	• 소리 지르기 • 주저앉기	과제나 자극 회피	• 특정 사람이나 활동 등을 피하기 위한 목적으로 "싫어요", "하기 싫어요" 등의 거부 표현하기, 과제가 너무 어렵다고 표현하기, 과제가 쉽거나 지루하다는 표현하기, 쉬고 싶다는 표현하기 등의 의사소통적 기능
자기자극 행동	• 책 넘기기 • 책상 두드리기	자기 조절	• 자신의 에너지(각성) 수준을 조절하기 위한 목적으로 손 흔들기, 손가락 두드리기, 물건 돌리기 등의 상동 행동이나 자기자극 행동으로 기능
공격 행동	• 책상 넘어뜨리기 • 색연필 부러뜨리기	원하는 물건 얻기 또는 활동하기	• 자신이 원하는 물건을 얻기 위한 목적으로 특정 음식이나 음료수, 놀잇감 등의 물건을 얻거나 특정 활동을 하고자 하는 기능 • 자신이 원하는 물건을 잃게 되거나 원하는 활동이 종료될 때 물건을 잃지 않거나 활동을 지속하고자 하는 기능
기타 행동	• 울거나 소리 지르기 • 노래 부르기	놀이 또는 오락	• 하고 싶어서 하는 단순한 행동으로 특히 다른 할 일이 없는 경우 • 자기조절의 기능을 지닌 행동과 유사하게 반복적인 돌리기나 던지기 등의 형태로 나타나지만 자기조절 행동과는 달리 행동에 완전히 몰입되는 경우가 많아 다른 활동이나 과제에 집중할 수 없게 만드는 기능

출처: 전선주 외(2014). 아하! 통합교육. 서울: 학지사에서 수정발췌

2. 긍정적 행동지원

1) 긍정적 행동지원의 개념

전통적인 행동수정 방법은 학생이 어떠한 도전적 행동 문제를 일으켰을 때 행동을 왜 했는지에 대한 관심보다는 도전적 행동 문제를 유발시키는 강화 요인을 제거하거나 벌을 제공함으로써 도전적 행동 문제를 상쇄하는 것에만 초점을 두었다. 이에 비해 긍정적 행동지원은 학생의 행동 문제를 부적절한 행동으로 의사소통하지 않고 적절한 행동으로 의사소통할 수 있도록 대체 방법을 가르쳐 주려는 것이다. 도전적 행동 문제 자체를 무조건 없애기보다는 도전적 행동 기능을 파악하여 사회적으로 기대되는 바람직한 행동으로 대체시키려는 것이 전통적인 행동수정과 긍정적 행동지원 두 접근 간의 가장 큰 차이점을 보이고 있다. 전통적인 행동수정과 긍정적 행동지원을 비교하면 〈표 7-2〉와 같다(Peterson & Hittie, 2003).

표 7-2 전통적인 행동수정과 긍정적 행동지원의 비교

구분	전통적인 행동수정	긍정적인 행동지원
문제 행동	• 타인에게 문제를 일으키는 행동이므로 그 행동이 제거되기를 원하는 것이다.	• 도전적 행동은 언제나 학습되며, 뭔가 중요한 것을 의사소통하기 위한 도구적 행동인 것이다.
평가	• 도전적 행동문제를 상세화하고 빈도, 강도, 지속 기간을 평가한다.	• 도전적 행동의 이유를 결정하기 위해 '기능분석'을 실시한다.
목표	• 도전적 행동 문제를 제거한다.	• 학생이 자신의 욕구를 더 나은 방법으로 의사소통할 수 있도록 돕는다.
중재	• 도전적 행동 문제 발생 시 강화를 줄이거나 벌을 제공한다.	• 교사와 학생 간의 안전감과 신뢰감을 발달시킨다. • 긍정적인 참여에 대한 보상이 되도록 수업을 재미와 흥미가 있도록 만든다. • 다른 사람에게서 지원을 받는다. 상황에서 좌절을 감소시킨다. • 의사소통할 수 있는 대안적 방법을 교수한다.

		• 학교라는 상황과 조건을 인내할 수 있는 방법을 교수한다.
성공	• 행동이 제거되고, 힘을 가진 사람(교사)은 상황이 나아진 것으로 본다.	• 한 사람이 가지고 있는 문제가 그 사람의 관점에서 보았을 때 해결되었다면 성공한 것이다.

출처: Peterson & Hittie(2003), Inclusive Teaching: Creating Effective Schools for All Learners p.357.

긍정적 행동지원(PBS: Positive Behavior Support)은 기존의 행동수정 방법에 반기를 들고 1990년대부터 응용행동분석의 기법과 방법에 근간을 두고, 인간 존중의 이념 아래 학생들의 심각한 도전적 행동을 다루기 위한 새로운 행동접근으로 개발, 적용되어 많이 활용되고 있다(조윤경 외, 2015). 긍정적 행동지원의 목적은 삶의 다양한 상황(예: 가정, 학교, 지역사회)에서 나타나는 학생의 행동 문제를 감소시키고, 학생의 건강과 안전을 증진하며, 의사소통인 일상생활 기술 등의 기능적인 기술을 향상시키는 것이다(노진아, 2007).

즉, 장애학생의 기본적인 삶의 목표를 이루는 데 방해가 되는 도전적 행동을 감소시킴과 동시에 이러한 목표를 성취하는 데 필요한 물리적 · 사회적 · 교육적 · 의학적 · 기술적인 지원을 제공하는 폭넓은 접근법으로 긍정적 행동지원은 사용되고 있다.

2) 긍정적 행동지원의 특성

도전적 행동 문제에 대해 그 원인과 이유를 파악하는 것이 긍정적 차원에서 매우 중요하며, 긍정적 행동지원의 특징을 몇 가지로 설명하면 다음과 같다(Janney & Snell, 2000).

- 긍정적 행동지원은 개인을 존중하는 접근이다.
- 긍정적 행동지원은 신체적이고 정서적인 고통을 가져오지 않는다.
- 긍정적 행동지원은 힘으로만 한 사람의 행동을 변화시키려 하지 않는다.
- 도전적 행동 문제를 대신해서 도와주고 가르쳐 주려는 타인과의 배려 있는 신뢰를 바탕으로 한 관계의 발전을 강조하고 있다.
- 긍정적 행동지원은 정상화된 접근으로 공립학교의 일반학급에서 사용하기에 적합한 방법이다. 장애가 있거나 도전적 행동문제를 보이는 학생에게 전형적인 환경에

서 또래와 함께 삶을 유지하고 공부하고 놀 수 있는 환경을 제공한다.

- 긍정적 행동지원은 예방적인 접근으로 학생이 행동문제를 일으킬 만한 상황을 피한다. 대체방법으로 학생이 자신의 느낌과 행동을 성공적으로 관리할 수 있도록 도움을 제공하는 것을 강조한다.
- 긍정적 행동지원은 교육적인 접근으로 도전적 행동문제를 통제하는 것이 아니라 타인과의 관계를 위한 의사소통과 상호작용 기술을 가르치는 것을 강조한다.
- 긍정적 행동지원은 개별화된 접근으로 모든 개인은 고유한 독특한 특성을 가지고 있다. 따라서 긍정적 행동지원은 단일한 처방전을 제공하지는 않는다. 각 장애학생에 맞는 개별화된 지원계획을 수립하기 위한 문제해결 과정을 강조한다.

긍정적 행동지원의 주요 특징은 첫째, 삶의 전 단계에 걸친 지원이다. 둘째, 자연스러운 환경에서 행동을 지원하고 특수유아 자신, 가족과 주변인이 적극적으로 참여한다. 셋째, 도전적 행동문제 상황을 먼저 변화시키고자 하는 다차원적 접근이다. 마지막으로, 문제 상황 조절 및 적절한 대체행동 지도와 같이 도전적 행동에 대한 예방을 강조한다 (Carr et al., 2002).

3) 긍정적 행동지원 절차 및 실행

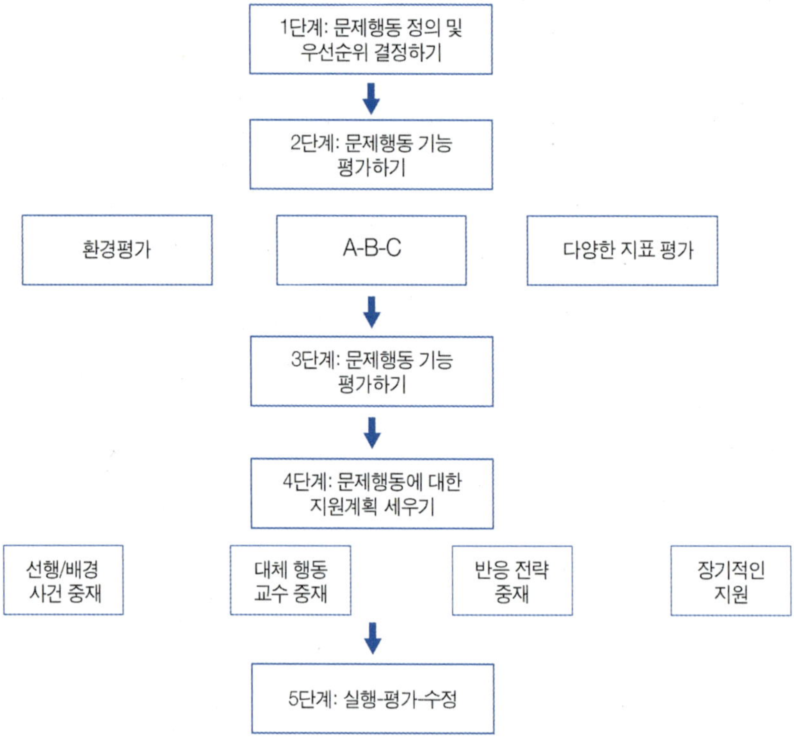

그림 7-1 긍정적 행동지원 계획을 위한 5단계 절차

(1) 1단계: 도전적 행동 정의 및 우선순위 결정하기

1단계는 도전적 행동의 목적을 밝히기보다는 도전적 행동이 무엇인지 관찰하는 단계로, 학생이 보이는 도전적 행동을 관찰 가능한 용어로 가능한 자세하게 서술하는 것이다. 도전적 행동을 잘 정의하는 방법은 주의 깊게 장애학생을 관찰하고 보이는 것을 그대로 자세하게 기록해야 한다. 학생이 왜 이런 행동을 하는지에 관계하지 않아야 하며, 공격적임, 과잉행동을 보임, 우울과 같은 행동에 대한 표찰을 해서는 안 되며, 몇몇 행동이 동시에 관찰되면 반드시 두 행동 모두를 기록해야만 한다. 이로써 도전적 행동이 무엇인지 확인하고 지원이 필요한 행동의 우선순위를 결정하는 단계이기도 하다.

우선순위의 결정은 학생 자신과 주위 사람의 건강 및 생명을 위협할 만한 파괴행동이 최우선적인 목표가 되고, 그 다음으로 방해행동, 분산시키는 행동 등이 우선순위를 차지하게 된다(Janny & Snell, 2000).

표 7-3 도전적 행동지원의 우선순위

우선순위	도전적 행동	도전적 행동의 예
1	파괴행동	자신이나 타인의 건강이나 생명을 해칠 수 있는 행동으로 최우선순위에 속한다(예: 물기, 때리기, 꼬집기, 할퀴기, 아무거나 먹기, 긁기, 가위로 자르기, 물건 던지기 등).
2	방해행동	집, 교육기관, 지역사회에 참여하는 일상생활을 방해하고, 교실에서 뛰어다니는 등의 학습을 방해하는 행동이다. 외향적인 행동뿐 아니라 말 안 하기, 울기, 남을 밀어제치기, 지속적으로 질문하기, 중얼거리기 등 같은 행동도 포함된다.
3	분산행동	귀찮은 행동이지만 타인에게 해가 되지 않는 행동이다(예: 공공장소에서 손을 계속 흔들기, 지연 반향어 사용하기, 몸 흔들기, 책 찢기 등). 일반적으로 이런 행동들에 대해서는 중재를 계획하지 않으나 학습 및 일상생활에 어려움을 보이기 때문에 사회적 · 의사소통적 · 자기 조절적 행동 등의 대체적인 행동을 지도한다.

(2) 2단계: 도전적 행동의 기능 평가하기

긍정적 행동지원에서는 학생의 모든 도전적 행동은 어떤 목적이 있다고 가정하고 있다. 이 단계는 도전적 행동 문제의 기능을 평가하는 단계로, '학생의 행동이 왜 일어났는가?'를 파악하여 도전적 행동 문제를 위한 지원방법, 즉 긍정적 행동지원 계획을 세우는 데 있어서 매우 중요하다. 기능평가를 해야 하는 이유는 도전적 행동 문제에 대하여 효과적이고 효율적인 긍정적 행동지원을 시행하기 위해서 학생이 언제, 어디서, 왜 도전적 행동 문제가 일어나는지를 아는 것이 매우 중요하기 때문이다.

도전적 행동 문제의 기능평가 단계에서는 첫째, 도전적 행동 문제를 보이는 학생을 돕기 위해서 환경에 대한 이해가 필요하다.

- 누가 있을 때에 도전적 행동이 일어나는가?
- 도전적 행동이 일어나면 어떤 일이 일어나는가?
- 언제 주로 도전적 행동이 일어나는가?
- 어디에서 주로 도전적 행동이 일어나는가?
- 도전적 행동이 일어나기 전에 일어나는 일어나는 선행조건은 무엇인가?

둘째, 환경을 평가하는 것은 인간의 행동과 물리적 환경 사이의 관계를 분석하는 것인데, '선행사건(Antecedents) - 행동(Behavior) - 후속결과(Consequences)'의 분석을 시행한다. 영어의 첫 글자를 따서 A-B-C 분석이라고 한다.

표 7-4 A-B-C 분석의 예

선행사건(A)	도전적 행동(B)	후속결과(C)
교실에서 친구들끼리 모여서 웃으면서 블록 놀이를 하고 있다. 영민이는 함께 하는 친구가 없어서 혼자 돌아다닌다.	영민이는 재미있게 블록놀이를 하고 있는 친구들에게 다가가서 블록을 빼앗는다.	친구들이 블록놀이를 멈추고 '저리 가'라고 말하면서 영민이 손에 있는 블록을 빼앗고 '우리 다른 데 가서 하자'라면서 다른 장소로 가 버린다.

기능평가를 통해장애 학생이 도전적 행동을 얻고자 하는 것이 무엇인지 알아보는 것이 중요하다. 면담이나 관찰기록을 통해서 도전적 행동의 기능을 찾을 수 있다. 다음은 수업 시간에 도전적 문제 행동을 기능평가를 통해 얻고자 하는 것이 무엇인지 알아볼 수 있는 예시이다.

표 7-5 A-B-C 분석의 예

도전적 행동	• 수업과 관계 없는 질문을 많이 한다. • 교사가 수업 중일 때 교사나 친구들에게 지속적으로 질문을 하거나 말을 건다.			
도전적 행동의 기능평가	선행사건	도전적 행동	후속결과	기능평가
	수업시간에 친구들과 교사에게 질문하거나 교사의 질문에 대답하여 교사의 칭찬을 받음	수업 중 교사에게 수업과 관계 없는 질문을 함	친구들이 영민이를 보며 웃고, 선생님이 영민이에게 "내용과 관계 없는 질문을 하지 마"라고 말함	관심 끌기

셋째, 학생의 생육사, 건강, 또래와 성인의 관계, 좋아하는 것과 싫어하는 것, 관계를 위한 사회적 기술, 의사소통적 기술 등에 대한 현재의 정보를 수집한다. 이러한 정보는 부모에게서 얻는 것이 매우 중요하며, 학생의 도전적 문제 행동이 교육기관에만 관련된 것인지, 집에서만 관련된 것인지, 두 장소에 모두 관련된 것인지 조사하여야 한다. 도전적 행동 문제의 기능을 평가하는 주요 목적은 장애학생을 진단하는 것이 아니라 장애학생의 환경을 변화시키고 대체기술을 교수하고 좀 더 나은 삶을 촉진하기 위하여 필요한 정확한 정보를 알아내는 것이다(이소현 외, 2011).

도전적 행동은 자신의 욕구를 표현할 수 있는 의사소통 방법을 몰라서 일어날 수도 있으므로 도전적 행동이 일어나는 원인을 파악한다면 이 도전적 행동을 감소시킬 수 있는 지원 방법을 계획할 때 매우 도움이 된다(이효신, 2007). 도전적 행동은 장애학생이 원하는 바를 얻기 위한 목적일 수 있다. 도전적 행동의 주된 목적은 〈표 7-6〉에서 보는 것과 같이 크게 의사소통의 기능과 감각적 기능으로 나누어 볼 수 있다(이소현 외, 2011).

표 7-6 도전적 행동의 목적

도전적 행동		내용
의사소통적 기능	관심 끌기	• 타인과 상호작용하고 싶거나 어떤 활동에 참석하고 싶을 때 일어난다. • 교사와 함께 있을 때는 과제 수행을 잘하다가 교사가 다른 곳으로 가거나 다른 학생을 도와주면 도전적 행동이 일어난다.
	회피	• 특정한 과제나 원하지 않는 상호작용을 회피하고자 할 때 일어난다. • 활동을 하도록 교사가 요구할 때에 도전적 행동이 일어난다.
	원하는 것 얻기	• 원하는 교구나 음식 등을 얻기 위한 때에 일어난다. • 좋아하는 활동이 중단되거나 끝났을 때에 도전적 행동이 일어난다.
감각적 기능	자기통제	• 반복적으로 손 흔들기, 손가락 문지르기, 몸 흔들기, 물건 돌리기 등은 대개 자기자극으로 해석을 한다. • 자신의 에너지를 조절하는 방법으로 주로 자폐적 성향을 가진 장애학생에게서 나타난다.
	놀이	• 반복적으로 물건을 돌리거나 손을 흔드는 것은 때로는 단순히 놀이일 수 있다.

출처: 부산시 교육청(2014). 장애학생의 도전적 행동 사례별 중재 가이드 북

(3) 3단계: 도전적 행동의 가설 세우기

3단계는 장애학생은 왜 도전적 행동을 하며 그 행동의 기능이 무엇인지를 설명하는 가설을 세우는 단계이다. 가설은 도전적 행동을 일으킬 가능성이 가장 큰 배경사건과 선행사건을 묘사하고, 관찰된 후속결과와 논리적 추론에 근거하여 도전적 행동의 기능을 추정한다. 다시 말해, 가설은 관찰된 배경사건과 선행사건, 행동 후속결과 사이의 관계를 밝혀주므로 행동지원계획에서 중요한 단계이다(조윤경 외, 2010). 가설을 세우기 위해 다음과 같은 질문을 한 뒤 그 답을 토대로 도전적 행동의 목적인 기능을 설정하게 된다(Janny & Snell, 2000).

- 왜 학생이 이 행동을 지속하는가?
- 어떤 선행사건이 도전적 행동을 일어나게 하며 어떤 선행사건이 도전적 행동을 일어나지 않게 하는가?
- 도전적 행동이 사용되는 목적이 무엇인가?

▸ 행동 후에 어떤 후속결과가 일어나는가?

동일한 문제행동이라 하더라도 문제행동의 기능은 다를 수 있다. 문제행동의 기능에 따라 그에 맞는 중재전략을 세워야 한다. 아래의 상황은 예시와 같이 수업시간에 떠드는 동일한 문제행동이지만 관심끌기가 아닌 과제회피 기능인 경우에 대한 중재전략이다.

표 7-7 수업시간에 떠드는 행동이 과제회피의 기능을 하는 경우의 사례

문제행동	• 수업과 관계 없는 질문을 한다. • 교사가 강의 중일 때 개별학습지의 내용을 계속 교사에게 질문한다. • 교사가 강의 중일 때 친구들에게 자주 말을 건다.
후숙 결과	• 교사가 와서 교실 뒤에 가서 서 있으라고 말한다.
문제행동의 기능	• 과제회피
배경사건 중재	• 수업시간을 알리는 종소리를 듣고 자리에 앉아 공부를 하면 원하는 선택활동을 할 수 있도록 한다.
선행사건 중재	• 난이도가 다른 각각의 과제를 제시하여 스스로 선호하는 난이도의 과제를 선택하도록 한다.
대체행동 교수	• 과제가 어려울 때 '가르쳐 주세요'라고 말하도록 한다.
후속결과 중재	• 과제 수행 시 친구에게 과제와 관련 없는 말을 하거나 큰 소리로 떠들면 교사와 친구들이 반응을 보이지 않고, 도움을 요청하거나 과제 수행 시만 'ㅇㅇ이 잘하네'라는 등의 반응을 약속한다.

출처: 부산시 교육청(2014). 장애학생의 도전적 행동 사례별 중재 가이드 북

가설문장은 다양한 형식으로 작성된다. 어떤 형식으로 사용했는가와 관계 없이 가설문장은 다음의 세 가지 종류의 정보를 반드시 포함해야 한다(이소현 외, 2011).

▸ 가설 문장에서는 도전적 행동 전에 일어난 다양한 사건을 서술해야 하는데, 이는 행동 직전의 선행사건뿐 아니라 관련된 배경사건을 포함해야 한다.

▸ 도전적 행동을 기술한다.

▸ 추정되는 도전적 행동의 기능을 쓴다. 도전적 행동의 기능은 앞에서 언급한 바와

같이 원하는 것을 얻기 위한 획득과 원하지 않는 것을 피하기 위한 회피로 나눈다.

(4) 4단계: 도전적 행동에 대한 지원 계획하기

도전적 행동에 미치는 영향은 환경과 상황에 따라 다르므로 상황에 맞게 중재를 해야 한다. 이 단계에서는 도전적 행동에 대한 지원 계획을 세운다. 도전적 행동을 유발하는 사건을 변화시키기 위한 선행/배경사건 중재, 도전적 행동을 대체하는 사회적으로 바람직한 행동을 교수하기 위한 대체행동 교수, 도전적 행동에 대해 다른 사람의 반응을 효과적이고 교육적인 방법으로 변화시키기 위한 도전적 행동에 대한 반응전략 중재, 바람직한 성과를 지속적으로 지원하기 위한 광범위한 교육과정, 사회적 또는 삶의 양식 변화를 만들기 위한 장기적인 지원이 도전적 문제 행동 지원 계획을 위한 요소이다(이소현 외, 2011).

① 배경사건 중재

배경사건이란 도전적 행동과 관련된 선행사건과 그에 따른 후속결과에 간접적으로 영향을 주는 사건을 말한다. 일반적으로 배경사건만을 분리하여 그것이 도전적 행동에 어떤 영향을 미치는지를 알아보는 것을 매우 어렵다. 하지만 배경사건이라고 할 수 있는 좀 더 거리가 있는 사건들도 도전적 행동에 영향을 미친다(조윤경 외, 2010). 이러한 측면에서 배경사건에 대한 정보를 갖는 것은 매우 중요한데, 수면 문제나 약물치료, 개별치료 상황, 관련 서비스 등에 대해서 교사가 관련된 정보를 파악하는 것이 쉽지 않기 때문에 부모를 통하여 정보를 파악할 수 있도록 부모와의 긴밀한 협조가 필수적이다.

② 선행사건 중재

선행사건이란 도전적 행동 바로 직전에 바로 그 환경에서 발생한 사건을 말한다. 선행사건 중재는 선행사건이 도전적 행동과 관련이 있다는 가정을 따르는 것이다. 행동의 기능과 행동을 유발하는 선행사건을 파악한 후에는 선행사건 중재의 선정을 위한 적절한 정보를 찾아내야 하며, 도전적 행동을 예방하기 위한 선행사건 변화의 예는 〈표 7-8〉과 같다(조윤경 외, 2010).

표 7-8 도전적 행동 예방을 위한 선행사건 변화의 예

사람의 변화	• 교사 조건을 변화시킨다: 교사의 수 조정하기, 교사의 배치 조정하기 • 그룹을 변화시킨다: 선호하는 또래와 그룹하기, 그룹의 수 조정하기
환경 및 활동의 변화	• 문제가 쉽게 일어나는 환경을 피한다: 크고 열린 환경, 시끄러운 공간 • 좌석 배치를 바꾼다. • 좀 더 환경을 구조화하고 구체적으로 제시한다. • 시작과 끝을 분명하게 말한다: 예) 5개를 더 한 다음에 마칠 거예요. • 시각적인 촉진을 사용한다: 시간표 제시하기, 활동과제 순서를 사진으로 나열하기 • 규칙, 과정, 매일 시간표, 활동과제 등을 분명하게 설명한다. • 좀 더 기능적인 교술활동으로 바꾼다. • 난이도를 조정한다. • 활동을 선택할 수 있는 기회를 제공한다. • 쉽고 어려운 과제, 선호하는 과제, 선호하지 않는 과제를 균형 있게 맞추어서 진행한다. • 장애학생이 실수를 하기 전에 올바른 반응을 할 수 있도록 사전에 유도한다.

출처: 조윤경, 김경혜(2010). 잘 가르치기 위한 아동관찰 및 행동연구. 경기: 공동체.

③ 대체행동 교수 중재

선행사건을 변화시키는 방법과 함께 필요하다면 도전적 행동을 하지 않아도 자신의 욕구를 충족시킬 수 있는 대체행동을 할 수 있도록 교수한다. 대체행동은 장애학생이 자신이 원하는 것과 사회적으로 필요한 것들을 적절한 방법으로 대체하게 함으로써 도전적 행동을 감소시키고, 어려운 상황에 스스로 적절하게 대처하고 의미 있는 활동과 사회적으로 상호작용을 수행하게 하며, 도전적 행동의 발생을 예방할 수 있도록 하는 것이다. 다시 말해, 적절한 행동 방법으로 자신이 원하는 바를 얻을 수 있도록 대체 행동을 하는 방법이다. 예를 들어, 장애학생이 이야기를 하고 싶어서 책상을 두드리는 행동을 한다면 책상을 두드리는 행동 대신에 손을 드는 행동을 가르치고, 장애학생이 손을 들었을 때 이야기를 하는 기회를 주는 것이다. 대체행동을 가르칠 때에는 도전적 행동과 동일한 기능으로 작용할 수 있는 기술이 무엇인지를 고려해서 선택해야만 한다(조윤경, 김경혜, 2010).

대체행동을 지도할 때에는 다음을 고려해야 한다.

- 장애학생이 배우기 쉬워야 한다.
- 장애학생에게 언제, 어떻게 사용해야 하는지 상황을 구체적으로 지도해야 한다.
- 도전적 행동보다는 보다 효과적인 방법이어야 한다.

대체행동에는 교체기술, 대처 및 인내기술, 일반적인 적응기술 등 각각 목표가 다른 세 가지 유형의 기술이 있다(이소현 외, 2011).

- 교체기술은 도전적 행동과 동일한 기능을 지닌 대안적인 행동이다.
- 대체 및 인내기술은 어려운 상황에 대처하고 도전적 행동을 하지 않고 인내할 수 있게 하기 위한 것으로 교체행동의 교수가 어렵거나 도저히 할 수 없는 상황에서 가르치는 것이 매우 효과적이다.
- 일반적인 적응기술이 습득되면 도전적 행동과 관련된 상황이나 조건들을 조금이라도 변화시킬 수 있는 방법들을 알게 되기 때문에 도전적 행동을 할 필요가 없어진다.

④ 반응전략 중재

도전적 행동에 대한 효과적인 반응을 중재하기 위해서 반응전략 중재는 매우 중요하다. 도전적 행동에 대한 잘못된 반응은 장애학생의 도전적 행동을 오히려 더 증가시키는 결과를 초래할 수 있다. 예를 들어, 과제에 대한 회피를 위하여 소리를 지르거나 물건을 던지는 파괴행동을 일으킨 장애학생을 따로 앉혀 두거나 학급 밖으로 따로 나오도록 한다면 그 장애학생은 과제 회피를 위하여 도전적 행동을 계속 보이게 된다는 것이다. 따라서 장애학생의 도전적 행동에 대한 기능을 잘 파악하여 반응하는 것이 중요하다. 이를 반응전략이라고 한다(조윤경 외, 2010).

장애학생의 도전적 행동에 반응하는 방법을 결정하기 위해서는 반응전략 중재의 네 가지 목표를 고려해야 한다. 반응전략 중재의 목표는 다음과 같다(이소현, 2011).

첫째, 도전적 행동이 가져다주는 자신이 원하는 긍정적 결과를 감소시킨다. 도전적 행동은 어떤 방법으로든 강화를 받게 되는 한 계속될 것이다. 따라서 도전적 행동을 더 이상 강화하지 않는 방법을 결정할 때는 도전적 행동이 왜 발생했는지 또는 도전적 행동의 목적, 결과, 기능이 무엇인지를 알아야 한다.

둘째, 도전적 행동의 증가를 예방한다. 도전적 문제 행동이 악화되는 것을 예방함으로써 자신과 다른 사람에게 해를 끼치지 않게 한다.

셋째, 자연스럽고 합리적인 후속결과를 제공한다. 도전적 행동과 밀접한 관련이 있고 자연스럽게 발생하는 후속결과는 장애학생이 규칙을 이해하고 규칙이나 기대의 위반과 후속결과 간의 관계도 이해하게 해준다.

넷째, 대안적이고 좀 더 적절한 방법으로 행동하도록 가능할 때마다 격려하고 가르치는 것이다. 장애학생이 바람직한 행동을 하도록 단순하게 언어적 지시를 하는 것만으로도 도전적 행동을 멈추게 하고 기대되는 행동을 가르칠 기회를 제공할 수 있다.

⑤ **장기적 지원**

장기적 지원은 장애학생 지원을 지속하기 위한 전략 수행으로 가정과 교육기관에서 어떤 방법을 실시할 것인지를 기록한다. 일상생활의 리듬이나 규칙에 불만족한 경우 도전적 행동을 보일 가능성이 높다. 따라서 도전적 행동을 줄이고 스스로 학습 동기를 유발할 수 있는 환경을 만들어 주고 상황에 따른 개인적이고 제한적인 접근으로 불만족감을 줄여주면 도전적 행동을 보일 가능성이 감소한다.

(5) 5단계: 평가하기

행동지원 계획을 실제로 실행하면서 지원 계획이 적절한지 평가한다. 이 과정을 통해 계획을 수정하면서 장애학생의 도전적 행동을 도울 수 있다. 목표행동에 대한 변화를 평가하기 위해서는 목표행동의 감소와 증가에 대한 추세, 지원방법에 대한 평가, 수정되거나 중단되어야 하는 전략에 대한 점검 등이 이루어져야 한다(조윤경 외, 2010).

- 기록상 행동에 긍정적인 변화가 있었는가?
- 지원계획을 예방적 타원과 교수적 차원에서 잘 실행하였는가?
- 어떠한 전략이 적절하였는가?
- 수정해야 하는 전략은 있었는가? 있었다면 무엇인가?

▸ 중단하여도 되는 전략이 있는가?

긍정적 행동지원의 성과를 살펴보면 도전적인 행동 문제의 감소만을 얻을 수 있었던 전통적인 행동수정 반면에 긍정적 행동 지원은 여러 측면에서 성과를 얻을 수 있다. 즉, 학생의 행동 변화에 따른 학생 삶의 질적인 향상시키며, 교사의 긍정적인 변화, 전체 조직 구성원의 효과성을 말하고 있다(Jenney & Snell, 2000). 긍정적인 행동지원의 성과를 요약하면 〈표 7-9〉와 같다..

표 7-9 긍정적 행동지원의 성과

학생의 행동 변화	• 행동 문제의 감소 • 의사소통 기술의 향상 • 사회성 기술과 자기관리 기술의 증진
학생의 삶의 질 향상	• 학교와 가정에서 일어나는 활동에의 참여 증진 • 또래와의 상호작용 증진 향상 • 사회적 관계와 사회적 지원망의 확대 • 자율성의 기회 확대 • 건강 향상
교사의 변화	• 교수전략의 향상 • 의사소통 기술의 향상 • 문제해결능력의 향상
조직적인 효과성	• 팀 효과성의 향상 • 상호적인 문제해결 증진

출처: Jenney & Snell(2000), Behavioral Support: Teachers' Guides to Inclusive Practices. p.8.

참고문헌

노진아(2007). **장애 혹은 장애위험 유아를 위한 긍정적인 행동지원의 고찰.** 특수교육재활과학연구, 46(2), 15-34.

부산시 교육청(2014). **장애학생의 문제행동 사례별 중재 가이드북.**

이대식, 김수연, 이은주, 허승준(2011). **통합교육의 이해와 실제 2판.** 서울: 학지사.

이소현(2020). **유아특수교육 2판.** 서울: 학지사.

이소현, 박은혜(2011). **특수아동교육.** 서울: 학지사.

이효신(2007). **교사를 위한 응용행동분석.** 서울: 학지사.

전선주, 권용덕, 김민정, 김병련, 김윤성, 김은주, 김정은, 김태선, 박선혜, 박성하, 박소영, 박주리, 유장순, 이진, 이경신, 이만석, 이명숙, 이해영, 이효성, 장은주, 전제욱, 한상록, 홍영숙, 손영선, 유효정(2014). **아하! 통합교육.** 서울: 학지사.

조윤경, 김경혜(2010). **잘 가르치기 위한 아동 관찰 및 행동연구.** 경기: 공동체.

조윤경, 김수진(2015). **유아교사를 위한 특수아동의 이해.** 경기: 공동체.

Carr, E. G., Dunlap, G., Horner, R. H., Koegel, R. L., Turnbull, A. P., Sailor, W., Anderson, J. L., Albin, R. W., Koegel, L. K., & Fox, L.(2002). Positive behavior support: Evolution of an applied science. *Journal of Positive Behavior Interventions*, 4(1), 4-16.

Emerson, E., Cummings, R., & Barret, S.(1988). "Challenging behaviour and community services : 2. Who are the people who challenge services?" *Mental Handicap,* 16, 16-19.

Janney, R., & Snell, M. E.(2000). *Behavioral Support: Teachers' Guides to Inclusive Practices.* Baltimore, MD: Paul H. Brookes.

Peterson, J. M., & Hittie, M. M.(2003). Responding proactively to social and behavioral challenges: Positive strategies for difficult situations. In J. M. Peterson & M. M. Hittie(Eds.), *Inclusive Teaching: Creating Effective Schools for All Learners*(pp. 350-382). Boston, MA: Allyn & Bacon.

PART

8

가족지원

1. 가족지원의 개념
2. 가족지원의 중요성
3. 가족지원의 방법

1. 가족지원의 개념

교사 및 관련 전문가는 장애학생에게 교육을 적절하게 제공하기 위해서 장애학생의 가족에 대해 이해하는 것이 무엇보다 중요하다. 왜냐하면 가족 구성원이 장애학생의 과거와 현재 시점의 생애 전반에 걸쳐 영향을 미쳐 왔으며, 미래에도 영향을 줄 가장 중요한 생태학적 환경체계에 속해 있기 때문이다. 따라서 교사들은 장애학생의 가족이 경험하는 도전적 행동과 장애학생들을 둘러싼 각각의 가족 구성원들의 인식을 이해하고, 이를 장애학생에 대한 지원의 방향 결정과 구체적인 교육 방안에 반영하는 것이 점차 중요한 과제가 되고 있다. 「장애인 등에 대한 특수교육법」 제28조 제1항에서 제시하는 특수교육 관련 서비스로 특수교육대상자와 그 가족에 대하여 가족 상담 등 가족지원을 제공하여야 한다고 명시하고 있다. 또한 동법 시행령 제23조 제1항에서도 가족지원은 가족 상담, 양육 상담, 보호자 교육, 가족지원 프로그램 운영 등의 방법이 필요하다고 명시되어 있다. 이처럼 「장애인 등에 대한 특수교육법」은 장애학생이 속해 있는 가족 구성원에 대한 지원을 특수교육 관련 서비스라는 명칭으로 제시하고 있으며, 이를 학령기 특수교육의 범주 안에 반드시 포함시키고 있다.

가족지원에 따른 법적 근거를 살펴보면 2018년에 시행된 우리나라에서 제시하는 「장애인 등에 대한 특수교육법」에는 가족지원과 관련된 사항들이 규정되어 있다. 「장애인 등에 대한 특수교육법」 총칙에서는 제28조(특수교육 관련 서비스), 동법 시행령 제23조(가족지원)에는 가족지원에 대한 내용과 방법을 제시하고 있으며, 이 법에서 명시하고 있는

총칙 제28조 제1항(특수교육 관련 서비스)

① 교육감은 특수교육대상자와 그 가족에 대하여 가족상담 등 가족지원을 제공하여야 한다.

시행령 제23조(가족지원)

① 가족지원은 가족상담, 양육상담, 보호자 교육, 가족지원프로그램 운영 등의 방법으로 한다. ② 제1항에 따른 가족지원은 「건강가정기본법」 제35조에 따른 건강가정지원센터, 「장애인복지법」 제58 조에 따른 장애인복지시설 등과 연계하여 할 수 있다.

가족지원 관련 규정을 살펴보면 다음과 같다.

장애학생이 있는 가족에 대한 지원은 국가마다 문화적인 특성을 갖고 다양하게 제시되어 표현하고 있으나, 그 공통적인 요소들을 정리하면 〈표 8-1〉과 같다. 특수교육 지원의 범주는 다소 중복이 있으나, 경제, 의료. 교육, 양육, 정서, 사회적 지원, 지역사회의 영역으로 분류하였다(김성천 외, 2011).

표 8-1 장애학생 가족지원 서비스의 범주와 내용

구분	항목
경제	교육비나 치료비에 대한 재정적 지원, 이동 관련 서비스. 교통비 지원, 장애인 차량 구입비 및 유류비 지원, 장애수당 지급, 장애학생 부양수당 지급, 장애학생 의료비 지원. 장애학생 재활보조기구/보장구 구입 지원, 보조 기구 장비 개조 서비스, 세금 감면(소득세, 승용자동차에 대한 특별소비세, 장애인용 수입물품 관세 등), 요금 할인(통행료, 교통비, 전기세, 공공시설 요금, 전화, PC, TV, 이동통신 등) 등
의료	장애학생 진단 및 평가 서비스, 치료 및 의료상담, 가정 방문 치료, 치료적 접근(물리치료/작업치료/언어치료), 수술, 보장구 처방, 가정 건강서비스
교육	조기개입/취학 전 서비스. 장애학생에 대한 행동관리 및 생활훈련, 직업재활 및 고용지원서비스, 정보 제공 및 의뢰서비스, 부모와 가족에 대한 장애교육, 가정방문 교육
양육	주간보호, 단기보호, 위탁보호, 그룹홈, 가사도우미/수발자/케어서비스/교육보조 도우미, 활동보조서비스, 가정 내 휴식/돌봄 서비스, 휴식(respite service)/ 가정 외 서비스, 위기개입 서비스
정서	개인이나 가족 상담, 부모, 형제, 가족 지지집단 만들기, 부부간 지원서비스, 여가활동서비스(여행) 및 가족휴식 지원 서비스
사회적 지원	법률에 관한 무료 상담, 재활병/의원 이용, 장애인복지시설 이용, 사회심리서비스(사회적응훈련, 재활정보 제공 등), 장애 학생/가족 옹호 서비스. 후견인/ 미래계획, 보호작업장
지역 사회	장애인 시설 개선(주택 개선 등), 가정 봉사(이·미용, 반찬, 목욕, 외출, 심부름 등과 같은 가사 돌봄), 지역사회 아웃리치 서비스(outreach service), 사례관리

출처: 임경옥 외(2017). 특수교육학개론. 서울: 학지사.

이한우(2002)는 가족지원이 장애학생을 가족으로 둔 가족 구성원이나 그들의 부모에게 제공되면 다음과 같은 네 가지의 장점이 있다고 하였다.

첫째, 장애학생 부모는 지역사회 구성원으로서 서로 협력하게 되어 상호 간 사회의 구성원이라는 일치감을 느끼게 된다.

둘째, 장애학생을 양육하면서 부딪히게 되는 여러 가지 문제를 해결하고 부모가 지원을 받고 있다는 소속감을 갖고 사회적 고립감이나 외로움이 감소하게 된다.

셋째, 장애학생 부모나 가족들이 이루고 있는 가정, 학교, 지역사회 속에서 장애학생의 복지적 측면에 대해 비공식적 형태일지라도 스스로 효과적인 결정을 내릴 기회, 기술, 지식 등의 권한을 부여받고 지지할 수 있다.

넷째, 소아과 의사, 교사, 심리학자, 치료사들로부터 그들의 경험을 전달받아 장애학생에 대한 정보를 얻을 수 있게 된다.

Dunst와 Trivette(1994)은 가족지원 프로그램을 구성하기 위해서 여섯 가지 요소가 포함되어야 한다고 주장하였다.

첫째, 가족 강화 철학을 기반으로 한다.

둘째, 서비스의 대상이 가족임을 알고 가족의 필요한 욕구를 조사해야 한다.

셋째, 가족지원의 원칙에 근거하여 프로그램을 실행하여야 한다.

넷째, 가족이 그들을 둘러싸고 있는 활용할 수 있는 최대한의 자원과 가족의 강점을 조사하여야 한다.

다섯째, 앞에서 조사한 결과를 근거로 하여 가족의 필요를 충족시키고 장애 가족이 활용할 수 있는 다양한 자원을 확장하여야 한다.

여섯째, 그 결과 장애 가족의 기능을 정상화하고 보다 향상된 삶의 질이 될 수 있게 해야 한다.

가족지원 개념에 대한 최근의 경향은 가족에게 힘 실어 주기, 강화하기, 촉진하기, 가족 능력 지원 및 가족 역량 강화하기와 같은 용어로 설명하고 있다. 따라서 가족지원

프로그램은 부모와 가족이 주도적인 노력을 해야 하는 것에 중점을 두고, 개인 및 가정의 기능을 강화하고, 개인과 가족 구성원 및 가족 전체의 성장과 발달을 향상시키는 방법으로 가족에 대한 지원과 이를 강화하기 위해 고안된 것이며, 가족과 구성원들이 보다 유능해지도록 중재하는 것으로 설명하고 있다(Dunst, Trivette, & Tompson, 1991). 〈그림 8-1〉은 Dunst와 Trivette(1994)가 가족지원의 원리를 도식화하여 설명하였다.

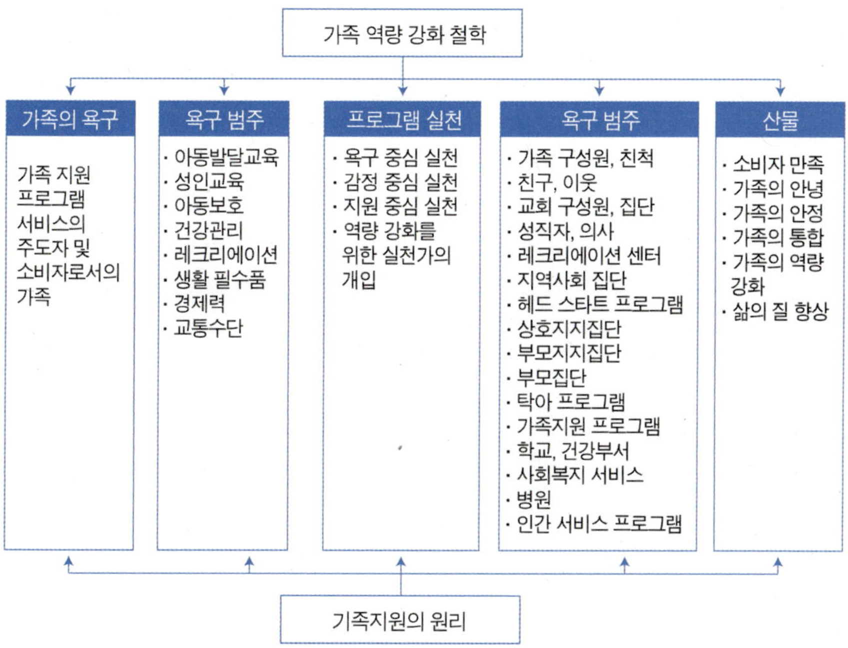

그림 8-1 **가족지원의 원리를 기술하기 위한 모델**

2. 가족지원의 중요성

통합교육 상황 속에서 교사와 가족 간의 협력은 장애학생의 발달 촉진을 위해 중요하다. 가족 학교 간 협력의 목표는 장애 가족의 유대를 강화하고 지원함으로써 장애학생의 발달과 교육을 촉진하는 것이다(한국통합교육학회, 2012). 교사-부모 간 협력 과정에서 장애학생에 대한 교육적 견해나 관점의 차이로 갈등요소가 발생하는 경우도 있지만 장애학생의 효과적인 교육을 위해서 상호 간 노력이 필요하다. 이를 위해 협력자로서의 가족은 개인적으로 독특한 상황을 갖고 있는 개체이며, 자녀 양육에 있어서 전문가만큼의 전문성을 가진 능력 있는 능동체임을 인정하고(Turnbull & Turnbull, 1997), 부모가 자녀의 삶에 있어서 가장 중요한 사람이고, 통합 상황 속에서 교사가 교육을 전담하는 일방적인 관계가 아니라 상호 관계(조윤경, 홍은주, 2005)를 기본으로 장애가족에 대한 비판이나 판단적이지 않은 태도와 공감(empathy)을 갖는 것이 부모－교사 간 좋은 관계를 유지하는 데 필요하다(한국통합교육학회, 2012).

적극적인 가족지원의 중요성을 총신대학교 부속유치원(2011)에서는 다섯 가지로 요약하였다.

첫째, 양육자는 전문가보다 장애학생의 행동을 더 자주 관찰할 기회를 마주하게 된다. 양육자와 다른 가족 구성원들은 장애학생의 현재 발달 상태와 과거 배경에 대해 중요한 정보를 가지고 있다.

둘째, 정확한 사정과 평가는 장애학생을 잘 알고 있는 다양한 개인들로부터 정보를 수집하는 데 달려 있다. 장애학생에 대한 가족의 기대는 매우 중요하며, 사정과 평가 정보를 얻을 때 항상 포함해야 한다. 양육자들은 간과하기 쉬운 일상 활동 속에서 그들을 위한 특정한 관심 영역을 확인할 수 있다.

셋째, 양육자와 전문가의 관찰은 일치와 불일치의 관점을 결정하기 위해 비교될 수 있다. 일치된 관점은 IFSP/IEP 목적의 개발을 위한 우선순위로 제공될 수 있다. 불일치하는 관점은 부가적인 정보가 더 필요함을 의미한다.

넷째, 양육자를 사정 · 평가 과정에 참여하도록 요구함으로써 프로그램 전문가는 양육자가 장애학생의 중재 프로그램에 중요한 공헌자가 될 수 있다는 메시지를 전달할 수 있다.

마지막으로, 양육자를 포함시키기 위해 형식적인 절차를 사용하는 것은 IFSP/IEP 과정에 양육자가 더 많이 참여하게 하고, 계속되는 장애학생의 진보를 모니터링하도록 도와야 한다.

장애학생 가족지원의 구체적인 필요성은 다음과 같다(이소현, 2020: 조윤경 외, 2013).

- ▸장애학생 자녀를 둔 부모는 가장 큰 영향력을 그들에게 주는 존재이므로 가족은 장애학생의 출생으로 시작해서 현재 시점에 이르는 모든 기본적인 생육사의 발달 및 학습 과정의 양상 등을 가장 잘 아는 또 다른 전문가로서 장애학생 교육에 결정적인 영향력을 미치기 때문에 교육과 양육의 효율성을 위한 부모교육과 지원이 필요하다.
- ▸장애학생 양육에 대한 가족 구성원의 스트레스와 자원의 부족 등은 부모로서의 역할능력을 저하시키기 때문에 그에 따른 적절한 지원이 지속적으로 필요하다.
- ▸어려움에 처한 장애학생 가정의 부모뿐만 아니라 모든 부모는 장애학생 양육과 관련된 다양한 교육과 지원을 받을 필요가 있다.
- ▸부모의 역할은 자녀와의 관계에서 사회에서 맡는 역할 중의 하나이다.
- ▸바람직한 부모 역할에 대한 정확하고 다양한 정보와 적절한 모델이 필요하다.
- ▸미래사회에 적응할 수 있는 사람으로 장애학생을 키우기 위한 지원이 필요하다.
- ▸학교나 기관과 가정과의 연계성 확립을 위한 적극적인 지원이 필요하다.

장애학생을 위한 교육적인 성과를 위해서 가족과 교사 간의 협력은 중요하며. 교사와 장애 부모 간에 협력적인 관계가 되면 장애학생이 학교에 긍정적인 영향을 미치게 된다. 가족 협력의 장점으로는 다음과 같다(한국통합교육학회, 2012).

- ▸가족과의 긍정적인 협력관계는 장애학생의 학습과 발달을 지원하게 된다.
- ▸가족 구성원이. 학교와 협력함으로써 자기 가치감과 자기 만족감이 함께 상승하며 가족의 교육 환경을 변화시키려는 동기가 강해지게 된다.
- ▸교사가 함께 협력하여 일할 때, 부모는 장애학생의 교육과 관련하여 자신이 제공하거나 활용할 수 있는 다양한 자원, 의견에 대해 교사와 대화할 기회를 얻게 되며

상호 보완적이다.

▸ 가족과 협력함으로써 장애학생의 배경(흥미나 요구)에 대해 더 잘 알게 되며, 교사는 장애학생의 학습적인 면을 격려할 수 있는 가족 구성원의 지원을 받을 수 있다.

▸ 가족학교 간 협력을 통해 가족은 학교에 대한 태도가 개선되고 학교 프로그램을 옹호하게 되며 장애인식의 변화가 생기게 된다.

▸ 긍정적인 가족과 학교 간 관계는 학교나 지역사회에 있는 다른 사람들에게도 보편적인 도움이 된다.

하지만 가족지원의 협력을 방해하는 요인들도 있다. 현장에서 특수교사들은 입학 전부터 장애학생의 부모와 직·간접적인 관계 형성을 하면서 서로 간에 의견 차이로 심리적인 스트레스나 갈등 상황이 발달적인 측면, 교육적인 측면에서 발생하기도 한다. 이러한 갈등 상황은 교사와 부모 간의 긍정적인 관계를 유지하는 데 어려움을 갖게 한다. 특히 교사들이 부모와의 의사소통 과정에서 부정적인 영향을 가져오게 된다면 제대로 된 정보전달은 물론 심리·사회적인 관계에도 문제가 생길 것이다. 교사와 장애 부모 간의 의사소통을 방해하는 요인은 다음과 같다(Hepworth & Larsen, 1990).

▸ 훈계조의 표현으로 "~을 해야만 한다"를 빈번하게 사용할 때

▸ 부모나 가족들이 적절한 해결 방법을 모색하는 데 비난이나 압박감을 느끼게 하는 등의 미숙한 충고를 제공할 때

▸ 장애학생이나 부모의 감정이나 관점을 고려하지 않고 지나치게 교사 자신의 생각이나 의견만 설득을 하려 할 때

▸ 부모를 존중하지 않고 자신의 관점에서 판단, 비평, 꾸짖는 등의 평가를 쉽게 내릴 때

▸ 부모의 노력이나 관심을 무시하고 자신의 방법이 옳다고 단언적으로 명령을 내릴 때

▸ 특히 개개인의 능력을 재확인하거나 적절치 않게 위로하려 들 때

▸ 부모에게 매우 중요한 일을 논할 때 진정성 없이 너무 쉽게 혹은 지나치게 유머를 사용하여 가볍게 여긴다고 느낄 때

- 학교 교육에 대한 협박조 혹은 으름장을 놓듯이 권위적이고 너무 뻔한 비생산적인 정보가 제공될 때
- 부적절하거나 지나치게 간섭하는 태도를 보일 때
- 지나치게 상호작용을 통해 모든 것은 안다는 듯이 부모의 생각이나 의견을 무시하고 독점하려는 자세의 의사소통을 보일 때

통합교육 상황 속에서 장애학생의 발달과 교육을 촉진시키기 위한 효과적인 지원에는 다양한 노력이 필요하다. 가족과의 긍정적인 협력관계를 위해서 우선 교사는 가족에게 적합한 의사소통 기술을 사용하고, 가족에게 사회적 지원을 제공하며, 가족 중심 서비스와 협력은 무엇이 잘못되었는지에 관심을 두는 것이 아니라 가족이 가지고 있는 역량을 증진시키고 가족에 대한 자원을 활용하는 방향으로 접근해야 한다(한국통합교육학회, 2012). 교사가 장애가족에게 사회 적응적 · 심리적 지원과 정서적 지지를 하기 위해서 무엇보다 부모와의 의사소통 기술은 매우 중요하다. 부모와의 효과적인 의사소통을 위한 방법은 다음과 같다(신진숙, 2014: 이소현, 2020: 조윤경, 홍은주, 2005: Shea, 2001).

- 부모가 느끼는 다양한 감정과 행동에 대해서 마음을 열고 수용한다.
- 전문용어는 사용하지 않는다.
- 부모가 이해할 수 있는 언어를 사용하거나 전문용어를 설명해 준다.
- 부모가 능동적으로 참여할 수 있도록 격려한다.
- 장애학생을 다른 학생들과 비교하지 않는다.
- 부모(가족 구성원)를 비판하지 않는다.
- 장애학생의 약점보다는 강점과 능력에 초점을 맞춘다.
- 장애학생의 문제나 관심사에 주관적 평이나 부정적 진술은 피한다.
- 부모가 자신의 이야기를 말할 수 있도록 격려한다.
- 부모의 관심과 질문에 귀 기울인다.
- 부모의 질문에 명확하고 정직하게 답변한다.

▸ 질문하도록 기다리기보다 가족에게 질문하여 대답하도록 격려한다.
▸ 질문과 부연설명을 통해 부모가 정보를 이해했는지 점검한다.
▸ 이해를 확인하기 위해 중요점을 다시 말하고 요약한다.
▸ 장애학생에 대한 부모의 능력과 전문성을 인정한다.
▸ 긍정적인 방식으로 부모와 대화한다.
▸ 부모가 내준 시간, 노력을 인정하며, 부모와의 협력에 관심을 보인다.
▸ 부모들이 어떤 생각, 관심, 질문을 가지고 있는지 물어본다.
▸ 부모가 가정에서 장애학생들에게 적용하고 있는 방법들을 말하도록 요청한다.

가족과의 대화 체크리스트	
중재자: 날짜: 관찰자:	
(V=만족스럽게 수행, X=실시 안 함, ?=실시하지 않았거나 불만족스럽게 실시, NA=해당 없음)	
• 중재자는 다음의 항목을 수행하였는가?	체크
• 비공식적 대화의 기회를 제공하였는가?	
1. 가정방문. 교실에서 만남. 치료실 약속 등에서 비공식적 대화를 위한 시간을 마련하였는가?	
2. 가족의 스케줄을 고려하여 비공식적 대화 약속을 하였는가? (예: 비공식적 대화 시간이 가족들에게 편리하였는가?	
3. 부모와의 대화를 먼저 시작하였는가?	
4. 다양한 의사소통 방법을 사용하였는가?	
5. 가족과 자주 의사소통하는가? (예: 주 1회 이상)	
6. 친근하고, 밝게, 긍정적인 면을 강조하여 의사소통하는가?	
• 장애학생과 가족의 강점을 인식하는가?	
7. 장애학생을 칭찬하는가?(장애학생의 긍정적인 자질과 성취에 대해 인정하는가?)	
8. 장애학생의 성취에 기여하는 가족의 공헌을 인정하고 칭찬하는가?(예: 자원. 기술, 지식)	

9. 가족 기능 전반에 대한 부모의 기여를 인식하고 있는가?	
• 부모의 의견과 생각을 구하였는가?	
10. 전문가에게 의견을 묻기 전에 부모에게 먼저 자녀와 관련한 문제에 대한 의견이나 해결책에 대해 물어보는가?	
11. `가족이 제안한 해결책에 대해 충분히 논의하고, 그 실천 가능성에 대해 긍정적인 태도를 보였는가?	
12. 전문가가 제시한 해결책을 가족이 채택하였을 때 기존의 가족활동 스케줄과 우선순위 내에서 실현 가능한 활동인지 확인하였는가?	
13. 전문가가 제시한 해결책을 강요하지 않고 가족과 충분히 토의하여 가족이 수용할 때까지 기다렸는가?	
• 이해하려고 노력하였는가?	
14. 부모가 목표, 활동 등을 선택하는 주요 동기를 알기 위해 개방형 질문을 하였는가?	
15. 경청하기와 적절한 몸짓을 사용함으로써 부모의 관점에 관심이 있고 또 그것을 받아들인다는 것을 표현하였는가?	
16. 판단하지 않는 자세를 유지하였는가?	
• 가족 전체에 대한 관심을 표현하였는가?	
17. 가족 구성원 모두의 활동에 대해 언급하거나 가벼운 대화를 통해 관심을 표하였는가? (예 직업, 취미, 특별한 관심이나 활동)	
18. 가족의 생활이 바뀜으로써 받는 영향에 대해 물어보았는가? (예: 직장 변동, 자녀 출산, 이사)	
19. 장애학생의 행동, 건강상 요구, 치료 등이 다른 가족 성원(부모, 형제자매, 친척)에게 미치는 영향에 대해 물어보았는가?	
20. 부모나 형제자매가 겪는 어려움에 대해 공감하며, 가족에게 도움이 될만한 자원에 대한 정보를 제공하였는가?	
• 감정에 대해 인식하고 반응하였는가?	
21. 부모의 감정에 대해 경청하고, 공감하며, 추가적인 질문을 하였는가? 적극적 경청 기술을 사용하였는가?	
22. 밝은 면만 부각시키려 하거나, 강한 감정을 경시하거나 고치려 하지 않고 존중하였는가?	

출처: 박지연 외(2011). 장애영유아 가족지원. 학지사, pp.210-211.

3. 가족지원의 방법

장애학생을 대상으로 하는 특수교육에서는 학령기 학생에 비해 가족 참여와 협력이 중요하다. 부모가 장애학생과 많은 시간을 함께 보냄으로써 자녀의 일상적인 발달 정보를 구체적으로 제공해 주기 때문에 IEP 개발 및 적용 과정에서 교사와 부모 간의 협력은 필수적이다. 팀의 핵심적 구성원으로서 부모 또는 양육자는 장애학생과 관련된 중요한 의사소통의 역할을 하기도 한다. 먼저, 양육자는 장애학생들의 강점과 요구 영역이 무엇인지를 알기 위해 필수적인 장애학생의 행동 목록 파악에 필수적인 정보를 갖고 있을 수 있다. 둘째, 양육자는 선택된 목표와 중재 내용에 중대한 영향을 미칠 수 있는 가족의 가치와 우선순위를 명확히 할 수 있다. 셋째, 양육자는 장애학생들이 좋아하는 것, 싫어하는 것과 같이 선호하는 활동에 대한 가치 있는 정보를 제공해야 한다. 넷째, 양육자는 집과 다른 환경에서 장애학생의 발달 정도에 관한 중요한 정보를 제공할 수 있다. 특히 장애학생의 발달진보를 위한 주 정보원으로서 개별화교육계획이나 개별화가족서비스계획을 작성할 때 부모의 영향력은 매우 크다. 미국의 특수교육협회(CEC)의 조기교육 분과(DEC)에서도 개별화교육계획을 개발하고 운영할 때 가족중심접근을 강조하고 있다(DEC, 1993). 개별화교육계획(IEP: Individualized Educational Plan)은 「미국 장애인교육법(IDEA)」의 Part B에 근거하여 3~5세 특수교육대상의 적절한 교육을 제공하기 위한 법적 문서임에 비해, 개별화가족서비스계획(IFSP: Individualized Family Service Plan)은 Part C에 따라 출생에서 2세까지의 영아와 그 가족을 위한 법적 문서로 IEP와 달리 가족에 대한 정보(가족의 자원, 우선순위, 관심) 수집과 영아의 개별적인 욕구를 충족시키기 위한 가족역량을 강화시켜야 한다(이소현, 2020: 조윤경 외, 2013).

개별화가족서비스계획(IFSP: Individualized Family Service Plan)은 공법 99-457 Part H에 명시된 것으로서 0~3세 장애를 지녔거나 장애 위험에 놓인 신생아 및 영아와 그 가족에게 조기중재 서비스를 위한 것이다. 장애영아는 신체적 · 정서적으로 가족에게 특별히 의존적이라는 사실을 고려할 때, IFSP는 가족의 구성원과 환경 속 맥락 내에서 이해되어야 하며, IFSP 과정을 통해 영아와 가족을 위한 목표들이 수행될 수 있도록 형식적 · 비형식적인 자원을 판별하여 가족의 양육 역할을 지원하는 데 그 목적이 있다. 따라서 IFSP는 장애유아와 가족의 지니고 있는 강점이 인정되고, 이러한 강점에 기초하여 계획이 수립된 후, 서비스 계획이 가족의 요구, 신념, 그리고 가치를 존중하는 방법들로 실시함으로써 가족의 희망과 바람이 가능하게 된다. IFSP는 IEP와 달리 장애 가족 구성원을 초점에 두고 가족의 자원, 우선순위 그리고 관심에 대한 가족의 강점과 필요에 대한 진단을 수행해야만 한다. 전문가는 장애 가족이 가진 자원과 강점을 최대한 교육에 반영하기도 하고, 자녀가 교육받기를 원하는 우선순위나 서비스에 대한 요구를 알고 필요한 서비스를 제공해 주기도 한다. 즉, 서비스의 주요 초점이 장애 가족 구성원이며, 양육자를 진단하여 필요한 서비스를 제공한다는 점은 개별화가족서비스지원계획(IFSP)과 개별화교육계획(IEP) 간에 가장 큰 차이가 있다. IEP와 IFSP의 구성요소 및 내용에서 차이점은 다음과 같다(조윤경, 김수진, 2009: Dunst, Trivette, & Deal, 1988).

표 8-2 IESP와 IEP의 구성요소 비교

개별화가족서비스계획	개별화교육
• 수용할 만한 객관적인 기준을 토대로 한 영유아의 현행수준의 신체발달(대근육). 인지발달, 의사소통 발달, 사회·정서적 발달, 적응 기술(신변처리)에 대한 서술 • 가족이 장애영유아의 발달을 향상시키기 위해 관련된 가족 자원, 우선순위, 관심에 대한 서술 • 영유아와 가족을 위해서 성취되어야 할 기대되는 성과, 기준, 절차, 진보를 결정하고, 필요한 서비스나 목표가 수정되는 시기에 대한 서술 • 영유아와 가족의 독특한 욕구에 대처하기 위해 필요한 빈도, 강도, 서비스 전달방법 등을 포함한 조기 중재 서비스에 대한 서술 • 서비스 시작 시기와 지속 시기에 대한 예상 날짜 • 계획 실행과 다른 기관 및 사람들과의 협조를 담당하는 사례 대표자에 대한 서술 • Part B에 제시된 영유아의 서비스가 적절할 때까지의 전이 단계의 지원 • 자연환경에서 서비스가 제공되는 정도에 대한 서술	• 장애학생의 학습적인 성취, 사회적 적응, 직업 전략 및 직업 기술, 심리운동 기술, 자조 기술을 포함한 교육 수행에 대한 장애학생의 현행수준 서술 • 장애학생의 개별화된 교육 프로그램에 따라 장애학생이 교육 후에 성취해야 하는 교육적인 수행에 대한 장기목표 서술 • 교육적 수행과 장기목표 간 측정되는 중간 단계인 단기 교수목표에 대한 서술 • 장애학생에게 필요한 교육적 서비스에 대한 서술: ① 장애학생의 독특한 요구에 맞는 모든 특수교육과 관련 서비스 및 장애학생이 참여하는 물리적 교육프로 그램에 대한 형태 포함. ② 필요한 특수교육적 매체와 자료 • 서비스 지속 시기와 지속 기간에 대한 날짜 • 장애학생이 일반교육에 참여하는 정도에 대한 서술 • 장애학생의 교육적 배치 형태에 대한 명시 • 개별화 프로그램 실행에 책임이 있는 요원들의 이름 • 객관적인 기준, 평가절차, 장기목적에 따라 결정된 스케줄의 결정, 단기 교수목표의 달성 여부

통합환경에서 학교와의 협력 시 가장 중요한 인적 자원은 장애학생의 구성원인 가족이다. 가족은 장애학생의 지원자로서 교육계획에 직접 참여하고, 장애학생의 행동을 관찰하여 실제 목표에 도달하도록 돕고, 교사와 교실에서 함께 일하며, 장애학생이 성장하고 발달하도록 가정에서 장애학생을 가르치는 역할을 한다(이병인, 2004). 또한 자녀의 문제 행동을 관찰 및 수정하고, 교육적 우선순위와 요구를 개별화교육계획에 반영하여 교육과정 및 교육 프로그램을 계획, 평가에도 참여할 수 있다(McLoughlin, Edge, & Strenecky, 1978). 이 외에도 부모들은 교사들과의 회의, 학급 참관, 가정에서의 직접적인 교육 활동, 학부모 모임에 참석하기, 학급 자원봉사, 다른 부모들을 도와준다거나 대변해 주기, 관리자와 함께 일을 하거나 재원을 마련하고 다른 사람들과 정보를 공유하는 등의 일을 함으로써 학교 교육과정에 직·간접적으로 참여할 수 있다(김광웅 외, 2001). 따라서 부모들이 교육적 프로그램에의 적극적인 참여를 위해서 학교에서는 전화나 가정통신문, 가정방문 등 장애학생 학부모가 원하는 방법으로 부모들에게 다양한 정보제공과 가족 강점을 기반으로 가족 기능과 역량을 지원해야 한다.

여기에서는 장애학생의 개별화교육계획을 작성하고 실행하는 과정에서 부모 및 가족들과 협력할 때 필요한 가족지원 방법을 제시하고자 한다(김광웅 외, 2001: 노진아 외, 2011: 박지연 외, 2011: 변호걸 외, 2016: 이소현, 2020: 유수옥, 2005: 이미숙 외, 2013: 조윤경 외, 2013).

장애학생 부모들은 교육과정에 있어서 다양하고 다각적인 역할을 수행할 수 있도록 연습되고 훈련되어야 한다. 많은 학교와 지역사회의 기관에서 장애학생과 가족을 위한 서비스 제공 차원에서 부모훈련 프로그램을 실시하고 있다. 이때 훈련내용은 학부모의 요구를 고려해야 한다. 일반적으로 훈련은 가정에서 학부모들이 장애학생들을 가르칠 수 있는 다양한 기술을 중심으로 이루어져야 하며, 장애학생에게 서비스를 제공하는 지역사회의 전문가들과 협력하는 방법, 특수교육 서비스, 복지 서비스의 전달과 관련된 정보, 심리·정서적인 지원과 긍정적 자아개념을 갖도록 상담을 해주거나 장애학생에게 필요한 구체적인 서비스를 정보를 통해 제공해야 한다. 장애학생을 둔 가족에게 부모교육은 부모 역할에 관한 정보와 자녀를 바람직한 방법으로 양육하기 위한 효능감을 제시하여 도움을 준다. 장애학생을 가족 구성원으로 둔 대부분의 가족들은 장애학생들을 위한 교육 및 훈련 프로그램과 상담을 통해서 장애학생의 전반적인 발달과 학습을 촉진하고 도전적 행동을 조절할 수 있게 되며 적극적인 옹호자의 역할을 하게 할 수 있게 된다. 부모교육은 장애학생을 둔 가족에게 다음과 같은 목적으로 이루어지고 있다.

- 장애의 특성과 발달적 특성에 대한 이해와 수용을 돕기 위함이다.
- 양육과 다양한 교육방법에 대해 구체적으로 배우고 활동할 수 있도록 하기 위함이다.
- 장애학생을 둔 부모들이 함께 모여 공통된 관심사와 도전적 행동에 대한 정보 교류와 심리적 정서적 지지 및 관계 형성을 돕기 위함이다.
- 부모 개인의 자아존중감과 자신감 회복을 통한 가족역량 강화를 돕기 위함이다.

부모교육의 목적에서도 제시한 바와 같이 부모교육의 내용은 부모교육을 하고 자 하는 목표에 따라 다양하게 구성된다. 교육기관에 처음 입학하는 장애유아 부모의 경우, 장애를 온전히 수용하지 못하는 부분이 있으므로 장애의 특성과 발달적 특성에 대한 이해와 수용에 도움을 주고, 장애학생의 양육기술을 배움으로써 장애학생과의 정서적인 갈등요소를 최소화시킬 수 있다. 또한 장애자녀의 출산으로 겪게 된 불안과 우울, 좌절감에서 벗어나 자신감과 자아존중감을 향상시키기 위한 지역사회 내 전문 부모훈련 프로그램에 참여할 수도 있다. 다양한 부모교육 프로그램을 계획하고 운영할 때, 고려해야 할 내용은 다음과 같다(서울장애인복지관, 2006).

- 부모계획 수립 시 부모들의 의견을 최대한 반영하고 가능한 부모들이 자발적이고 적극적으로 참여할 수 있는 방향으로 계획을 세운다.
- 부모들과 교육기관 모두의 사정에 맞추어 실천 가능한 것에서부터 시작하여 점차 그 내용과 활동을 확장시켜 나간다.
- 부모들에게 경제적인 부담을 주지 않도록 해야 한다.
- 부모교육의 내용은 전반적인 아동발달이나 자녀교육에 관한 것뿐만 아니라 부모들 자신의 흥미를 반영하고 자기계발에 도움이 되는 내용도 포함한다.

▸ 개별화계획 및 운영과정에서 되도록이면 전문가나 지역사회 인사의 협조와 자문을 받는 것이 좋다.

가족은 또래의 다른 아동이 무엇을 할 수 있는지 혹은 발달적으로 그다음 단계는 무엇인지 알기 원하며, 장애학생의 장애 특성이나 상태에 대해 알기를 원한다. 또한 가족이 어디에서 도움을 얻을 수 있는지와 어떤 학습의 기회가 있는지 장애학생이 받아야 하는 특수교육 관련 서비스 종류와 자원에 대한 정보를 궁금해하기도 한다. 교사는 장애학생에게 지원되는 서비스와 프로그램에 대한 정보를 부모에게 정확하게 제공하고, 부모는 장애학생에 대한 발달적 정보를 제공하고 가족의 교육적인 요구와 장애학생의 개별화교육 목표에 따라 어떠한 프로그램이 실행되고 있는지 알아야 한다. 따라서 교사는 개별화교육계획을 작성하기 전, 실행 중, 개별화교육계획을 종료한 후 개별 아동에 대한 발달평가 및 발달진보에 대해 정보를 주기적으로 제공해 주어야 한다. 특히, 전화 연락을 통해 부모와 정기적인 의사소통을 할 때는 자녀의 어려운 점이나 문제점을 공감해 주면서 부모가 필요로 하는 의도를 정확하게 파악하여 질문이나 답변을 해주는 것이 좋다. 교사는 부모들에게 정서적 지지와 정보적 지원을 하기 위해 알림장, 전화 연락, 안내서 및 소식지 등 다양한 의사소통 방법을 통해 부모에게 교실에서 일어난 일을 알려주고 부모는 자녀가 교실의 어떠한 활동에 참여하고 학급의 일과는 어떤지 확인할 수 있다. 교사가 가족과의 정보교환을 위해서 다음과 같은 방법이 있다.

1) 알림장

교사는 부모와의 정보교환을 위해 알림장을 활용한다. 알림장은 교사들이 일과 동안 장애학생에게 일어난 사건이나 활동 경험, 활동 내용, 가정에 전달하고 싶은 내용 등을 기록하여 부모에게 전달한다. 이러한 방법은 장애학생에 대한 관심도나 교육기관과의 연계가 잘 되는 가정일 경우 효과적이지만 알림장을 잘 읽지 않거나 정보공유가 되지 않는 상황에서는 교사의 일방적인 형태로서 정보를 전달하기만 할 수 있다. 이를 방지하기 위해 교사와 부모가 기관과 가정에서 관찰한 내용을 서로 알림장에 기록하여 장애 학생의 정보가 상호 공유되도록 알림장을 매일 확인하는 노력이 필요하다.

2) 전화통화

알림장이나 가정통신문 이외에 교사들이 자주 사용하는 방법은 부모들과 직접 전화통화를 하는 것이다. 부모와의 전화통화는 부모가 전화를 받을 수 있는 상황이나 시간을 사전조사하여 사용할 때 효과적일 수 있지만, 부모와 교사의 시간이 맞지 않을 경우 상호 간 부담을 주게 된다. 이러한 경우, 교사는 자동응답 전화에 하루 활동내용과 다음 시간에 준비해야 할 내용 등의 메시지를 녹음하거나, 모바일 메신저를 이용하여 부모가 매일 즉각적으로 확인하고 점검함으로써 교사의 시간적 · 경제적인 면에서 부담을 줄일 수 있다.

3) 학부모 참관 및 참여 수업

가정과 기관 간 정보교환의 방법으로 학부모들이 수업을 참관하고 참여하게 함으로써 교사와 부모 간 의사소통을 촉진할 수 있다. 부모는 장애학생의 활동 모습을 직접 관찰하고 일일교사가 되어 수업에 참여함으로써 가정에서 볼 수 없었던 장애학생의 다양한 강점과 단점을 발견할 수 있으며, 교사의 요구에 적극적으로 협조할 수 있게 된다.

참고문헌

김광웅, 황용길, 류왕효 외(2001). **장애영유아통합교육**. 서울: 범한.

김성천, 심석순(2011). 장애아동 발달주기별 가족지원서비스 만족도와 서비스 욕구에 관한 연구. **한국가족복지학**, 16(4), 77-108.

노진아, 홍은숙, 이미숙 외(2011). **장애영유아 가족지원**. 서울: 학지사.

박지연, 전혜인, 강혜원(2011). **장애영유아 가족지원**. 서울: 학지사.

변호걸, 남경욱, 김응범, 이병혁, 권미은(2016). **특수교육의 이해**. 서울: 동문사.

서울장애인복지관(2006). **가족지원프로그램의 실제**. 서울: 다우.

신진숙(2014). **통합교육**. 경기: 양서원.

유수옥(2005). **유아특수교육론**. 서울: 학지사.

이미숙, 노진아, 김연하, 김정민, 김태영, 한경민(2013). **장애아 가족지원**. 서울: 학지사.

이병인(2004). **장애아동 가족지원의 이해**. 서울: 단국대학교 출판부.

이소현(2020). **유아특수교육**. 서울: 학지사.

이한우(2002). 발달장애아동 가족지원 특성과 양육스트레스 연구. **정서행동장애 연구**, 18(3), 327-349.

임경옥, 박경화, 조현정(2017). **특수교육학개론**. 서울: 학지사.

조윤경, 김수진(2009). **유아교사를 위한 특수아동지도**. 경기: 공동체.

조윤경, 장지윤, 유연주(2013). **개별화교육프로그램**. 경기: 공동체.

조윤경, 홍은주(2005). **장애유아 통합 프로그램 실제**. 서울: 창지사.

총신대학교 부속유치원(2011). **장애유아 통합과정**. 서울: 학지사.

한국통합교육학회(2012). **통합교육**. 서울: 학지사.

DEC(1993). *DEC recommended practice: Indicators of quality in program for in infants and young children with special needs and their families.* Reston, VA: Division for Early Childhood Council for Council of Exceptional Children.

Dunst, C. J., & Trivette, C. M.(1994). Aims and principles of family support programs. In C. J. Dunst, C. M Trivette & A. G. Deal(Eds.), *Supporting and strengthening families*(p.42). Cambridge, MA: Brookline Books.

Dunst, C. J., Trivette, C. M., & Deal, A.(1988). *Enabling and empowering families: Principles and guidelines for practice.* Cambridge, MA: Brookling Books.

Dunst, C. J., Trivette, C. M.(1994). Aims and Principle of Family Support Programs. In Dunst, C. J., Trivette, C. M., & Deal, A. G.(Eds.), *Supporting and Strengthening Families*(pp.30-48). Cambridge, MA: Brookline Books, Inc.

Hepworth, D., & Larsn, L.(1990). *Eirect social sork practice: Theory and skill*(3rd ed.). Belmont, CA: Wadworth.

McLoughlin, J. A., Edge, D., & Strnencky, E.(1978). Perspective on parental involvement in the diagnosis and treatment of learning disabled children. *Journal of Learning Disabilities, 11*, 291-296.

Shea, D. J. O.(2001). *Families & Teachers of individuals with disabilities.* Needham Heights, MA: Allyn & Bacon.

PART 9

장애를 고려한 통합교육과정의 실제

1. 초등전환 교육
2. 초등학교 전환 프로그램의 실제
3. 사회적 통합교육

1. 초등전환 교육

어린이집과 유치원에 다니던 장애학생은 초등학교의 문턱을 넘어설 때 또래 친구들과 성공과 좌절을 경험하며 통합교육을 통해 놀라운 속도의 모방 학습과정을 시작하게 되며, 학교가 가족 이후에 장애학생의 삶에 전반적인 영향을 주는 곳이 되므로 삶의 교육과정 내에서의 적절한 교육이 될 필요가 있다. 사실 가족-학교 관계는 유아가 학교로 이동하기 전부터 실질적으로 시작되며, 가족이 장애학생에게 학교에 관한 다양한 이야기를 해 주고 준비시키는 방식으로 시작되어야 한다. 그러나 학교로의 전환에 대한 준비가 되지 않은 유아는 특별한 보상전략이 필요하다(Alexander & Entwistle, 1988). 또한 초등학교의 전환에서는 유아의 인지능력, 의사소통 기술, 대근육 기능과 손의 소근육 기능뿐만 아니라 여러 감각들을 포함한 신체적 기능, 그리고 식사, 몸단장, 화장실 사용, 옷 입기와 같은 개인적 욕구를 독립적으로 할 수 있는 적응행동 기술 영역들이 더 중요하게 강조된다(Lerner & Johns, 2009). 초등학교로 전환하는 장애학생을 준비시키는 데 도움이 되는 전환 체크리스트는 〈표 9-1〉과 같다.

표 9-1 초등학교 전환을 위한 체크리스트

신변자립 기술	• 혼자 화장실 사용하여 갈 수 있는가? • 연령에 맞는 식사 기술을 가지고 있는가? • 외출복을 스스로 입고 벗는가? • 개인 소지품을 관리할 수 있는가?	- - - -
사회적 기술	• 연령에 어울리는 사회적 기술들을 보이는가? • 다른 친구들과 놀 수 있는 기술을 가지고 활용하는가? • 소집단과 대집단에서 또래들과 협력적인 활동을 하는가? • 교구를 나눠주고 공유하는가? • 교실의 규율, 규칙을 잘 지키는가? • 다른 사람의 물건 소유를 존중하는가?	- - - - - -

의사소통/ 듣기 기술	• 연령에 맞는 표현언어를 다양하게 사용하는가? • 대화를 수용하고 이해하여 적절하게 참여하는가? • 집단 속에서 전체 지시를 적절하게 듣는가? • 말로 하는 여러 단계의 지시들을 이해하고 따르는가? • 간단한 이야기를 요약할 수 있는가?	- - - - -
학습/ 준비도 기술	• 장애학생이 부모로부터 쉽게 분리되는가? • 장애학생이 학습자로서 긍정적 자아개념이 있는가? • 독립적으로 학습활동을 잘 하는가? • 자신의 이름을 알고 쓸 수 있는가? • 장애학생의 집주소와 전화번호를 말하는가? • 과제에 참여하고 끝까지 완성하는가? • 교실 내에 착석하여 시간 내에 과제를 완성하는가? • 대근육 운동기술(걷기, 뛰기, 오르기 등)의 수행을 보이는가? • 소근육 운동기술(연필, 가위 사용) 등의 수행을 보이는가? • 색, 형태, 크기를 구분할 수 있는가? • 같다와 다르다와 같은 개념들을 이해하는가? • 유사성에 근거하여 비슷한 사물을 분류하는가? • 사물과 소리 사이의 차이를 인식하는가? • 글자에 대응하는 소리의 음가를 아는가? • 숫자 이름을 말하고 양을 구분하여 수 대응하는가? • 오른쪽에서 왼쪽으로 방향 지시를 이해하는가?	- - - - - - - - - - - - - - - -

출처: Spinelli, C. G. (2012). Classroom Assessment for Students in Special and General Education. (3rd ed.). Pearson. p.442.

2. 초등학교 전환 프로그램의 실제

1) 전환을 위한 상담 절차 및 내용

초등학교 전환을 준비하는 부모와 교사는 학교에 입학하기 전부터 긴밀한 상담이 이루어져야 한다. 유아교사는 초등학교로의 전환과정을 이해하고 정보를 수집하여 부모를 안내할 수 있어야 한다. 특별히 일반학교로 진학하는 장애학생의 학교 적응을 위해서 초등학교 교사와 장애학생의 정보를 공유하는 과정이 무엇보다 중요하다고 할 수 있다.

표 9-2 전환을 위한 시기별 교사와 부모의 상담

시기	내용	부모 체크사항
2월 오리엔테이션	• 학교 유형(일반학교, 특수학교, 대안학교) 소개 • 부모와 교사 간의 전환정보 상호교류 요청	• 학교 유형에 따른 학교 탐색 및 파악 • 유예를 고려할 경우에는 타 교육기관 대기 신청
4월 IEP 상담 시	• 진학할 학교의 유형 결정 • 학교 유형에 따른 근거리 학교 파악 • 전환를 위해 습득해야 하는 기술 협의, 전환교육을 위해 원과 가정 간의 연계내용 협의	• 결정한 학교 유형을 중심으로 주소지의 근거리 학교를 파악 • 각 학교에 대한 정보 파악(학교의 학군, 특수교사, 관리자의 특수교육 이해, 거리, 스쿨버스 통학 여부, 학교 특성)
9월 IEP 상담	• 진학할 학교 결정 • 진학할 학교에 전화하여 정보수집(재학생 장애학생 현황, 장애 정도, 학급 수, 학급당 학생 수, 입학 예정 장애학생 수, 특수교사 수, 보조교사 역할, 모니터 교사 이용여부, 학교 입학을 위해 요구되어지는 학생의 수행 정도)	• 진학할 학교에 전화하여 상담일정 계획하기(특수교사 혹은 진학 담당자, 교감) • 학교 입학에 필요한 서류를 준비 • 특수교육지원센터에 특수교육대상자 선정 절차 접수
1월 IEP 상담	• 장애학생의 현행수준 및 앞으로의 목표, 지도계획 등에 대한 협의 • 초등학교 교사에게 전해야 할 내용을 정리하여(소견서) 작성하기 • 입학 예정 초등학교 특수교사와 전화 통화하기	• 입학 예정 학교에 어린이집 소견서를 3월 입학 후 담임교사에게 전달 • 어린이집 담임교사와 입학예정 학교의 특수교사의 전화통화 요청

출처: 김수진 외(2013). 장애영유아 통합교육. 경기: 공동체(재구성).

2) 초등학교 전환을 위한 기관에서의 준비사항

(1) 학교 현황 파악

재원 중인 장애학생 주소지와 어린이집이나 유치원 주소지 근처의 입학 가능한 학교를 파악하는 것이 중요하다. 다음은 학교 유형, 특수학급 유무, 학급 수, 학급당 인원 수, 통합교육의 역사, 학교 분위기, 특수교사의 수, 특수교육실무원의 역할, 재학 중인 장애학생의 장애 정도, 특성 등에 대한 정보를 수집하여 목록을 작성하는 것이다. 해당 자료는 매년 변동이 있으므로 교육부 사이트에서 『특수교육 통계』에 해당하는 '특수학교 현황이나 초등학교 특수학급 현황' 등을 검색하여 해당 연도의 정보를 수집하는 것이 좋다. 최근에는 시골 분교나 대안학교로의 진학을 고려하는 부모들이 증가하고 있다. 시골 분교나 작은 학교, 근거리 대안학교에 대해서도 관심을 가지고 해당 유형의 학교 설명회에 참석하거나, 선배 학부모들의 자료를 복사하여 공유하는 것도 좋은 방법이 된다.

(2) 초등전환을 위한 부모교육계획

초등전환에 대한 학부모의 스트레스를 낮추고 정확한 정보를 제공하기 위하여 초등학교 입학 전에 여러 번 주제를 나눠 부모교육을 실시하여야 한다. 이때에는 현재 초등학교에 재학 중인 장애학생의 부모들을 학교 유형별로 모시고 실제 경험담을 듣고, 학교 진학을 하면서 생기는 어려움이나 주의사항들을 질문하여 답을 듣는 간담회형식으로 마련하는 것이 매우 효과적일 수 있다.

또한 초등학교 특수교사와의 간담회를 통해 초등학교 생활에 대한 사전정보, 주의사항을 얻고, 장애학생들이 준비해야 하는 것을 알아보는 과정의 기회를 갖는 것도 좋다. 어린이집이나 유치원 내에서 기관별 부모교육을 실시하기 어려울 때에는 근처의 장애인복지관이나 보육정보센터, 장애부모 연대 등과 연계하여 초등전환을 위한 다각적인 부모교육을 안내해 드릴 수 있다.

(3) 초등학교 입학절차 안내

어린이집이나 유치원에서 통합교육을 받던 장애학생들은 대부분 특수학급이 설치된 일반학교로 진학하는 경우가 많기 때문에 교사들은 일반초등학교 입학절차(〈표 9-3〉)를 잘 인지하여 적절한 시기에 부모에게 안내할 수 있어야 한다. 또한 특수학교로 진학하거나 어린이집이나 유치원에서 유예하기를 원하는 경우도 있기 때문에 다음의 정보도 숙지해야 한다.

표 9-3 입학절차

학교유형	진학절차
일반초등학교	• 특수교육지원센터에 특수교육대상자 선정절차 신청 • 특수학급교사나 교감선생님과 상담 • 읍·면·동 주민자치센터에서 취학통지서 발급
특수학교	• 특수학교 결정-주거지가 특수학교 학군에 해당하면, 스쿨버스 통학여부 등을 확인(학교에서 실시하는 부모 참여 공개수업이나 전화상담, 방문상담 등으로 정보를 수집할 수 있음) • 접수일시 및 구비서류 확인-지방교육청, 특수교육지원센터, 지원교육청 및 각 특수학교 홈페이지에서 확인 • 구비서류 준비하여 해당 학교에 접수
유예	• 유예를 할 경우에는 원하는 기관(어린이집이나 유치원)에 대기신청하기 • 유예를 할 경우에는 주민센터에 취학연기 신청(취학 전해인 10월 1일부터 12월 31일까지). • 취학유예확인서 보관하여 입학기관(어린이집)에 제출하기

(4) 초등학교로 보낼 소견서 작성

유아교사는 장애학생의 현행수준, 효과적인 지도방법, 학교에서 예상되는 도전적 행동들에 대한 내용을 정리하여 소견서를 작성하여야 한다. 작성한 소견서는 장애학생의 부모에게 전달하고, 입학 후 3월에 부모가 장애학생의 담임교사와 특수교사에게 전달하도록 한다. 또한 장애학생의 부모는 유예와 취학을 선택함에 있어서 갈등을 하게 되므로 선택을 위한 도움을 드려야 한다.

3) 초등전환을 위한 가정에서의 준비사항

(1) 기본 생활습관 기르기

장애학생의 기본 생활습관은 평생을 살아가면서 꼭 필요한 자조 기술로서 유치원이나 어린이집 일과 내에서만 기본 생활 습관을 연습하기에는 교사가 시간적·공간적으로 제한이 되며, 교사가 실시할 수 있는 범위도 제한기도 한다. 따라서, 화장실에서 용변 보기, 식사하기, 신발 신고 벗기, 옷 입고 벗기, 양치질하기, 목욕하기 등 기본생활이 습관화되도록 가정에서 꾸준히 지도해야 한다.

(2) 친구를 만들어 주기

학군이 같은 곳의 어린이집이나 유치원이라면 자연스럽게 같은 학교에 입학하게 될 또래 친구가 누가 있는지 확인하여 자주 만나서 놀 수 있는 경험의 기회를 만들어 주는 것이 좋다.

(3) 학습에 대한 준비

초등학교 교육과정은 읽기, 쓰기, 셈하기 영역이 기본이기 때문에 학습에 대한 준비가 필요하다. 장애 특성상 이것이 어려우면 말하기와 듣기가 가능하도록 언어적이나 비언어적으로 표현할 수 있도록 연습해야 한다.

(4) 부적응 행동(도전적 행동)이나 질병 관련

장애 학생의 부적응 행동(도전적 행동)이 나타나는 상황, 부적응 행동(도전적 행동)의 유형, 부적응 행동(도전적 행동)에 대한 대처방안과 지도 방법 등을 기록해 두어야 한다. 또한 알레르기와 같이 피해야 하는 음식이나, 약물치료를 받고 있다면 정확한 정보를 전달해 주는 것이 좋다. 통합할 학교의 교사가 이러한 문제에 준비하고 대처할 수 있는 시간을 미리 주어 시행착오를 갖지 않도록 해야 한다.

(5) 입학할 학교를 돌아보기

초등학교를 재미있고 즐거운 곳으로 인식할 수 있도록 학교에 대한 긍정적인 이미지를 심어 준다. 자신이 입학하려는 학교를 미리 여러 번 방문하여 학교 환경(놀이터, 화장실, 급식실, 운동장, 교실)을 익힐수록 새로운 환경에 적응하기에 불안이 높은 장애학생에게 안정감과 친밀감을 줄 수 있다.

(6) 비장애 형제자매에 대한 배려

비장애 형제자매를 두고 있는 가정은 비장애 형제자매의 의견을 고려하여 장애 형제자매와 같은 학교에 취학 여부를 결정하도록 해야 한다. 이미 경험한 선배 부모의 경험과 부모간담회에 초대한 초등학교 특수교사에게 형제자매와 같은 학교에 취학 여부에 대한 각각의 장단점의 정보를 제공해 줄 수 있으나, 선택은 가족이 협의하여 부모가 결정하는 것이 좋은 방법이다.

다음은 초등전환을 위한 발달지원센터의 월별 교육 수업 프로그램의 예시이다.

2021학년 초등전환 교육 수업계획안(11월)

	11/08 (일)	11/15 (일)	11/22 (일)	11/29 (일)
1교시 (20분)	• 선생님 안녕하세요? • 나를 소개해요.(내 이름은 ○○○입니다.)	• 학교는 어떻게 생겼을까?	• 친구와 함께 놀이 –차례를 기다려요 –치구를 배려해요	• 스스로 할 수 있어요. –지시 따르기 –줄 서서 이동하기 –동작 모방하기
쉬는 시간 (5분)	• 화장실 다녀오기 • 수업 준비하기	• 화장실 다녀오기 • 수업 준비하기	• 화장실 다녀오기 • 수업 준비하기	• 화장실 다녀오기 • 수업 준비하기
2교시 (20분)	• 내 물건은 내가 챙겨요	• 학교 그림 색칠하기	• 친구 얼굴 표현하기	• 모자이크 퍼즐
종례 (15분)	• 알림장 • 과제 받기 • 책가방 정리 • 교실 정리	• 알림장 작성 • 과제 받기 • 책가방 정리 • 교실 정리	• 알림장 작성 • 과제 받기 • 책가방 정리 • 교실 정리	• 알림장 작성 • 과제 받기 • 책가방 정리 • 교실 정리
준비물	• 필통 – 2B연필 2자루, 지우개 • 알림장	• A4 클리어 파일 • 12색 색연필 • 알림장	• 12색 색연필 • 알림장	• 가위, 풀 • 알림장

2021학년 초등전환 교육 수업계획안(12월)

	12/06 (일)	12/13 (일)	12/20 (일)	12/27 (일)
1교시 (20분)	• 교실을 둘러보아요 • 도서실은 어떤 곳일까?	• 크리스마스 장식 만들기	• 입학식에서는 무얼 할까요? • 현장체험학습에 대해 알아볼까요?	• 개교기념일과 방학에 대해 알아볼까요?
쉬는 시간 (5분)	• 화장실 다녀오기 • 수업 준비하기	• 화장실 다녀오기 • 수업 준비하기	• 화장실 다녀오기 • 수업 준비하기	• 화장실 다녀오기 • 수업 준비하기
2교시 (20분)	• 독서 기록지 • 독서 고리 끼우기	• 급식실에서 점심을 먹어요 • 보건실은 어떤 곳일까?	• 음률 활동 –나뭇잎들이~	• 미술 –친구와 함께 해요 –모둠 활동
종례 (15분)	• 알림장 • 과제 받기 • 책가방 정리 • 교실 정리	• 알림장 작성 • 과제 받기 • 책가방 정리 • 교실 정리	• 알림장 작성 • 과제 받기 • 책가방 정리 • 교실 정리	• 알림장 작성 • 과제 받기 • 책가방 정리 • 교실 정리
준비물	• 알림장	• 풀, 가위 • 알림장	• 리듬악기 세트 • 알림장	• 알림장

2021 초등전환 교육 수업계획안(1월)

	1/6 (수)	1/10 (일)	1/13 (수)	1/17 (일)	1/20 (수)	1/24 (일)	1/27 (수)	1/31 (일)
1교시 (30분)	• 수업시간에는 무얼 할까요? (p70~77) • 씩씩하게 발표하고 반듯하게 글씨를 써요. (p78~83)	• 교실 밖에서도 공부해요. (p89~92) • 모둠활동은 어떻게 할까요? (p93~95)	• 짝과 함께 공부해요. (p100~102) • 정리정돈은 어떻게 할까요? (p103~104)	• 질서와 규칙을 지켜요. (p105~108) • 1인 1역 활동을 해요. (p109~111)	• 바르고 고운 말을 써요. (p112~114) • 친구를 아프게 하지 않아요. (p115~118)	• 안전하게 등·하교 해요. (p120~123)	• 놀이기구를 안전하게 이용해요. (p128~129) • 학용품을 안전하게 사용해요. (p130~131)	• 나를 보호할 수 있어요. (p132~134)
쉬는 시간 (5분)	• 화장실 다녀오기 • 수업 준비하기	• 화장실 다녀오기 • 수업 준비하기	• 화장실 다녀오기 • 수업 준비하기	• 화장실 다녀오기 • 수업 준비하기	• 화장실 다녀오기 • 수업 준비하기	• 화장실 다녀오기 • 수업 준비하기	• 화장실 다녀오기 • 수업 준비하기	• 화장실 다녀오기 • 수업 준비하기
2교시 (25분)	• 미술 – 친구 얼굴 그리기	• 게임 – 주사위를 던져라	• 수 세기와 수 쓰기 • 받아쓰기 연습(1급)	• 받아쓰기 연습(1급) • 독서 카드 고리 만들기	• 수를 채워요 – 수의 가르기와 모으기(5 이하의 수) • 받아쓰기 연습(2급)	• 조작활동 – EVA 모자이크 • 받아쓰기 (2급)	• 게임 – 사다리 게임 • 받아쓰기 연습	• 음률 활동 – 악기의 종류에 대해 알아보아요. – 내가 알고 있는 악기를 발표해요.
종례 (10분)	• 알림장 작성 • 책가방 정리 • 교실 정리	• 알림장 작성 • 책가방 정리 • 교실 정리	• 알림장 작성 • 책가방 정리 • 교실 정리	• 알림장 작성 • 책가방 정리 • 교실 정리	• 알림장 작성 • 책가방 정리 • 교실 정리	• 알림장 작성 • 책가방 정리 • 교실 정리	• 알림장 작성 • 책가방 정리 • 교실 정리	• 알림장 작성 • 책가방 정리 • 교실 정리
준비물	• 크레파스 • 알림장	• 알림장	• 받아쓰기 공책 • 알림장	• 받아쓰기 공책 • 알림장	• 받아쓰기 공책 • 알림장	• 받아쓰기 공책 • 알림장	• 받아쓰기 공책 • 알림장	• 리듬악기 • 알림장

2021 초등전환 교육 수업계획안(2월)

	2/03 (수)	2/07 (일)	2/10 (수)	2/14 (일)	2/17 (수)	2/21 (일)	2/24 (수)	2/28 (일)
1교시 (25분)	• 안전하게 등·하교 해요. (p120~123)	• 실내에서 안전하게 지내요. (p124~127) • 놀이기구를 안전하게 이용해요. (p128~129)	• 학용품을 안전하게 사용해요. (p130~131) • 나를 보호할 수 있어요. (p132~134)	• 통합교과 〈나〉 – 소중한 나 – 다양한 나의 마음	• 통합교과 〈나〉 – 나의 생활 습관 – 나를 소개해요	• 통합교과 〈가족〉 – 우리 가족 – 가족의 가족	• 통합교과 〈우리가족〉 – 다양한 가족의 모습 – 우리가족이 하는 일	• 통합교과 〈봄〉 – 봄이 왔어요 – 자연을 보호해요.
쉬는 시간 (5분)	• 화장실 다녀오기 • 수업 준비하기	• 화장실 다녀오기 • 수업 준비하기	• 화장실 다녀오기 • 수업 준비하기	• 화장실 다녀오기 • 수업 준비하기	• 화장실 다녀오기 • 수업 준비하기	• 화장실 다녀오기 • 수업 준비하기	• 화장실 다녀오기 • 수업 준비하기	• 화장실 다녀오기 • 수업 준비하기
2교시 (30분)	• 받아쓰기 (3급) • 일기 쓰기	• 요리활동 – 토스트 만들기	• 받아쓰기 (4급) • 종이 접기 – 튜울립 꽃 접기	• 몸의 각 부분 명칭과 하는 일을 알아요. • 감정 쿠키	• 받아쓰기 (6급) – *나의 마음은 무슨 색?	• 우리가족 가계도 그려 보기	• 집에서 지켜야 할 예절	• 식물이 자라요
종례 (10분)	• 알림장 작성 • 책가방 정리 • 교실 정리	• 알림장 작성 • 책가방 정리 • 교실 정리	• 알림장 작성 • 책가방 정리 • 교실 정리	• 알림장 작성 • 책가방 정리 • 교실 정리	• 알림장 작성 • 책가방 정리 • 교실 정리	• 알림장 작성 • 책가방 정리 • 교실 정리	• 알림장 작성 • 책가방 정리 • 교실 정리	• 알림장 작성 • 책가방 정리 • 교실 정리
준비물	• 색연필 • 받아쓰기 공책 • 알림장	• 앞치마 • 각자의음식재료 • 알림장	• 풀 • 받아쓰기 공책 • 알림장	• 알림장	• 색연필 • 받아쓰기 공책 • 알림장	• 모양 자 • 알림장	• 알림장	• 알림장

다음은 초등전환을 위한 일일 교육일지의 예시입니다.

<table>
<tr><td colspan="4">초등전환 교육일지</td></tr>
<tr><td>날짜</td><td>2020. 11. 15(일)</td><td>시간</td><td>09:20-10:30 (70')</td></tr>
<tr><td colspan="3">이용자 상태 및 치료 내용 결과</td><td>비고</td></tr>
<tr><td colspan="3">• 수업을 알리는 음악소리를 듣고 입실함
• 손씻기를 하며 줄서기와 화장실 사용법에 대한 이야기를 하며 진행
• 착석하여 바른 자세로 앉아 인사를 나누고 호명에 손을 들고 대답하도록 연습함
• 교재와 L자 파일에 이름 쓰기를 함
• 학교는 어떤 곳일까요?
– 학교 건물 그림들을 보여주며 어디인지 이야기를 나누어 봄(민철이가 제일 먼저 이야기함)
– 교제 6p를 펴 보고 페이지를 나타내는 숫자가 어디에 있는지, 책은 어떻게 놓아야 하는지, 필통은 어디에 놓아야 하는지 연습해 보고 수행해 봄(여러 가지를 한 번에 수행은 어려웠으나 하나씩 차례대로 자리에 놓기는 잘 수행함)
– 학교는 무엇을 하는 곳인지 이야기를 나누어 보고 그림을 보며 학교에서 하는 일이 아닌 것을 찾아보도록 함
• 쉬는 시간(자유롭게 쉬고, 화장실을 다녀오도록 함)
– 성민, 민철이는 가위바위보를 하고 철수는 다른 교실을 탐색함
• 학교 건물 사진 중 마음에 드는 것으로 스스로 선택하여 보고 그리기를 함
– 민철이는 도움을 요청하여 밑그림을 함께 그려주고, 철수, 성민은 스스로 잘 수행함
• 알림장 작성
– 날짜 쓰기와 내용을 작성하도록 함
– 철수는 스스로 수행, 민철이와 성민은 덧쓰기로 내용을 씀
– 자기 물건 정리와 의자 정리 후 바른 자세로 인사를 하고 귀가함</td><td>1. 인사하기
2. 자신이 다니게 될 초등학교 다녀와서 학교 앞 교문 앞에서 인증 사진 찍어 보내기</td></tr>
<tr><td colspan="4">특이사항</td></tr>
<tr><td colspan="4">• 전체 수업 진행에 대해 말씀드림
– 아동들의 모델링이 잘 이루어지고 있음
– 아이들의 적응이 매우 빠르고 잘 진행되고 있음
• 호칭을 부르고 하고 싶은 말을 하도록 연습
• 급식을 위한 수저를 교체하여 사용하기
• 인사를 바르고 명확하게 할 수 있도록 연습
• '참 쉽다 초등학교 입학준비'</td></tr>
</table>

<table>
<tr><th colspan="4">초등전환 교육일지</th></tr>
<tr><td>날짜</td><td>2021. 10. 12(화)</td><td>시간</td><td>15:50-16:40 (50')</td></tr>
<tr><td colspan="3">이용자 상태 및 치료 내용 결과</td><td>비고</td></tr>
<tr><td colspan="3">• 입실하며 가방과 실내화 주머니 정리를 연습함
– 스스로 정리를 잘하고 자리에 앉아 준비함
• 우리나라의 국경일
– 축하해요, 기억해요, 감사해요, 사랑해요 단어를 읽어 보며 자기의 생일을 넣어 이야기해 보도록 함
– 우리나라 국경일의 날짜와 명칭을 이야기 해 보고 위의 단어로 함께 표현해 보도록 함
– 활동지를 하며 다시 기억해 보도록 함
– 입학예정 학교의 이름과 학년, 자신의 이름을 써 보도록 함
• 알림장
1. 글자 바로쓰기 42-47 해오기
2. 준비물 - 면봉 5개
3. 우리나라 국경일 5가지 조사하기
</td><td>1. 교과서 복습하기
2. 일찍 등교하기
3. 받아쓰기 공책 가져오기</td></tr>
<tr><td colspan="4">특이사항</td></tr>
<tr><td colspan="4">– 알림장 확인 후 사인 부탁드림
– 다음 시간에는 쓰기 과제 배부</td></tr>
</table>

3. 사회적 통합교육

사회적 통합교육 훈련 프로그램은 개인적인 생활, 학교의 생활, 나아가 성인이 된 후 직장 생활 등의 영역에서 기능적이고 효율적으로 다양한 사회적 기술을 사용할 수 있는 잠재능력을 개발하는 데 목적이 있다. 나아가 합리적으로 대인관계 문제 등을 해결하는 능력과 태도, 의사소통을 갖추고, 상황에 따라 욕구 지연을 할 수 있는 기술을 배우는 데 목적을 두고 있다(김형일 외, 2017).

표 9-4 사회적 기술 훈련

1단계 학습의 필요성 확립하기	• 직접교수-학습 단계 • 사회적 기술을 위한 학습의 필요성 확립으로 시작 • 부모님 또는 선생님은 특정 기술을 학생이 개인적으로 반드시 인식하고 사용할 수 있는 조건을 유발하고 사고를 도출
2단계 필요한 기술 확인하기	• 필요한 기술요인들을 순서화 • 각 단계는 학생과 함께 진행 • 순서화되면 시연을 통해서 다양한 기술을 활용할 수 있는 기회를 제공 • 제시한 기술을 검토하고, 필요시 기술을 상기시키기 등
3단계 기술 시범 보이기	• 실제적 모델링과 상징적 모델링 모두 효과적 • 각 단계를 소리내어 말하는 절차를 사용할 수도 있음
4단계 역할놀이	• 역할수행, 실제 연습 그리고 책임감을 부여함으로써 수업의 주의집중을 촉진 • 촉진, 피드백, 강화가 적절하게 활용
5단계 연습	• 다양한 방법 및 상황에서 기술의 연습과정
6단계 일반화	• 되도록 실제 상황에서 지도 • 다양한 물리적 공간에서 지도 • 서로 다른 환경에서 사회적 기술을 활용할 때 피드백을 제공 • 숙련된 다른 훈련생을 통해 또래교수를 실시 • 자기복습 • 적절한 강화를 제공

다음은 각 연령별 사회적 통합교육 프로그램 운영의 예시이다.

사회성 프로그램 수업계획서의 예

그룹연령/인원	6세 / 4명	그룹성별	남) 3명, 여) 1명
회기	총 12회기	그룹수업시간	총50분
목표	1. 공동주의 형성하기 : 치료자 혹은 또래가 제시한 하나의 주제에 집중하며, 이를 유지할 수 있다. 2. 사회적 예절 지키기 • 또래 및 치료자를 바라봄을 통해서 타인에 대한 흥미 및 관심을 높이며 사회적으로 바람직한 행동 등을 모방할 수 있다. • 적당한 목소리와 거리감을 유지하며 대화 및 놀이할 수 있다. • 구어·문어를 통한 언어적 요소와 비언어적 요소를 통해 친구와 의사소통을 할 수 있다. 3. 협동하기 • 순서를 기다리면 자신의 차례를 알 수 있다. • 또래 및 성인에게 도움을 요청할 수 있고, 도움이 필요한 친구들을 도와줄 수 있다. 4. 전반적인 발달 향상 : 전체적으로 발달을 촉진하고, 연령에 맞는 발달목표를 획득할 수 있다.		

그룹수업 세부 진행내용			
1회기	사회성 목표 : 라포 형성하기	7회기	사회성 목표 : 공공예절
	• 인사노래에 맞춰서 인사하기 • 미술 : 내 얼굴 꾸미기 • 자기소개하기 : 인사, 이름 말하기 • 정리하기 및 퇴실하기		• 인사하기 및 책 읽기 • 식사예절 : 젓가락 연습하기 • 신체 : 주걱으로 공 옮기기 • 정리하기 및 퇴실하기
2회기	사회성 목표 : 나를 소개하기	8회기	사회성 목표 : 봄과 관찰하기
	• 인사노래에 맞춰서 인사하기 • 미술 : 신체상 본 뜨기 • 자기이해 : 내 몸 찾아가기 • 정리하기 및 퇴실하기		• 인사하기 및 책 읽기 • 자연 : 꽃이 피어나는 과정에 대해서 • 미술 : 나만의 화분 만들기 • 정리하기 및 퇴실하기

회기	내용	회기	내용
3회기	사회성 목표 : 나와 너 이해하기	9회기	사회성 목표 : 봄과 관찰하기
	• 인사노래에 맞춰서 인사하기 • 신체 : 볼풀놀이 • 제안하기 : 놀이 제안하기 • 정리하기 및 퇴실하기		• 인사하기 및 책 읽기 • 자연 : 꽃이 피어나는 것 이해하기 • 체험 : 내 화분에 꽃 심기 • 정리하기 및 퇴실하기
4회기	사회성 목표 : 정리하기	10회기	사회성 목표 : 응원하기
	• 인사노래에 맞춰서 인사하기 • 신체 : 풍선 폭죽놀이 • 정리하기 : 색종이 정리하기 • 정리하기 및 퇴실하기		• 인사하기 및 책 읽기 • 게임 : 징검다리 건너기 • 응원하기 : 친구 응원하고 격려하기 • 정리하기 및 퇴실하기
5회기	사회성 목표 : 순서 알기	11회기	사회성 목표 : 칭찬하기
	• 인사하기 및 책 읽기 • 순서 알기 : 어린이집 가는 순서 • 신체 : 보자기에 짐 싸기 • 정리하기 및 퇴실하기		• 인사하기 및 책 읽기 • 신체 : 칭찬샤워길 만들기 • 칭찬하기 : 친구의 잘하는 점 칭찬하기 • 정리하기 및 퇴실하기
6회기	사회성 목표 : 치장하기	12회기	사회성 목표 : 변화 이해하기
	• 인사하기 및 책 읽기 • 미술 : 왕관 만들기 • 자기이해 : 멋진 나 꾸미기 • 정리하기 및 퇴실하기		• 인사하기 및 책 읽기 • 미술 : 꽃 목걸이 만들기 • 변화된 부분에 대해서 언어화하기 • 정리하기 및 퇴실하기

회기별 사회성 프로그램 활동내용의 예

<table>
<tr><th>회기</th><td colspan="2">1회기(내 얼굴 꾸미기)</td><th>연령 (명)</th><td>6세(4명)</td></tr>
<tr><th>주제</th><td colspan="2">라포 형성하기</td><th>활동</th><td>미술</td></tr>
<tr><th>목표</th><td colspan="4">1. 사회성 목표 : 라포 형성하기
• 나에 대해서 이해하고, 나를 설명할 수 있다.
• 친구에 대해서 알고, 친구 얼굴과 이름을 연결할 수 있다.
2. 주제 및 활동목표
• 미술활동을 통해서 나를 이해하고 꾸밀 수 있다.
• 인사말과 비언어적인 행동(예: 손짓 등) 등을 사용해서 인사할 수 있다.
• 나와 친구를 구분하고 자신의 이름에 적절하게 대답할 수 있다.</td></tr>
<tr><th>과정</th><th>활 동 내 용</th><th>시 간</th><th colspan="2">자료 및 준비물</th></tr>
<tr><th>도입</th><td>1. 인사 나누기 : 인사노래에 맞춰서 인사하기, 호명에 대해서 손 들고 친구에게 인사하기
2. 오늘의 사회적 기술 소개하기 : 책을 통해서 '노크'와 관련된 행동 및 언어적 표현 연습하기(예: 누구세요 등)</td><td>15분</td><td colspan="2">
</td></tr>
<tr><th>전개</th><td>1. 내 얼굴 관찰하기 : 무엇이 보이는지 손 들고 발표하기(예: 눈, 코, 입, 점의 위치 등)
2. 미술 "내 얼굴 꾸미기"
• 눈코입 등 색칠하기
• 얼굴 꾸미기(스티커, 채색도구 등)
• 얼굴에 맞게 눈코입 등을 붙이기
• 내 이름 따라서 쓰기
3. 자기 소개하기
• 내 얼굴을 친구들에게 보여주기
• 친구들에게 내 이름 말하기
• 친구들에게 "만나서 반가워"라고 인사하기
• 다른 친구들도 인사 혹은 박수쳐주기</td><td>30분</td><td colspan="2">활동지-1,
채색도구
(색연필 등),
풀, 가위, 연필 등</td></tr>
<tr><th>마 무 리</th><td>1. 주변 정리하기
2. 오늘의 활동 평가하기 : 소감 나누기</td><td>5분</td><td colspan="2">-</td></tr>
</table>

사회성 지도 및 유의점	• 입실에 어려움이 있는 친구에게는 미리 집단실에 대해서 설명하고 모와 함께 둘러볼 수 있도록 한다. 시간이 되면서 혼자서 입실해야 함을 알린다. • 책 읽기 활동을 할 때 적절한 거리감을 유지할 수 있도록 하고, 자리에 앉아서 볼 수 있도록 함. 또 책을 만지거나 넘기려고 할 때는 손을 들고 할 수 있도록 한다. 다양한 친구들이 번갈아가면서 할 수 있도록 한다. • 치료자는 비언어적인 행동 등에 모델을 제시한다. • 집단원과 치료자가 연습을 한 뒤 집단원들끼리 활동할 수 있도록 한다. • 가위 등을 요구할 경우에 제공하고, 가위 등을 사용할 때 주의하고, 왼손잡이 용 가위 등을 준비한다. • 사회적 기술을 활동 시 적절하게 사용할 수 있도록 언어적 촉진을 제공한다. • 인사하기 등에 어려움이 있다면 비언어적인 행동 등을 통해서 친구에게 소개할 수 있는 기회를 제공한다. • 발표를 할 때는 자기 자리에 일어나서 할 수 있도록 하고, 적절한 거리감 및 목소리 크기를 조절할 수 있도록 한다. 또 발표를 마치면 다른 친구들은 박수 등으로 격려의 비언어적인 촉진 반응을 제공한다.

〈워크북 1〉

1회기 - 예쁜 내 얼굴

❖ 내 얼굴에 뭐가 빠졌지?

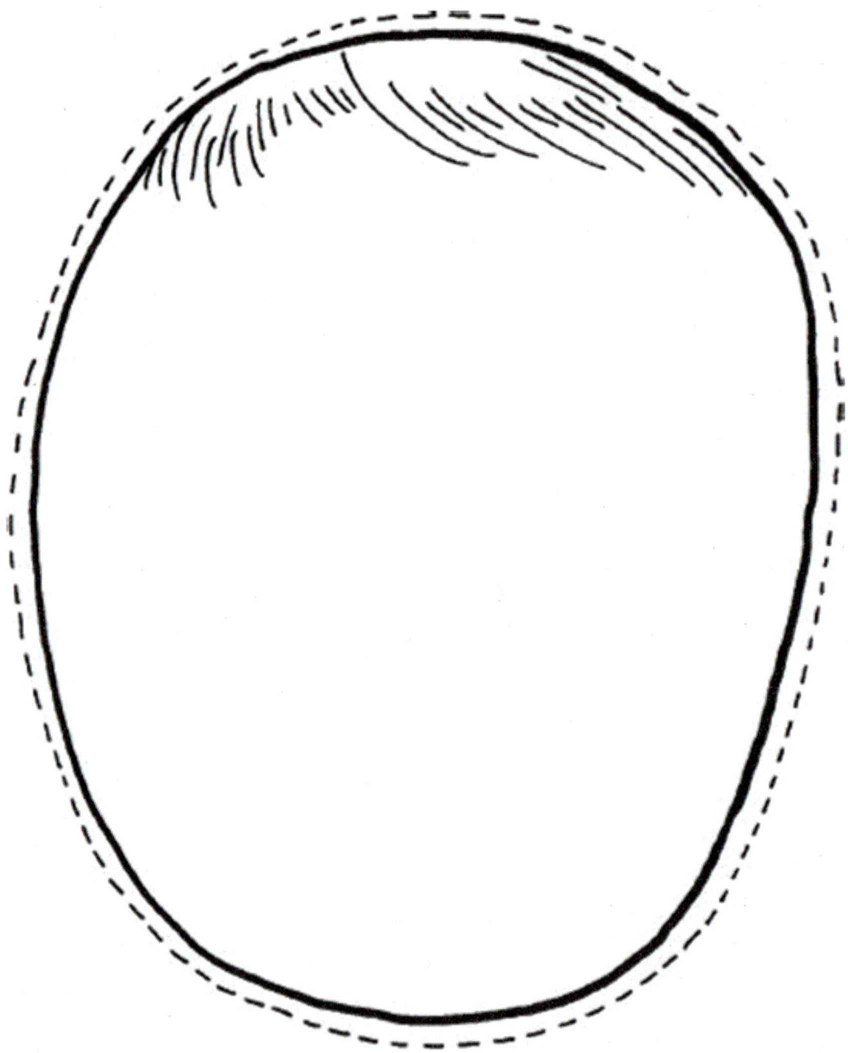

〈워크북 2〉

2회기 – 내 이름

❖ 너는 이름이 뭐야?

내 이름은

이 우 리 야

❖ 뭐라고 인사해야 하나요?

만나서

반가워

〈워크북 3〉

5회기 – 어린이집/유치원 갈 준비하기

❖ 무엇을 먼저 해야 하나요? 잘라서 붙여주세요.

〈워크북 4〉

5회기 – 어린이집 / 유치원 갈 준비하기

❖ 예쁘게 잘라서 붙여주세요.

사회성 프로그램 수업계획서

그룹연령/인원	10세 / 2명	그룹성별	여) 2명
회기	총 8회기	그룹수업시간	총 50분
목표	1. 사회적 예절 지키기 • 적당한 목소리와 거리감을 유지하며 대화 및 놀이할 수 있다. • 구어·문어를 통한 언어적 요소와 비언어적 요소를 통해 친구와 의사소통을 할 수 있다. 2. 협동하기 • 순서를 기다리면 자신의 차례를 알 수 있다. • 또래 및 성인에게 도움을 요청할 수 있고, 도움이 필요한 친구들을 도와줄 수 있다. 3. 사회적 기술 향상하기 • 자신과 타인의 감정을 올바르게 지각하고 인지하며 조절할 수 있다. • 사회적 관계 맺기의 경험을 제공하고 유지할 수 있는 사회적 기술을 연습할 수 있다. • 여러 문제해결하는 방법을 통해 문제해결력을 키울 수 있다. • 긍정적이고 구체적이며, 적극적으로 소통하는 법을 연습해 사회적 적응에 발생하는 불안감 및 불편감 등을 다룰 수 있다.		

그룹수업 세부 진행내용

회기	내용	회기	내용
1회기	사회성 목표 : 친구를 만났을 때	5회기	사회성 목표 : 갈등 해결하기
	• 생각열기 : 꾸며주는 말이 뭐예요? • 나를 설명하는 말 : 형용사 표현 등 중 나를 설명하는 말들을 찾기 • 나와 친구의 공통점과 차이점 찾기 • 소개하기 및 오늘의 소감 나누기		• 생각 열기 : '내 마음이 왜 이럴까 中 분노'를 읽고 싸운 경험 이야기하기 • 친구와 화해하는 방법에 대해서 의견 나누고, 화해하는 방법 알기 • 화해할 때 쓸 수 있는 말 찾기
2회기	사회성 목표 : 감정 이해하기	6회기	사회성 목표 : 경청하기
	• 생각 열기 : 감정 빙고 • 상황에 따른 감정을 알기 : 사회적 상황 추론 카드로 상황에 따른 감정 및 대처법 이해하기 • 문제상황 대처하기 : 대처방법 + 감정 (상황에 따른 감정을 추론하기)		• 경청하기 : 경청하는 방법에 대해서 이해하고 외우기 • 미술 : 전화기 만들기 • 게임 : 전화기에서 친구가 말해주는 것 듣고 그리기 • 정리하기 및 소감 나누기

3회기	사회성 목표 : 타인 이해하기 • 생각 열기 : 사회적 상황 추론 카드로 상대방의 감정 이해하기 • 물총 맞추기(상황에 따른 내 기분과 그에 따른 친구의 기분에 해당하는 컵 맞추기) • 정리하기 및 소감 나누기	7회기	사회성 목표 : 협동하기 • 생각 열기 : 도움주고 도움받기 • 친구와 협동하는 방법에 대해서 이해하기 • 게임 : 친구야, 나는 도와줄래? 친구야, 내가 도와줄게 • 정리하기 및 소감 나누기
4회기	사회성 목표 : 제안하기 및 반응하기 • 생각 열기 : 친구랑 할 수 있는 놀이 생각하기 • 친구에게 놀이 권유하는 법 승낙 혹은 거절에 대해서 + 설득하기 • 보드게임 하기 및 소감 나누기	8회기	사회성 목표 : 우정 만들기 • 생각 열기 : 물체의 용도와 쓰임에 대해서 말하고, 칭찬하기, 다양한 칭찬할 수 있는 말들 찾기 • 칭찬 옷 입기 : 친구에 대한 칭찬을 메모지에 적어서 붙여주기 • 소감 나누기 및 사진 찍기

회기별 사회성 프로그램 활동내용

<table>
<tr><td>회기</td><td colspan="2">8회기(우리는 친구)</td><td>연령 (명)</td><td>10세(2명)</td></tr>
<tr><td>주제</td><td colspan="2">우정 만들기</td><td>활동</td><td>미술</td></tr>
<tr><td>목표</td><td colspan="4">1. 사회성 목표 : 우정 만들기
• 헤어짐에 대해서 아쉬운 감정 등을 나눌 수 있다.
• 변화된 나와 친구의 모습에 대해서 인식하고 이를 언어화해 전달할 수 있다.
2. 주제 및 활동목표
• 물체의 다양한 용도에 대해서 생각해볼 수 있다.
• 자신과 친구가 잘하는 것을 이해하고 전달할 수 있다.
• 헤어짐에 대해서 아쉬운 감정 등을 공유할 수 있다.</td></tr>
<tr><td>과정</td><td>활 동 내 용</td><td>시 간</td><td colspan="2">자료 및 준비물</td></tr>
<tr><td>도입</td><td>1. 인사 나누기 : 한 주 동안 있었던 일 나누기
2. 오늘의 사회적 기술 소개하기 : 활동지를 통해서 '컵'의 다양한 쓰임에 대해서 생각해보고, 내 생각을 표현하기</td><td>10분</td><td colspan="2">활동지,
종이컵</td></tr>
<tr><td>전개</td><td>1. 칭찬하기 : 사회적 상황에서 도움을 주는 행동에 대해서 칭찬하는 방법을 알고, 표현해보기
2. 신체 "칭찬 옷 입기"
① 내 옷 만들기
② 칭찬하는 말 생각하기
③ 포스트잇 등에 칭찬하는 말 적기
④ 다양한 칭찬하는 말 중 친구에게 어울리는 말 골라서 붙여주기
⑤ 친구 이름을 부르면서 칭찬하기
⑥ 칭찬을 받은 친구는 감사인사 표현하기</td><td>30분</td><td colspan="2">활동지-2,
채색도구
(색연필 등),
풀, 가위, 연필,
포스트 잇 등</td></tr>
<tr><td>마무리</td><td>1. 주변 정리하기
2. 오늘의 활동 평가하기 : 소감 나누기
3. 사진 찍기
① 친구와 함께 포즈 취하기
② 사진 중에서 내가 원하는 사진 선택하기
③ 사진 선택하고 친구와 꾸미기</td><td>10분</td><td colspan="2">사진기,
네임펜 등</td></tr>
</table>

사회성 지도 및 유의점	• 활동지에 사진, 실제 사물 등을 통해서 관찰하면서 생각 열기를 할 수 있도록 한다. • 치료자는 비언어적인 행동 등에 모델을 제시한다. • 집단원과 치료자가 연습을 한 뒤 친구와 활동해볼 수 있도록 한다. • 사회적 기술을 활동 시 적절하게 사용할 수 있도록 언어적 촉진을 제공한다. • 인사하기 등에 어려움이 있다면 비언어적인 행동 등을 통해서 친구에게 소개할 수 있는 기회를 제공한다. • 발표를 할 때는 자기 자리에 일어나서 할 수 있도록 하고, 적절한 거리감 및 목소리 크기를 조절할 수 있도록 한다. 또 발표를 마치면 다른 친구들은 박수 등으로 격려의 비언어적인 촉진 반응을 제공한다. • 칭찬하는 방법 등을 이해하고 친구에게 언어적으로 표현할 수 있도록 격려하고, 구체적으로 하기 어려울 경우에는 치료자는 다양한 예시를 제공한다.

〈워크북 5〉

사회성 프로그램

칭찬하기

날짜	20　.　.　.
이름	

♥ 여러 사물에는 다양한 쓰임이 있어요.

♥ 나는 어떤 걸 잘 하나요?

♥ 내 친구는 어떤 걸 잘 하나요?

♥ 오늘은 우리가 함께 한 여덟 번째 시간이네요.
이제는 다시 만날 그날을 기다려요.

잘 가,

다음에 또 만나.

가 을 운 동 회

주 진행자	놀이치료사 2명	캠프 일시	2021.10.02.(토) 15:00 ~ 10.03(일) 11:30
보조 진행자	인지치료사 외 3명	캠프 장소	OOOO센터 3층 및 옥상
관리 및 책임자	한 O 진	참여자 (11명)	초5(1명), 초4(3명), 초3(2명), 초2(5명)

일 시	시 간	프로그램 내용	준 비 물	비 고
21.10.02 토요일	15:00 ~ 15:10(10')	• 짐 정리 및 착석하기 • 자기소개하기 • 원장님의 한 말씀	방석	놀이3: 아이들 짐 집단실: 착석
	15:10 ~ 16:00(50')	• 나는 어느 팀?(팀 나누기) • 옷 꾸미기 • 응원구호 연습하기 • 스트레칭 및 주의사항	팀 나누기, 절연테이프, 꾸밀 옷, 페브릭 마카, 응원도구	집단실: 준비 옥상: 운동회
	16:00 ~ 17:30(90')	• 깡총깡총 토끼 달리기(개인전) • 꼬리잡기(개인전) • 줄다리기(단체게임).	고무줄, 손수건(수건), 줄, 장갑, 고깔 등	옥상: 운동회
	17:30 ~ 18:30(60')	• 내 도시락은 ~이야(저녁식사) • 스트레칭 및 달고나 게임 • 자유놀이 : 링 던지기	돗자리, 도시락 및 음료, 달고나, 링 던지기 등	옥상: 저녁식사
	18:30 ~ 19:30(60')	• 무궁화 꽃이 피었습니다(단체게임) • 계주 달리기(개인전) • 오! 재미(단체게임)	바톤, 결승선, 오재미, 바구니, 고깔	옥상: 운동회
	19:30 ~ 21:00(90')	• 씻고 취침 준비하기 • 나만의 메달 만들기 • 딱지 만들기 • 소감 나누기 및 그림일기 쓰기	나무메달 꾸미기, 일기장, 색종이 및 딱기접기	집단: 캠프
	21:00 ~	• 쉿! 비밀이야(간식시간) • 꿈나라로~! • 자유시간 : 만들기 등	뿌링클, 안 자는 친구들을 위한 만들기 등	집단: 취침 쿠킹: 간식 대기실: 만들기

21.10.03 일요일	08:00 ~ 08:30(30')	• 기상하기 및 정리하기 • 아침 인사하기 • 스트레칭	-	집단: 정리
	08:30 ~ 09:30(60')	• 아침식사하기 • 자유놀이 : 딱지치기 • 아침 세안 및 짐 정리하기	밥, 미역국, 진미채, 김, 치킨너겟, 케첩, 주스, 과일, 계란프라이 등	쿠킹: 아침식사 집단: 자유놀이
	09:30 ~ 11:00(90')	• 신기한 보물찾기 • 경품 추첨 • 우리들의 행복한 순간(재미있었던 게임 다시 하기)	보물과 경품	옥상: 보물찾기 집단: 경품
	11:00 ~ 11:30(30')	• 사진 촬영하기 • 짐 정리하기 • 귀가하기	-	옥상: 사진 놀이3: 짐

❖ 가을 운동회 및 캠프 사진

참고문헌

김수진, 이정화(2013). **장애 영유아 통합교육**. 경기: 공동체.

김형일, 이유훈, 정동영, 정희섭(2017). **특수교육 교육과정**. 경기: 교육과학사.

Alexander, K. L., & Entwistle, D. R.(1988). Achievement in the first 2 years of school: Patterns and processes. *Monographs of the Society for Research in Child Development, 53,* 1-157.

Lerner, J., & Johns, B.(2009). *Learning disabilities and related mild disabilities*(11th ed.). Boston: Houghton Mifflin Harcourt.

Spinelli, C. G.(2012). *Classroom assessment for students in special and general education*(3rd ed.). Pearson. p.442.

찾아보기

저자약력

이지연

계명대학교 대학원 문학석사
이화여자대학교 대학원 상담심리박사(상담심리전공)
서강대학교 상담교수
이화여자대학교 전임강사

현, 인천대학교 창의인재개발학과 교수, 상담심리 전공주임교수
상담심리사 1급
청소년상담사 1급
상담심리학회 인천대 분회장

한수진

공주대학교 특수교육대학원 교육학석사
인천대학교 일반대학원 교육학박사(상담심리전공)
인천성광유치원 원감
성신통합교육센터 원장

현, 우리아이발달지원센터 원장
인천대학교, 안산대학교 강사
가족상담사 1급
인천육아정보원 아이플래너

일반교사와 특수교사를 위한 지침서

▌통합교육▐

1판 1쇄 인쇄 2023년 3월 5일
1판 1쇄 발행 2023년 3월 10일

저 자 | 이지연 · 한수진
발행인 | 박철용
발행처 | 양서원
주 소 | 경기도 파주시 직지길 522 파주출판도시
전 화 | 031-955-8000(代)
팩 스 | 031-955-8005
홈페이지 | www.yswpub.co.kr
이메일 | yswgroup@naver.com
출판등록 | 1987년 11월 24일 제 406-2003-037 호

ISBN 978-89-994-1369-8

정가 23,000원